아두이노로 만드는
20가지 프로젝트

아두이노로 만드는 20가지 프로젝트

초판 1쇄 발행 2023년 9월 12일
2쇄 발행 2023년 12월 26일

지은이 송혜경, 안선환, 아이씨뱅큐
펴낸이 아이씨뱅큐
펴낸곳 아이씨뱅큐
출판등록 제2020-000069호

교정 한장희
디자인 정윤솔
편집 정윤솔
검수 우지윤
마케팅 심은주

주소 서울시 금천구 두산로 70 현대지식산업센터 A동 2301호 아이씨뱅큐
전화 070-7019-3900
팩스 02-9098-9393
이메일 shop@icbanq.com
홈페이지 www.icbanq.com

ISBN 979-11-972615-6-5(43560)
값 23,000원

- 이 책의 판권은 지은이에게 있습니다.
- 이 책 내용의 전부 또는 일부를 재사용하려면 반드시 지은이의 서면 동의를 받아야 합니다.
- 잘못된 책은 구입하신 곳에서 바꾸어 드립니다.

아두이노로 만드는 **20가지 프로젝트**

아두이노 중급으로 실력 도약하자!

송혜경 · 안선환 · 아이씨뱅큐 지음

초급 중급 고급

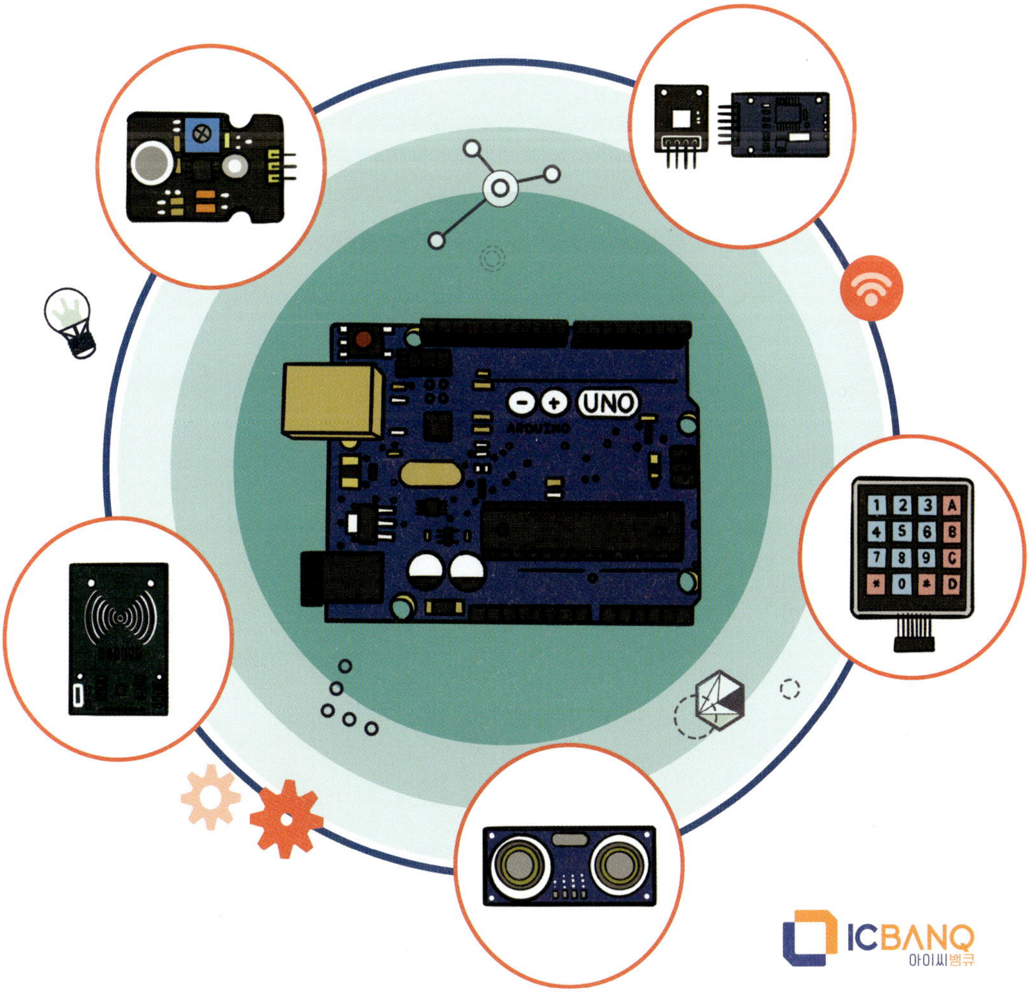

IC BANQ
아이씨뱅큐

• 머리말

《아두이노로 만드는 20가지 프로젝트》는 여러분이 아두이노와 프로그래밍에 대한 기본적인 이해를 바탕으로 다양한 프로젝트를 만들어 내는 능력을 향상시킬 수 있도록 구성하였습니다. 지금은 메이커 문화가 확산되어 내가 만들고 싶은 것을 직접 만드는 "DIY(Do It Yourself)" 시대입니다. 아두이노를 이용하여 다양한 것들을 만들 수 있습니다.

프로그램을 배우고 이를 실생활에 활용할 수 있는 방법을 찾는 분들, 아두이노의 기초를 익혀 개별 모듈의 사용법을 알고 있지만 프로젝트를 기획하거나 구현하는 방법에 대해 막막함을 느낀 분들, 그리고 인터넷이나 유튜브에서 발견한 재미있는 프로젝트들을 직접 만들어 보고 싶었던 분들에게 이 책을 추천합니다.

많은 아두이노 입문자들은 단계를 업그레이드하고 싶으나 자료가 부족하여 비슷한 수준의 다른 피지컬 컴퓨팅 도구를 배우며 유사한 프로젝트를 진행합니다. 유사한 프로젝트를 진행하다 보니 프로그램에 대한 흥미가 떨어집니다. 그래서 입문자들을 중급 수준까지 이끌어 줄 수 있는 책을 기획했습니다.

이 책에서는 아두이노의 기본 구조와 디지털/아날로그, 입력/출력, 서보모터 제어와 같은 기본적인 방법을 이해하고 이것들을 깊이 있게 사용할 수 있도록 도움을 주고자 합니다.

이 책에서는 다양한 센서와 액추에이터를 활용하여 순발력 게임, 점프 게임과 같은 재미있는 게임을 만들어 플레이할 수 있는 프로젝트가 포함되어 있고, 오르골, 수평계, 스마트 무드등, 디지털 도어락과 같이 실생활에서 사용할 수 있는 다양한 프로젝트도 포함되었습니다. 프로젝트를 진행하는 과정에서 여러분은 프로그래밍과 전자공학을 결합한 피지컬 컴퓨팅의 매력에 빠져들고, 창의력과 능력을 향상시킬 수 있을 것입니다.

각각의 챕터에는 실제로 구현 가능하고 다양한 아두이노 프로젝트들이 포함하고 있습니다. 간단한 LED 제어부터 센서로 읽은 데이터를 처리하고 복잡한 프로젝트들을 할 수 있도록 각 프로젝트에 상세한 설명과 코드가 함께 제공되어 여러분 스스로 아이디어를 확장하고 창의적으로 변형하는 데 필요한 도움을 받을 수 있습니다.

이 책을 집필하면서 ChatGPT나 BARD와 같은 대화형 인공지능으로 흥미로운 실험을 해보았습니다. 이 책의 한 챕터는 ChatGPT와의 대화를 통해 초기 버전을 만들고 디버깅하는 과정을 거쳐 완성되었습니다.

실제로 ChatGPT에 입력한 질문은 아래와 같습니다.

"초음파 센서와 버튼을 이용하여 삼색 LED 밝기를 조절하는 아두이노 코드를 구현해 주십시오. 버튼을 누를 때마다 4개의 단계로 밝기가 조절되며, 초음파 센서를 이용하면 사람을 감지할 때 삼색 LED가 흰색으로 켜집니다. 삼색 LED는 처음에 밝기 LEVEL 4로 켜지며 LEVEL 0은 꺼진 상태입니다. 버튼은 인터럽트 방식으로 동작합니다."

이 질문을 통해 완성한 챕터가 무엇인지 눈치 채셨나요?

여러분도 이 책의 퀴즈를 풀거나 응용 프로젝트를 구현할 때 대화형 인공지능을 활용한다면 더욱 흥미로운 시간을 보낼 수 있을 것입니다.

이 책을 집필하며 느꼈던 아두이노로 만드는 창작의 기쁨을 여러분도 함께 느껴 보시길 바랍니다. 그리고 여러분이 여기서 얻은 지식과 경험을 바탕으로 자신만의 멋진 프로젝트를 성공적으로 완성하시길 기대합니다.

송혜경, 안선환

● 추천사

아두이노 코딩 기초 문법 설명을 시작으로 20가지의 재미있는 프로젝트로 구성된 본 교재는 다양한 부품을 이용하여 아두이노 프로젝트 만드는 방법을 차근차근 설명하고 있으며, 예제마다 단계(미리보기, 준비하기, 회로 연결, 코딩하기, 작동해 보기, 도전 퀴즈)가 사용자들이 쉽게 따라 할 수 있도록 잘 구성되었습니다. 아두이노를 쉽고 재미있게 배우고 싶어 하는 분들과 다양한 프로젝트를 경험하고 싶어 하는 분들 모두에게 추천하고 싶은 최적의 교재입니다.

가천대학교 컴퓨터공학과 겸임교수 조윤실

피지컬 컴퓨팅은 왠지 어려울 거라는 선입견을 통쾌하게 날려 버리는 책!
저자의 오랜 강의 경력과 노하우로 완성된 20가지 프로젝트로, 피지컬 컴퓨팅의 흥미로운 세상을 경험해 보세요. 《아두이노로 만드는 20가지 프로젝트》는 피지컬 컴퓨팅 학습의 훌륭한 안내서가 될 것입니다. 마지막 프로젝트 이후에는 여러분의 상상을 즐거운 현실로 만들 수 있을 거라 확신합니다.

단국대학교 부속소프트웨어고등학교 교사 조은미

이 책은 각 프로젝트마다 실생활에서 유용하다고 생각되는 최종 결과 이미지를 먼저 큰 그림으로 생각하게 합니다. 프로그래밍을 단계적으로 따라가다 보면 누구나 손쉽게 동작을 확인할 수 있는 구성으로 되어 있습니다. 또한, 도전 퀴즈를 통해 회로, 센서, 다양한 부품 동작을 응용하게 하여, 공학적 원리를 다시 한번 생각하게 만들어 줍니다. 이 책의 20개의 프로젝트 경험을 통해 응용 아이디어를 확장하는 과정에서 다양한 하드웨어와 소프트웨어 등 공학적 지식의 초석을 다질 수 있을 것입니다. 저자들의 풍부한 업계 경험의 진수가 담긴 이 책을 통해 상상하는 무엇이든 현실로 만들어 내고 싶은 미래의 엔지니어들에게 이 책을 추천합니다.

LG전자 나영숙 책임 연구원

아두이노를 처음 접하는 분들에게 이 책을 강력히 추천합니다. 이 책은 기초적인 부품들을 이용하여 창의적인 아이디어를 실현하는 방법을 알려 주고, 코딩을 통해 논리적인 사고와 문제 해결 능력을 키우는 데 큰 도움이 됩니다. 처음부터 높은 수준의 프로젝트를 기대할 필요 없이 단계적으로 배워 나가기 때문에 부담없이 시작할 수 있을 것입니다.

아두이노 전문강사 아두이노맘 장성숙

• 이 책의 구성

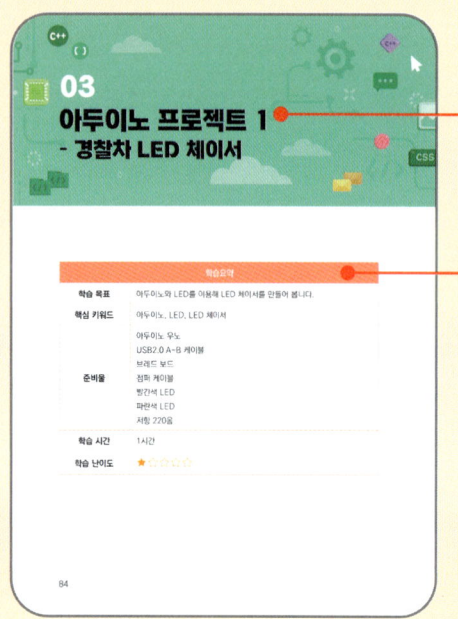

프로젝트 이름
이 챕터에서 다루는 프로젝트의 이름을 소개합니다.

학습요약
학습할 내용에 대한 목표, 시간, 난이도 등에 대해 미리 요약해서 보여 줍니다.

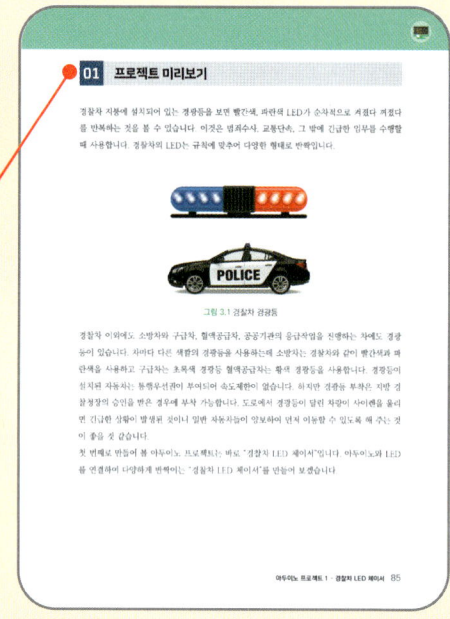

프로젝트 미리보기
이 프로젝트에서 만들게 되는 최종 결과물에 대해 미리 설명합니다.

프로젝트 준비하기
프로젝트에 사용될 부품에 대한 설명과 준비 사항에 대해 안내합니다.

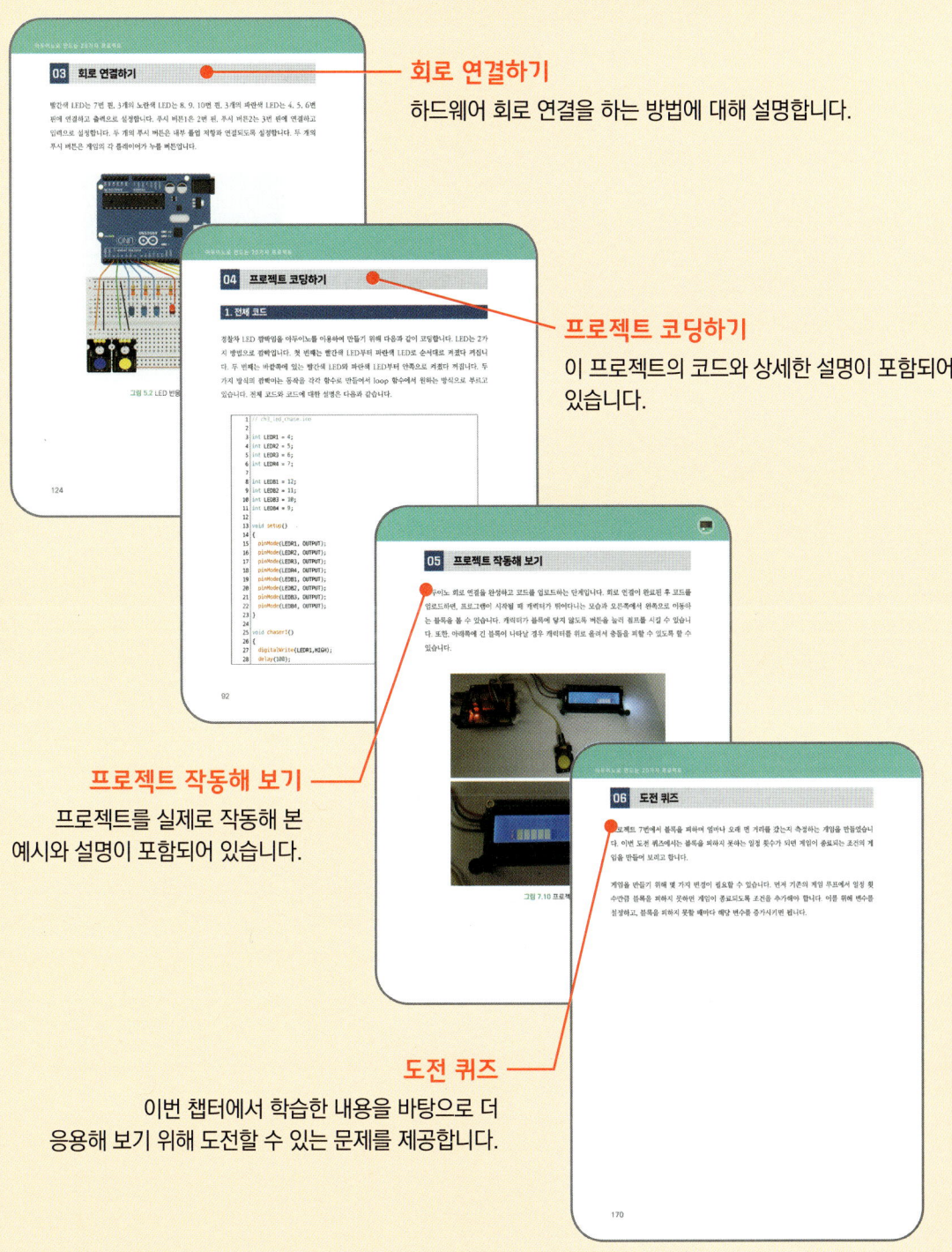

회로 연결하기
하드웨어 회로 연결을 하는 방법에 대해 설명합니다.

프로젝트 코딩하기
이 프로젝트의 코드와 상세한 설명이 포함되어 있습니다.

프로젝트 작동해 보기
프로젝트를 실제로 작동해 본 예시와 설명이 포함되어 있습니다.

도전 퀴즈
이번 챕터에서 학습한 내용을 바탕으로 더 응용해 보기 위해 도전할 수 있는 문제를 제공합니다.

이 책의 구성 9

목차

01 아두이노 소개 및 개발 환경 준비 · · · · · · 12

02 아두이노 코딩 기초 문법 익히기 · · · · · · 38

03 아두이노 프로젝트 1 - 경찰차 LED 체이서 · · · · · · 80

04 아두이노 프로젝트 2 - LED 라인 게임 · · · · · · 94

05 아두이노 프로젝트 3 - LED 반응 속도 대결 게임 · · · · · · 116

06 아두이노 프로젝트 4 - LED 디지털 주사위 · · · · · · 130

07 아두이노 프로젝트 5 - LCD 버튼 게임 · · · · · · 140

08 아두이노 프로젝트 6 - 디지털 룰러 · · · · · · 168

09 아두이노 프로젝트 7 - 자동차 후방 감지 장치 · · · · · · 180

10 아두이노 프로젝트 8 - RFID 태그 디지털 도어락 · · · · · · 192

11 아두이노 프로젝트 9 - 키패드 디지털 도어락 · · · · · · 206

12 아두이노 프로젝트 10 - 디지털 타이머　　　　　　　　222

13 아두이노 프로젝트 11 - 디지털 시계　　　　　　　　　238

14 아두이노 프로젝트 12 - 물 높이 알람 장치　　　　　　254

15 아두이노 프로젝트 13 - 크리스마스 노래 재생기　　　264

16 아두이노 프로젝트 14 - 회전하며 노래하는 오르골　　284

17 아두이노 프로젝트 15 - 4단 스마트 무드등　　　　　　302

18 아두이노 프로젝트 16 - 디지털 수평계　　　　　　　　312

19 아두이노 프로젝트 17 - 가속도 센서를 이용한 만보기 장치　326

20 아두이노 프로젝트 18 - 스마트 주차 시스템　　　　　　338

21 아두이노 프로젝트 19 - 물체 회전 카운터　　　　　　　350

22 아두이노 프로젝트 20 - 박수 횟수 카운터　　　　　　　360

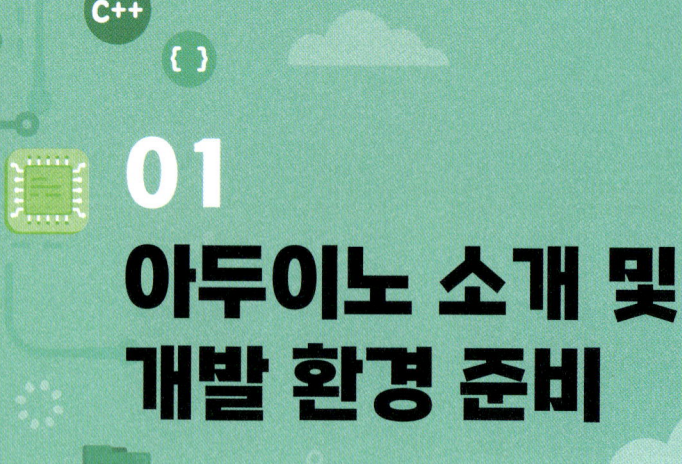

01
아두이노 소개 및 개발 환경 준비

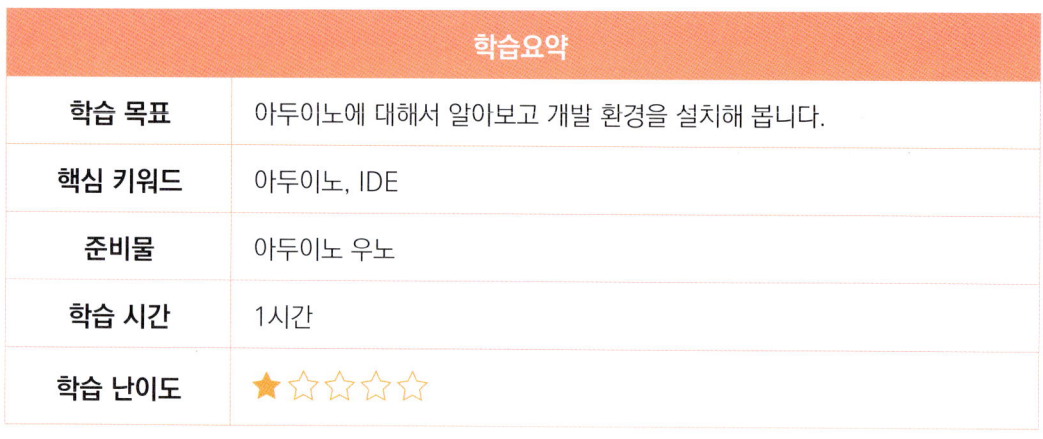

학습요약	
학습 목표	아두이노에 대해서 알아보고 개발 환경을 설치해 봅니다.
핵심 키워드	아두이노, IDE
준비물	아두이노 우노
학습 시간	1시간
학습 난이도	★☆☆☆☆

01 아두이노란?

아두이노(Arduino)는 2005년 이탈리아의 IDII(Interactive Design Insisute Ivrea)라는 디자인 학교에서 예술과 IT를 융합한 작품을 만들기 위해 고안된 오픈 소스(Open source) 기반의 단일 보드 마이크로컨트롤러(Microcontroller)입니다. 오픈 소스 제품은 제품의 코드, 디자인 문서 또는 제품의 내용을 공개적으로 사용하고 사용자들 간의 공유를 목적으로 합니다.

아두이노는 목적에 따라 다양한 종류가 개발되었습니다. 마이크로컨트롤러는 마이크로프로세서(Microprocessor)와 입출력 모듈이 하나의 칩에 구성되어 정해진 기능을 수행하는 컴퓨터입니다. 즉, 아두이노는 작은 컴퓨터를 의미합니다.

아두이노의 가장 큰 장점은 마이크로컨트롤러를 쉽게 동작할 수 있다는 것이며 아두이노가 인기를 끌면서 다양한 비즈니스에 활용되고 피지컬 컴퓨팅 교육 프로그램에 효과적으로 사용되었습니다. 또한 DIY(Do It Yourself)로 대표되는 메이커 문화를 통해 더욱 확산되었습니다.

그림 1.1 아두이노

1. 아두이노 제품군

오픈 소스 기반의 아두이노는 필요에 따라서 다양한 기능을 갖고 다양한 크기로 개발되었습니다. 아두이노 제품군을 간단히 소개하겠습니다. 자세한 내용은 다음 사이트(https://docs.arduino.cc/)를 참고하십시오.

❶ 아두이노 우노(Arduino UNO)

아두이노 우노는 전자 및 코딩을 처음 시작하기 좋은 보드입니다. 아두이노 우노는 전체 아두이노 제품군 중에서 가장 많이 사용되고 있습니다. 아두이노 우노는 ATmega328 마이크로컨트롤러를 기반으로 합니다. 14개의 디지털 입출력 핀과 6개의 아날로그 입력 핀을 사용할 수 있습니다. 디지털 입출력 핀에서 6개를 PWM 출력으로 사용할 수 있습니다. 13번 디지털 핀은 보드 내부에 LED와 연결되어 있습니다. 내부 LED는 보드를 테스트하거나 디버깅하기 위해 사용할 수 있습니다. 아두이노 우노는 USB케이블로 컴퓨터에 연결하거나 AC-DC 어댑터 또는 배터리로 전원을 공급할 수 있습니다.

· ATmega328 Microcontroller
· 14개 Digital I/O pins
· 6개 Analog input pins
· 6개 PWM pins
· UART, I2C, SPI 통신
· 5V I/O Voltage
· 7-12V Input voltage
· 2KB SRAM, 32KB FLASH, 1KB EEPROM

그림 1.2 아두이노 우노

❷ 아두이노 제로(Arduino ZERO)

아두이노 제로는 우노 제품군의 가장 단순하고 강력한 32비트 확장 보드입니다. 스마트 IoT 장치, 웨어러블 기술, 하이테크 자동화, 로봇 공학 등의 혁신적인 프로젝트를 구현할 수 있습니다. 아두이노 제로는 EDBG(Embedded Debugger) 디버깅 인터페이스를 제공하고 있어 소프트웨어 디버깅을 사용하기 쉽습니다.

- SAMD21 Cortex®-M0+ 32비트 저전력 ARM MCU Microcontroller
- 20개 Digital I/O pins
- 6개 Analog input pins
- 1개 Analog output pin
- 13개 PWM pins
- UART(2), I2C, SPI 통신
- 3.3V I/O Voltage
- 5-18V Input voltage
- 256KB FLASH, 32KB SRAM

그림 1.3 아두이노 제로

❸ 아두이노 메가 2560(Arduino Mega 2560)

아두이노 메가는 ATmega2560을 기반으로 하는 마이크로컨트롤러 보드입니다. 54개의 디지털 입출력 핀이 있고 이 중 15개는 PWM 출력으로 사용 가능합니다. 16개의 아날로그 입력과 4개의 직렬 포트가 있습니다. 아두이노 메가는 4개의 하드웨어 직렬 포트를 통해 여러 장치에 연결할 수 있습니다. 아두이노 메가는 전원이 꺼져도 지워지지 않는 4KB의 EEPROM을 갖고 있습니다.

- ATmega2560 Microcontroller
- 54개 Digital I/O pins
- 16개 Analog input pins
- 15개 PWM pins
- UART(4), I2C, SPI 통신
- 5V I/O Voltage
- 7-12V Input voltage
- 8KB SRAM, 256KB 플래시, 4KB EEPROM

그림 1.4 아두이노 메가 2560

❹ 아두이노 나노(Arduino NANO)

아두이노 나노는 아두이노의 가장 작은 보드입니다. 무게가 7g에 불과합니다. 브레드보드용으로 제작되어 전용 전원 잭이 없고, 브레드보드에 쉽게 부착할 수 있도록 핀 헤더가 제공되며

mini-B USB 커넥터가 있습니다. 아두이노 나노에 Wi-Fi 모듈이 장착된 Nano 33 IoT 또는 블루투스 저에너지 및 여러 환경 센서를 특징으로 하는 Nano 33 BLE Sense가 후속 모델로 개발되었습니다.

- ATmega328 Microcontroller
- 14개 Digital I/O pins
- 8개 Analog input pins
- 6개 PWM pins
- UART, I2C, SPI 통신
- 5V I/O Voltage
- 7-12V Input voltage
- 2KB SRAM, 32KB FLASH, 1KB EEPROM

그림 1.5 아두이노 나노

❺ 아두이노 포르텐타 (Arduino Portenta)

아두이노 포르텐타는 작업을 병렬로 실행할 수 있는 두 개의 프로세서를 갖고 있습니다. 두 개의 프로세서를 이용하여 고급 언어와 AI 프로그래밍을 수행할 수 있습니다. 예를 들어 MicroPython과 Arduino 컴파일 코드를 실행하여 서로 통신할 수 있습니다. Wi-Fi 및 블루투스 네트워크 연결과 USB-C를 통해 모니터용 디스플레이 포트, OTG 장치용 전원 공급과 같은 다른 인터페이스도 지원합니다.

- STM32H747XI 이중 Cortex®-M7+M4 32비트 저전력 Arm® MCU Microcontroller
- 22개 Digital I/O pins
- 8개 Analog input pins
- 10개 PWM pins
- Murata Type 1DX 차폐 초소형 Wi-Fi® 11b/g/n + Bluetooth® 5.1 모듈
- UART(2), I2C, SPI 통신
- 3.3V I/O Voltage
- 5V Input voltage
- 256KB FLASH, 1MB RAM

그림 1.6 아두이노 포르텐타

❻ 아두이노 니클라 센스 ME (Arduino Nicla Sense Me)

아두이노 니클라 센스 ME는 작은 공간에 4개의 저전력 센서를 사용하여 강력한 데이터 융합 기능을 지원합니다. 회전, 가속도, 압력, 습도, 온도, 공기질 및 CO_2 수준을 정확하게 측정할 수 있는 산업용 등급 Bosch 센서로 '움직임' 및 '환경'을 분석합니다.

- Cortex-M4 nRF52832 Microcontrollor
- 1개 RGB LED built-in
- 10개 Digital I/O pins
- 2개 Analog input pins
- 12개 PWM
- 12개 External interrupts
- ANNA B112 Bluetooth module
- UART, I2C, SPI 통신
- 1.8V Microcontroller 동작 전압
- 5V 보드 전압

그림 1.7 아두이노 니클라 센스

2. 아두이노 우노 구성

이 책에서 사용할 아두이노 제품은 아두이노 우노(Arduino UNO)입니다. UNO는 이탈리아어로 '1'을 말합니다. 아두이노 우노는 아두이노 제품군 중 가장 광범위하게 사용되고 있습니다. 전자와 코딩을 처음 접하는 사람들이 쉽게 접근할 수 있어 교육용으로도 사용됩니다. 또한 다양한 응용 프로젝트를 참고할 수 있습니다. 아두이노 공식 사이트(https://www.arduino.cc/)는 물론 유튜브에서도 다양한 프로젝트를 찾아 배울 수 있습니다.

아래 그림은 아두이노 우노의 구성을 나타내고 있습니다.

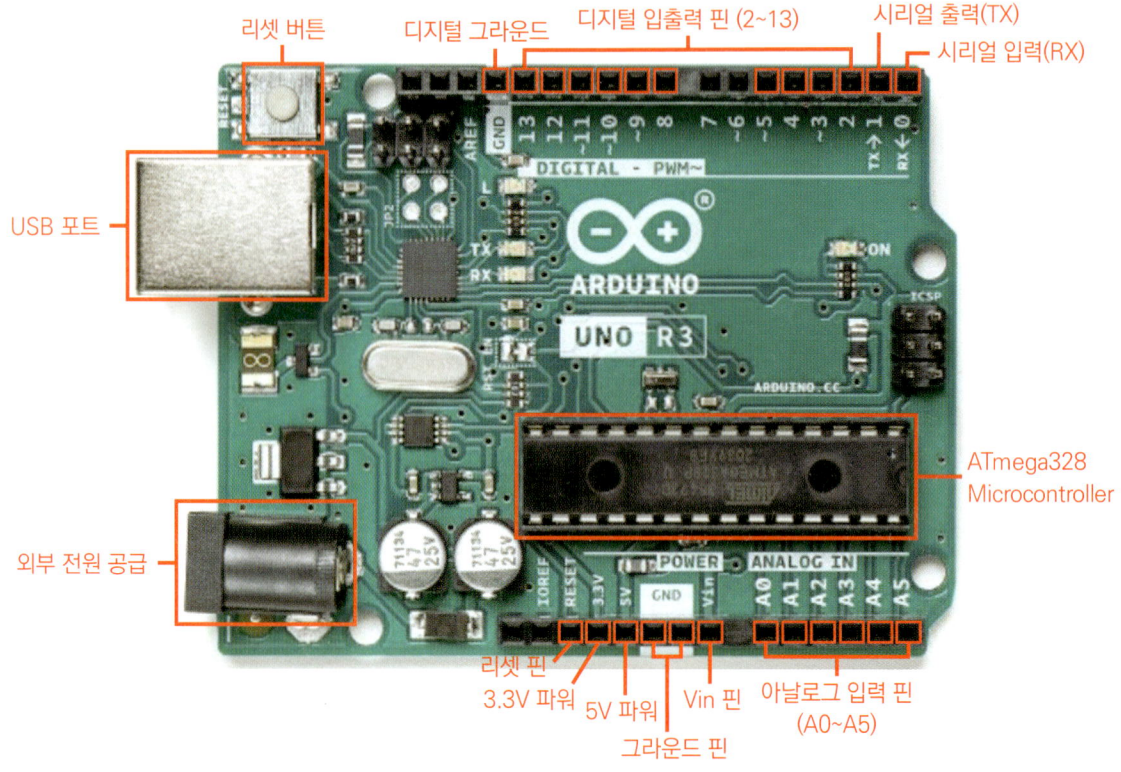

그림 1.8 아두이노 우노 구성

아두이노 우노는 14개의 디지털 입출력 핀이 있습니다. 그중 0번 핀은 시리얼 입력(RX), 1번 핀은 시리얼 출력(TX)를 전용으로 사용하고 있습니다. 디지털 입출력 핀 중 ~3, ~5, ~6, ~9, ~10, ~11번 핀은 PWM 출력으로 사용할 수 있습니다. 아두이노 우노는 아날로그 신호를 연결하기 위한 6개의 아날로그 입력 핀과 3.3V 전압과 5V 전압을 공급할 수 있는 핀과 그라운드 핀이 있습니다. 리셋 버튼은 프로그램을 새로 시작하기를 원할 때 사용할 수 있습니다. USB 포트를 이용하여 컴퓨터와 연결하여 프로그램을 업로딩합니다. USB포트나 외부 전원 공급 포트를 통하여 전원을 공급받습니다.

02 아두이노 IDE 2 개발환경 준비

아두이노는 아두이노 IDE(Integrated Development Environment, 통합 개발 환경)를 통하여 프로그램을 개발하고 업로딩을 진행합니다. 아두이노 IDE는 코드를 편집할 수 있는 편집기, 컴파일러, 업로더가 합쳐진 소프트웨어 개발 환경입니다. 이와 함께 개발에 필요한 각종 옵션과 라이브러리를 관리할 수 있습니다. 그리고 아두이노 프로그램을 실행할 때 컴퓨터와 시리얼 통신을 할 수 있는 가상 시리얼 모니터를 제공합니다. 컴퓨터와 아두이노를 USB로 연결하고 USB를 통하여 프로그램을 업로드합니다. 아두이노 IDE에서 작성된 프로그램은 '스케치(Sketch)'라고 부릅니다. 스케치의 확장자는 '.ino'입니다. 아두이노 프로그램은 C++를 기반으로 개발합니다. 아두이노 코딩 기초 문법은 챕터 2에서 다루어질 것입니다. 챕터 1에서는 아두이노 IDE를 설치하고 아두이노를 연결하여 프로그램을 로딩해 보겠습니다.

1. 아두이노 IDE 2 설치하기

먼저 아두이노 IDE 2를 설치하겠습니다. 아두이노 IDE 2는 아두이노 공식 사이트인 https://www.arduino.cc/ 사이트에 접속하여 다운로드를 받아 설치할 수 있습니다.

다음 순서를 따라 아두이노 IDE 2를 설치하겠습니다.

❶ 아두이노 공식 사이트 접속(https://www.arduino.cc/)

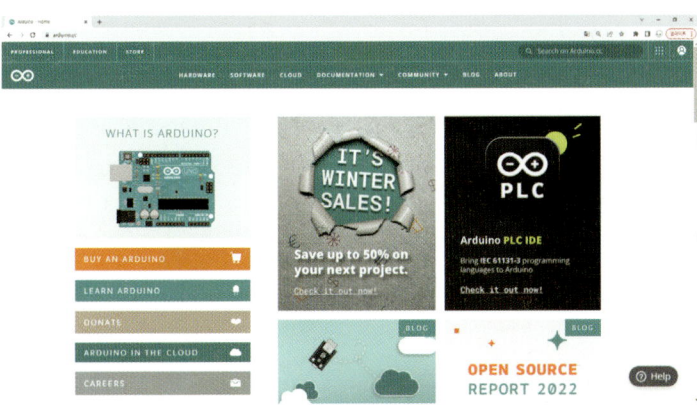

그림 1.9 아두이노 공식 사이트

❷ **메인 메뉴의 SOFTWARE 클릭**

그림 1.10 아두이노 공식 사이트 메인 메뉴

❸ **OS에 맞는 아두이노 IDE를 선택**

여기서는 Windows를 기준으로 표시하였습니다. 아두이노 IDE는 Windows, Linux, macOS를 지원하기 때문에 원하는 OS에 맞는 아두이노 IDE를 선택하여 설치할 수 있습니다.

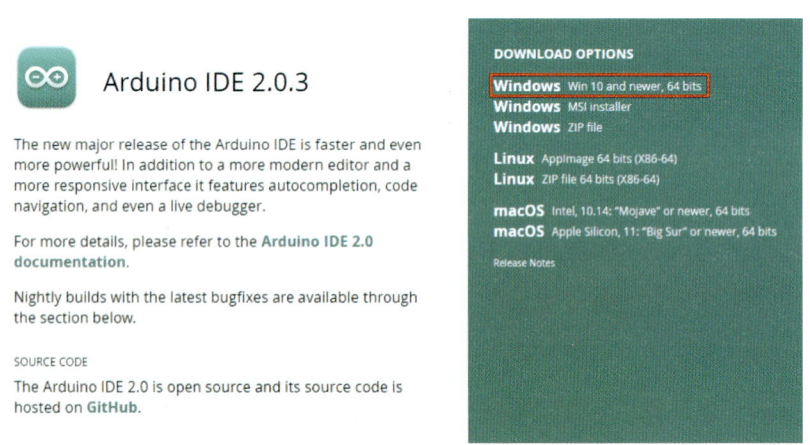

그림 1.11 아두이노 IDE Download

❹ "JUST DOWNLOAD" 클릭

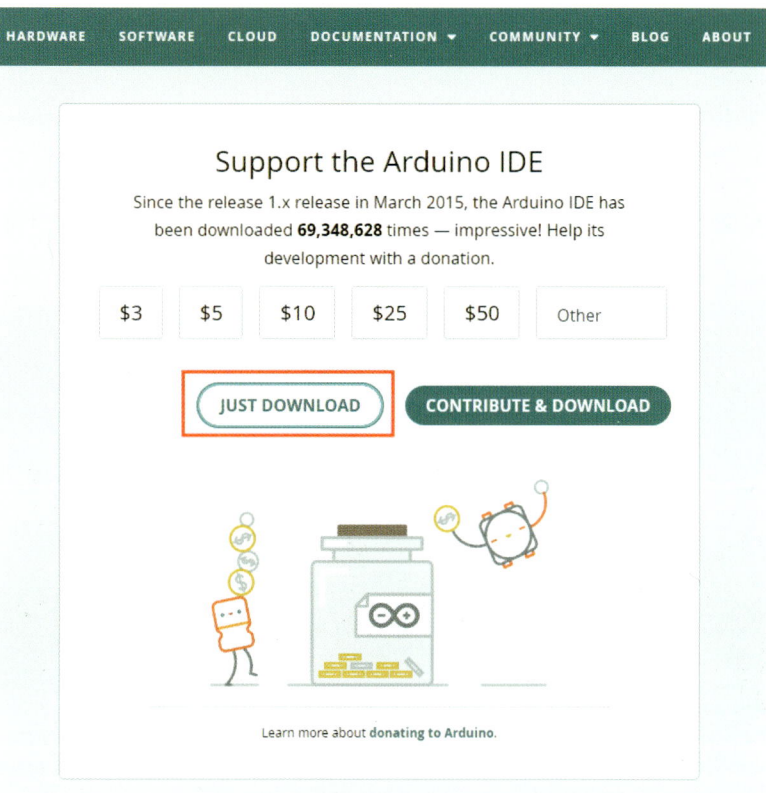

그림 1.12 아두이노 IDE 2 Download

❺ 아두이노 IDE 2 설치

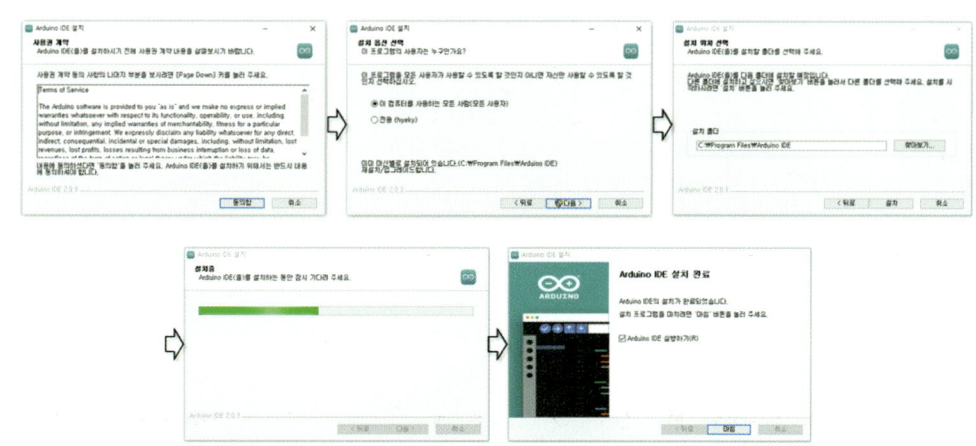

그림 1.13 아두이노 IDE 2 설치

2. 아두이노와 컴퓨터 연결

아두이노 IDE 2 설치가 끝났으면 아두이노와 컴퓨터를 연결하여 IDE에서 제공하는 예제를 아두이노에 업로드하여 수행해 보겠습니다.

❶ 아두이노와 컴퓨터를 USB 케이블을 이용하여 아래 그림과 같이 연결합니다.
준비물 : 컴퓨터, 아두이노, USB2.0 A-B 케이블

그림 1.14 아두이노와 컴퓨터 연결

❷ 아두이노 IDE2를 실행하면 그림과 같은 윈도우가 실행됩니다.

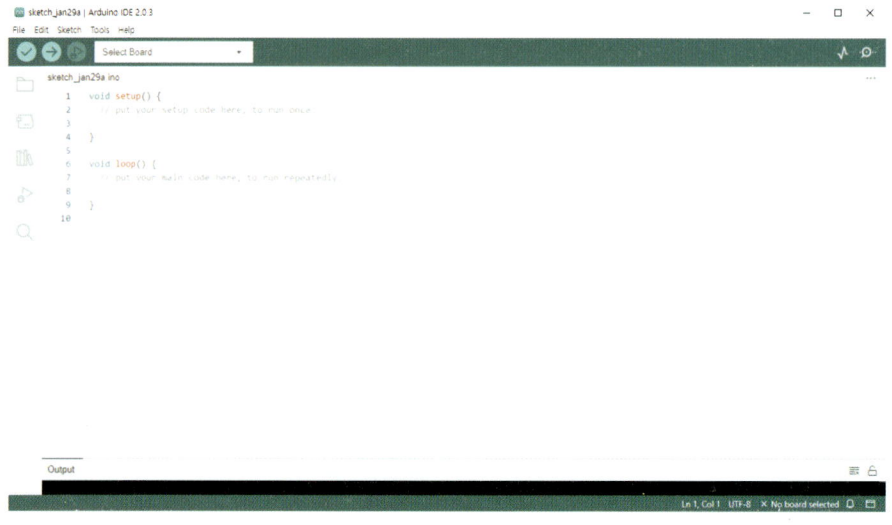

그림 1.15 아두이노 IDE 2 실행 화면

❸ 아두이노 연결을 인식하기 위해 아두이노 보드와 연결 포트를 선택합니다. 우리는 아두이노 우노를 사용하기 때문에 IDE의 메인 메뉴에서 Tools → Board → Arduino AVR Boards → Arduino UNO를 선택합니다.

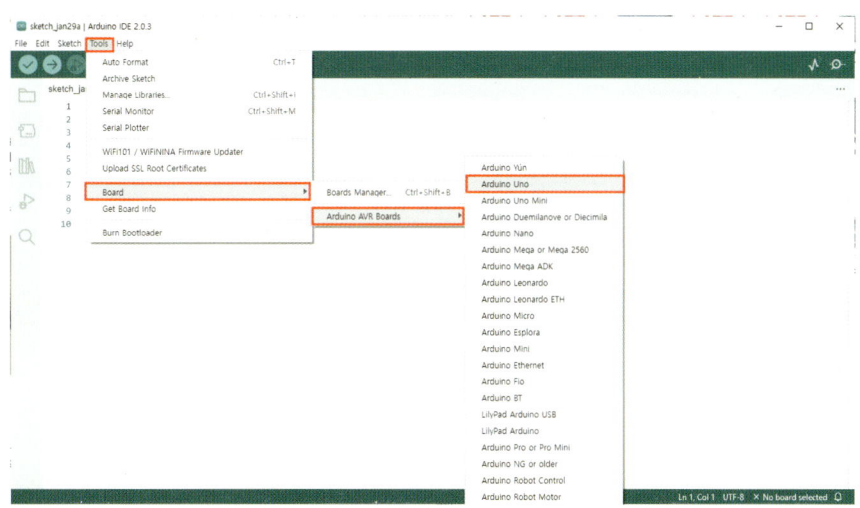

그림 1.16 아두이노 보드 선택

❹ 아두이노와 컴퓨터의 통신을 위한 포트를 설정합니다. IDE의 메인 메뉴에서 Tools → Port → COM3(Arduino Uno)을 선택합니다. 아두이노가 정상적으로 연결되지 않을 경우에는 포트가 나타나지 않습니다. 이때는 아두이노와 컴퓨터의 연결을 확인해 보십시오.

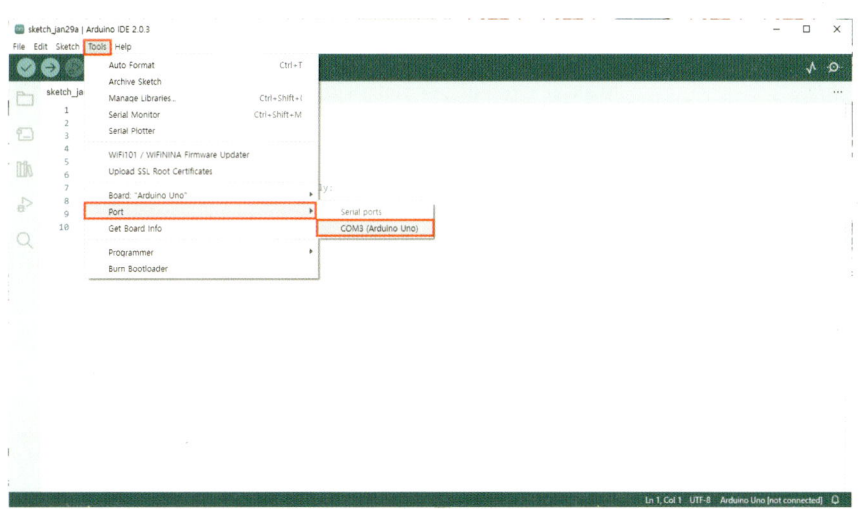

그림 1.17 아두이노 연결 포트 선택

❺ IDE에는 다양한 Example 코드가 있습니다. 그중 가장 간단한 코드를 실행해 보겠습니다. Example 코드는 메인 메뉴의 File → Examples에서 선택할 수 있습니다. 여기에서는 그림과 같이 아두이노 우노에 디지털 입출력 핀 중 13번과 연결되어 있는 Built-in LED를 깜빡이는 Blink 코드를 로딩하겠습니다. Blink 코드는 File → Examples → 01.Basics → Blink를 선택합니다.

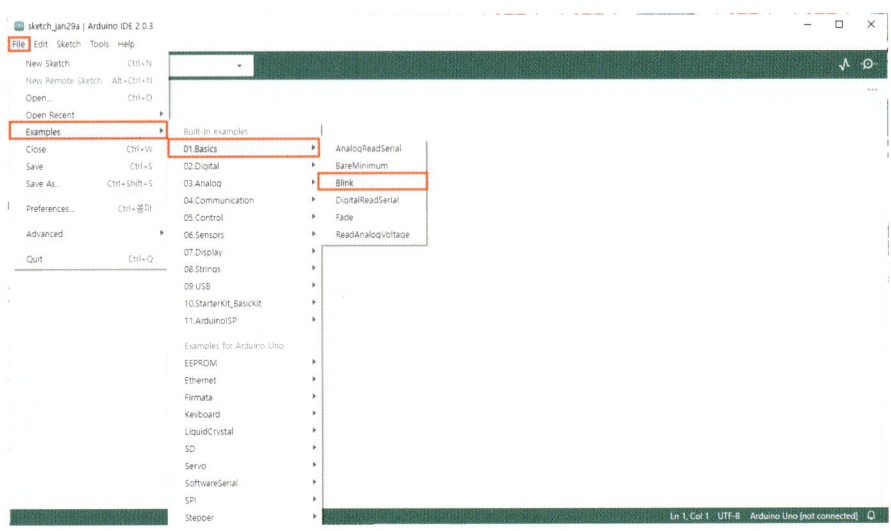

그림 1.18 Examples 코드 선택

❻ **Blink 코드는 다음과 같습니다.**

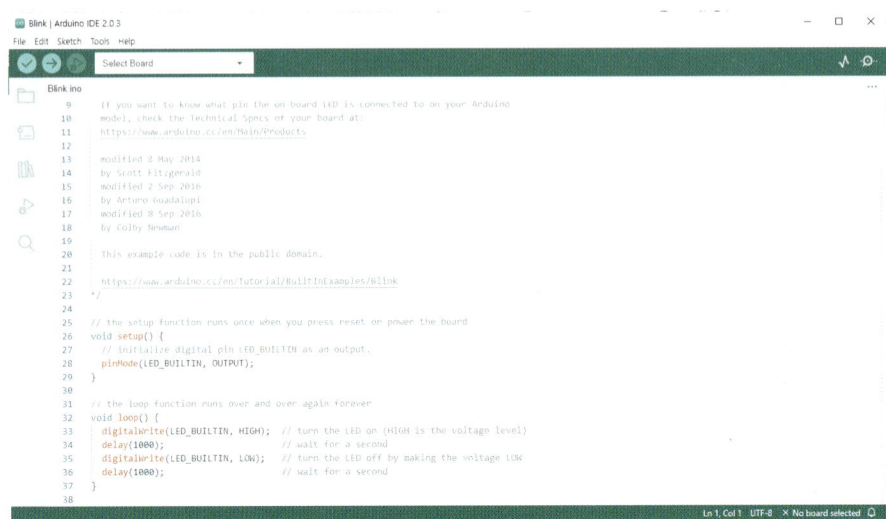

그림 1.19 Blink 코드

Line 26 : void setup( ) 함수는 아두이노의 설정값을 초기화하는 함수입니다. pinMode( ) 함수를 이용하여 Built-in LED를 OUTPUT으로 설정하였습니다.

Line 32 : void loop( ) 함수는 스케치의 메인 함수입니다. digitalWrite( ) 함수를 이용하여 Built-in LED에 HIGH(1)값과 LOW(0)값을 출력하여 LED를 켰다 껐다 하는 동작을 하고 있습니다.

❼ Blink 코드를 컴파일하고 연결되어 있는 아두이노에 업로드를 진행합니다. IDE에는 그림 1.20과 같이 3개의 아이콘이 있습니다. 이것들은 각각 Verify, Upload, Debug 기능을 수행합니다. Verify 아이콘은 코드의 문법(Syntax)을 검토하고 컴파일합니다. 문법의 오류가 발생할 경우 컴파일 에러가 발생하고 에디터의 Output 창에 에러 메시지가 출력됩니다. Upload 아이콘은 코드를 컴파일하고 오류가 없을 경우 아두이노에 프로그램을 업로드합니다. Debug 아이콘은 코드에 오류가 있을 경우 오류를 찾을 수 있지만 아두이노 우노에는 지원하지 않습니다. 여기서는 Upload 아이콘을 클릭하여 코드 컴파일과 프로그램 업로딩을 순차적으로 진행하겠습니다.

그림 1.20 컴파일과 업로드 아이콘

오류가 없을 경우 그림 1.21과 같은 메시지가 출력되고 아두이노에 프로그램이 성공적으로 업로드됩니다.

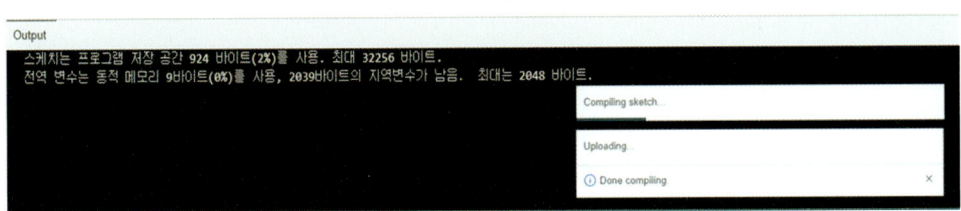

그림 1.21 컴파일과 업로드 성공

❽ 아두이노에 프로그램이 업로드되면 바로 프로그램이 수행됩니다. 여기서 업로드한 프로그램은 디지털 입출력 핀 13번에 연결된 Built-in LED를 깜빡이는 동작을 합니다. 아두이노 보드에 있는 LED가 반짝이는 것을 확인해 보십시오.

그림 1.22 아두이노 보드의 LED 확인

3. 아두이노 IDE 2의 특징

아두이노 IDE 2는 아두이노 IDE의 고유한 단순함을 유지하는 범위 내에서 편의성을 높이고자 하는 업그레이드가 진행되었습니다.

❶ 아두이노 IDE 2에는 왼쪽에 탭메뉴가 추가되었습니다. 왼쪽에 탭메뉴가 추가되어 자주 사용하는 기능을 한 번의 클릭으로 바로 사용할 수 있도록 편의성을 높였습니다. 탭메뉴는 파일 디렉토리, 보드매니저, 라이브러리매니저, 디버그, 서치 등으로 구성되어 있습니다.

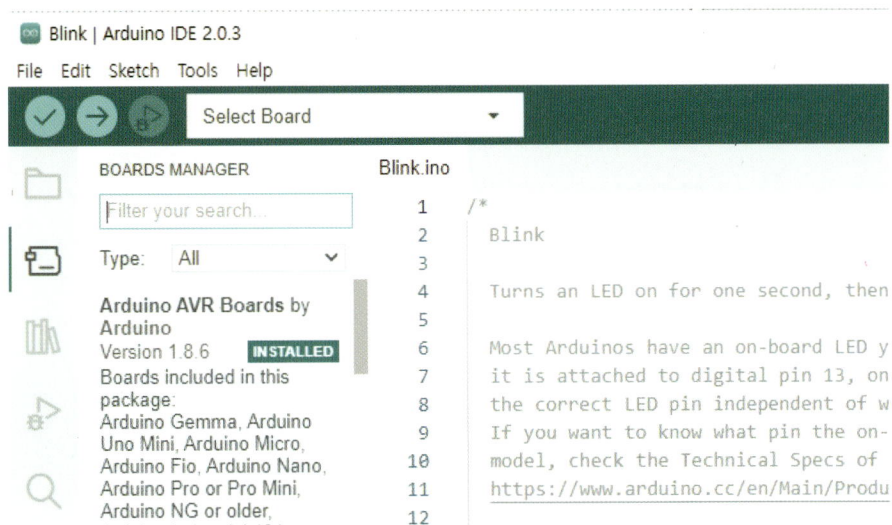

그림 1.23 아두이노 IDE 2의 탭메뉴

❷ **상단 툴 바에 디버깅 기능과 보드 및 포트 선택 기능이 추가되었습니다.**

디버깅 기능은 SAMD 아키텍처를 가진 보드에만 해당되므로 본 교재의 범위를 벗어나서 자세한 설명은 하지 않겠습니다.

보드 및 포트 선택 메뉴로 현재 컴퓨터에 연결된 아두이노 목록을 볼 수 있습니다.

그림 1.24 아두이노 IDE 2의 보드와 포트 선택 메뉴

'보드 및 포트를 선택하세요.' 항목을 선택하면 보드와 포트를 선택할 수 있는 팝업이 나타납니다.

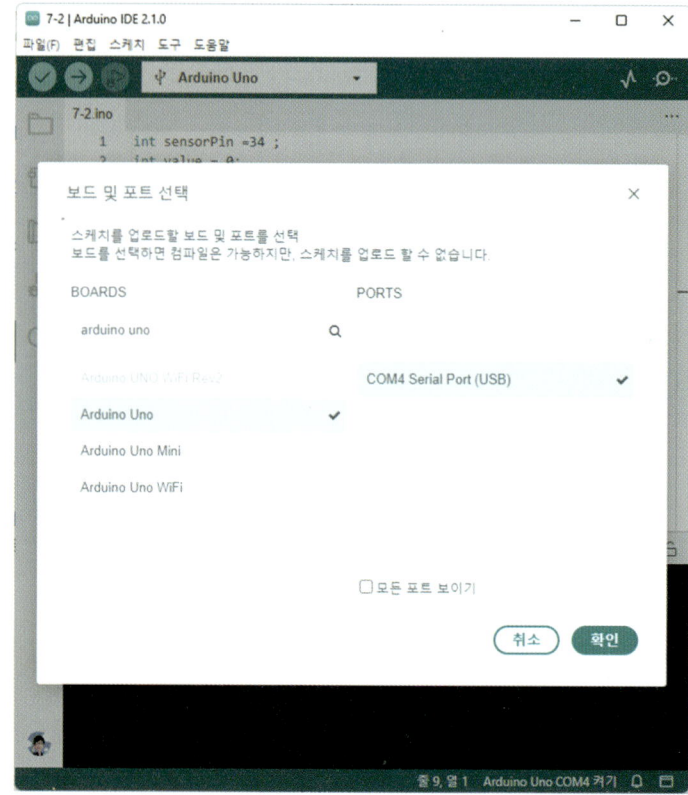

그림 1.25 아두이노 IDE 2의 보드 및 포트 선택 팝업

❸ 아두이노 IDE 2에서는 화면의 테마를 다양하게 선택할 수 있습니다.

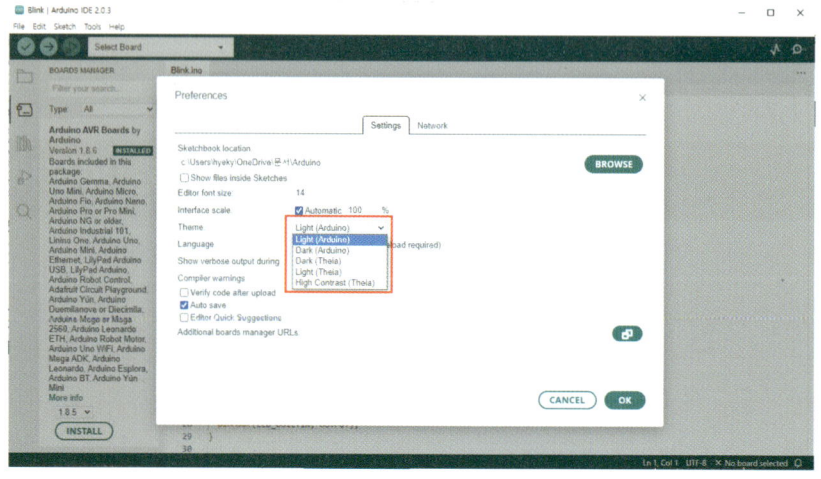

그림 1.26 아두이노 IDE 2의 Preferences 메뉴

예를 들어 테마를 Dark로 선택할 경우 그림 1.26과 같이 어두운색의 창으로 변경됩니다.

그림 1.27 아두이노 IDE 2의 Dark 테마 선택

❹ 자동 완성

코드를 작성할 때 자동 완성 기능이 있으면 편합니다. 시간을 절약할 수 있을 뿐만 아니라 프로그래밍 언어가 어떻게 작동하는지 이해할 수 있습니다.

자동 완성 기능은 아래 메뉴에서 켜고 끌 수가 있습니다.

파일 → 기본 설정 → 에디터 빠른 제안

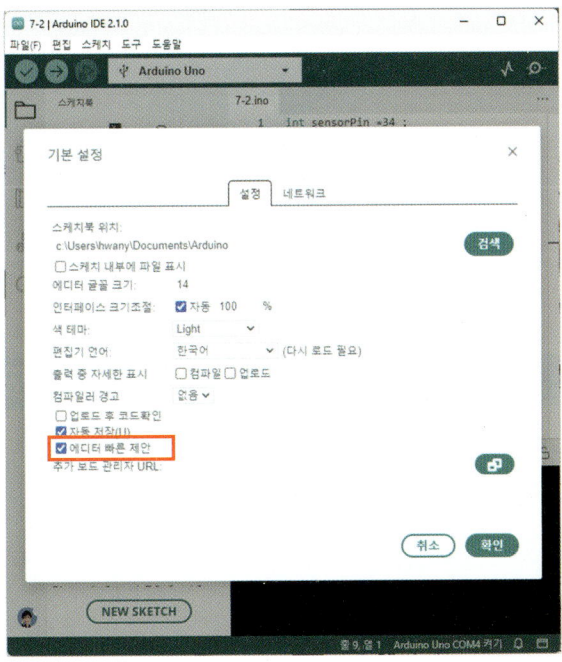

그림 1.28 아두이노 IDE 2의 에디터 빠른 제안

에디터 빠른 제안을 체크하면 아래와 같이 동작합니다.

에디터 창에 문자를 입력할 때마다 알맞은 코드가 제안됩니다. 마우스나 키보드로 선택하여 전체 코드를 입력할 수 있습니다.

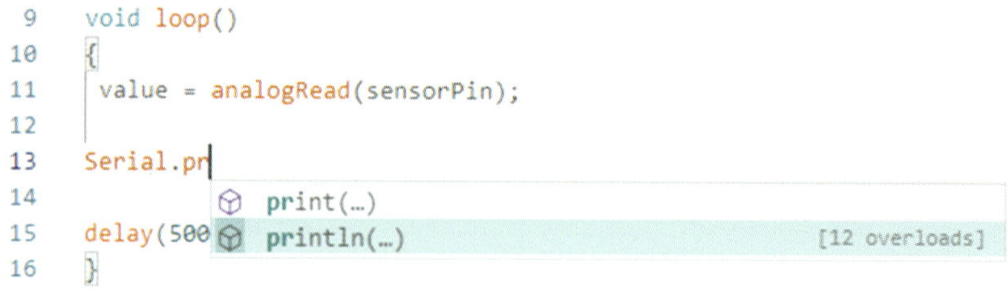

```
 9  void loop()
10  {
11    value = analogRead(sensorPin);
12
13    Serial.pr
14              print(…)
15    delay(500  println(…)           [12 overloads]
16  }
```

그림 1.29 아두이노 IDE 2의 자동 완성 기능

❺ Arduino Cloud와의 스케치 동기화

왼쪽 스케치북 메뉴를 클릭하면 두 개의 탭이 보입니다.

그림 1.30 아두이노 IDE 2의 스케치북 탭

만약 오른쪽 구름이 보이지 않는다면 파일 → 고급에서 'Show/Hide Cloud Sketchbook' 메뉴를 선택해 주면 됩니다.

그림 1.31 아두이노 IDE 2의 클라우드 스케치북 보이기 메뉴

컴퓨터 모양 탭을 선택하면 내 PC → 문서 → Arduino에 저장된 스케치 폴더를 보여 줍니다.

그림 1.32 아두이노 IDE 2의 PC 스케치북 아이콘

새롭게 추가된 것은 구름 모양 탭입니다. 이 탭은 클라우드에 저장된 스케치들을 보여 줍니다.

그림 1.33 아두이노 IDE 2의 클라우드 스케치북 아이콘

Arduino 클라우드와 로컬 컴퓨터 간의 스케치를 공유할 수 있는 기능입니다. 이는 여러 대의 컴퓨터에서 작업하거나 자신의 스케치를 클라우드에 안전하게 저장하려고 할 때 사용하도록 만들어졌습니다.

클라우드 서버에 있는 코드를 로컬로 다운로드받아 편집할 때는 Pull 스케치 버튼을 클릭하여 소스를 불러옵니다.

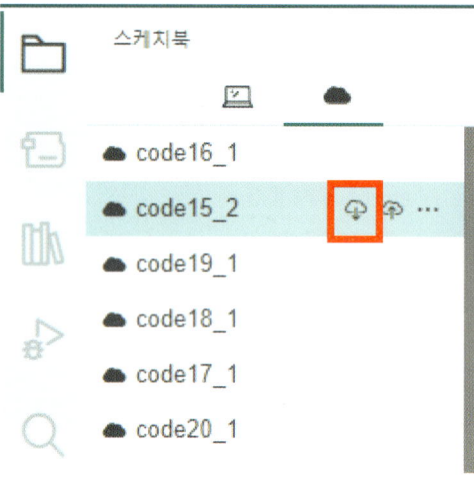

그림 1.34 아두이노 IDE 2의 Pull 버튼

스케치 편집이 끝나면 Push 스케치 버튼을 클릭하여 클라우드로 코드를 전송합니다.

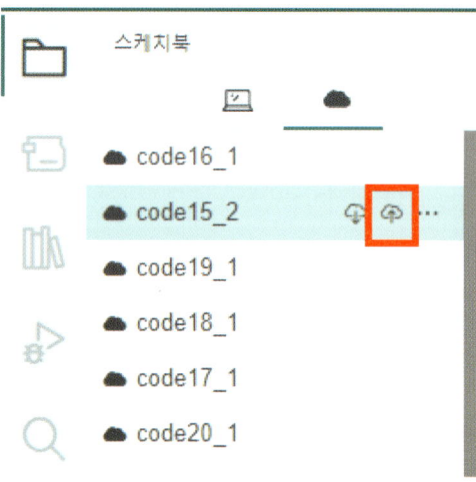

그림 1.35 아두이노 IDE 2의 Push 아이콘

이와 같은 방법으로 코드를 이동 저장 장치 등을 사용하지 않아도 다른 PC에서 편집할 수 있습니다.

이 기능을 사용하려면 아두이노 클라우드에 로그인되어 있어야 합니다.

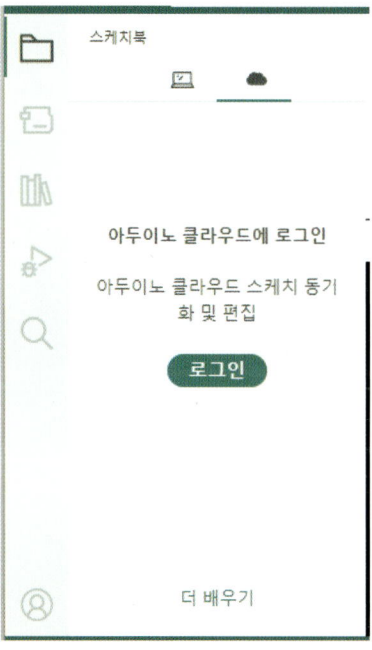

그림 1.36 아두이노 IDE 2의 클라우드 로그인 화면

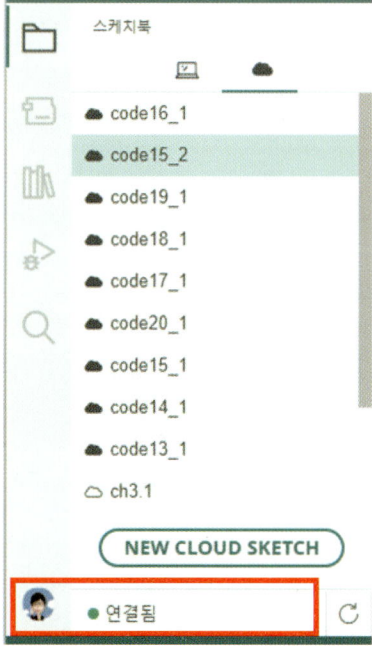

그림 1.37 아두이노 IDE 2의 클라우드 연결 완료 상태

03 책에서 다루는 20가지 아두이노 프로젝트 소개

챕터 순서대로 아두이노 20가지 작품을 간략하게 소개하겠습니다.

프로젝트 번호	주제	프로젝트 이미지	요약
1	경찰차 LED 체이서		경찰차에 달린 빨강, 파랑 LED가 좌우로 움직이듯이 on, off 되는 프로그램을 만들어 봅니다.
2	LED 라인 게임		특정 위치의 LED가 켜지는 타이밍에 맞춰 버튼을 눌러야 하는 순발력 게임을 만들어 봅니다.
3	LED 반응 속도 대결 게임		가운데 LED가 켜질 때 누가 버튼을 빨리 누르는지 2인 대결을 할 수 있는 게임을 만들어 봅니다.
4	LED 주사위		LED on, off 기능을 이용해 주사위를 만들어 봅니다.
5	LED 버튼 게임		LCD에 나타나는 블록을 점프로 피해 가는 게임을 만들어 봅니다.
6	디지털 룰러		초음파 센서를 이용해 길이를 표시해 주는 디지털 룰러를 만들어 봅니다.

7	자동차 후방 감지 장치		초음파 센서, LED, 부저를 이용해서 자동차 후방 감지 장치를 만들어 봅니다.
8	RFID 태그 디지털 도어락		RFID 태그 인식을 이용해서 디지털 도어락을 만들어 봅니다.
9	키패드 디지털 도어락		키패드와 서보모터를 이용하여 디지털 도어락을 만들어 봅니다.
10	디지털 타이머		버튼과 7세그먼트를 이용해 디지털 타이머를 만들어 봅니다.
11	디지털시계		4개짜리 숫자 표시기에 시간, 날짜, 온도를 표시할 수 있는 프로그램을 만들어 봅니다.
12	물 높이 알람 장치		물 높이 감지 센서를 이용해 물의 높이를 LED와 부저로 알려 주는 장치를 만들어 봅니다.
13	크리스마스 노래 재생기		버튼을 누르면 크리스마스 노래가 흘러나오는 장치를 만들어 봅니다.

아두이노 소개 및 개발 환경 준비

14	회전하며 노래하는 오르골			인형이 회전하며 노래가 흘러나오는 오르골을 아두이노로 만들어 봅니다.
15	4단 스마트 무드등			사람을 감지하면 불이 켜지고 버튼으로 밝기를 조절할 수 있는 무드등을 만들어 봅니다.
16	디지털 수평계			기울기 측정이 가능한 센서를 이용해 디지털 수평계를 만들어 봅니다.
17	가속도 센서를 이용한 만보기 장치			가속도 센서를 이용해 걸음을 측정하고 걸음 수를 표시해 주는 만보기 장치를 만들어 봅니다.
18	스마트 주차 시스템			센서와 여러 가지 부품을 이용하여 자동차 주차를 자동으로 관리해 주는 프로그램을 만들어 봅니다.
19	물체 회전 카운터			적외선 센서를 이용해 모터의 회전을 감지하여 몇 번 회전했는지 표시해 주는 프로그램을 만들어 봅니다.

20	박수 횟수 카운터		몇 번 박수를 쳤는지 소리 센서로 감지하여 표시해 주는 장치를 만들어 봅니다.

* 20가지 프로젝트를 해 볼 수 있는 키트는 아이씨뱅큐 쇼핑몰 사이트에서 구매하실 수 있습니다.
– 아이씨뱅큐 쇼핑몰 : https://www.icbanq.com

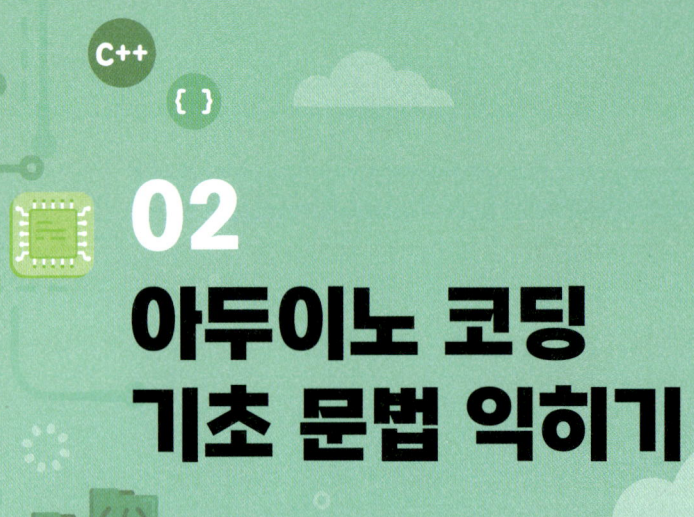

02
아두이노 코딩 기초 문법 익히기

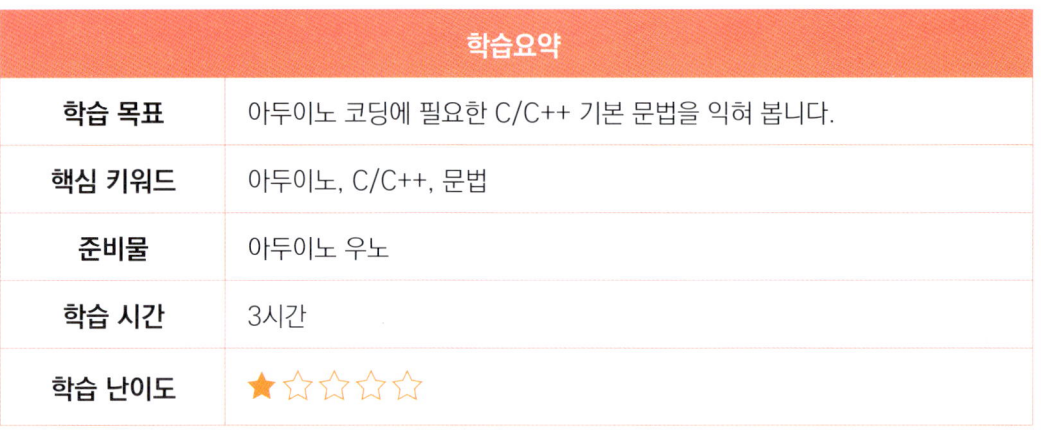

학습요약	
학습 목표	아두이노 코딩에 필요한 C/C++ 기본 문법을 익혀 봅니다.
핵심 키워드	아두이노, C/C++, 문법
준비물	아두이노 우노
학습 시간	3시간
학습 난이도	★☆☆☆☆

아두이노 코딩에는 C/C++ 프로그래밍 언어가 사용됩니다. 이 프로그래밍 언어에 익숙하지 않으신 분들은 챕터 2에서 소개하는 C 프로그래밍 언어의 기초를 꼭 숙지해 주시기 바랍니다. 그리고 아두이노를 작동시키는 데에 필요한 기본적인 명령어를 요약해 드리니 꼭 체크하고 넘어가시길 바랍니다.

01 Hello world 아두이노 프로그램

1. 부품 준비하기

예제 코드들을 아두이노로 업로드하여 직접 실행하기 위해서 아두이노와 케이블을 준비해 주세요.

부품 이미지	부품명	개수
	아두이노 우노	1
	USB2.0 A-B 케이블 1.5m with 노이즈필터	1

2. "Hello world" 실행하기

Serial 모니터를 통해 "Hello world"를 출력하는 아두이노 스케치를 실행해 보겠습니다.
스케치북 → "NEW SKETCH"를 선택하여 새 창을 엽니다.

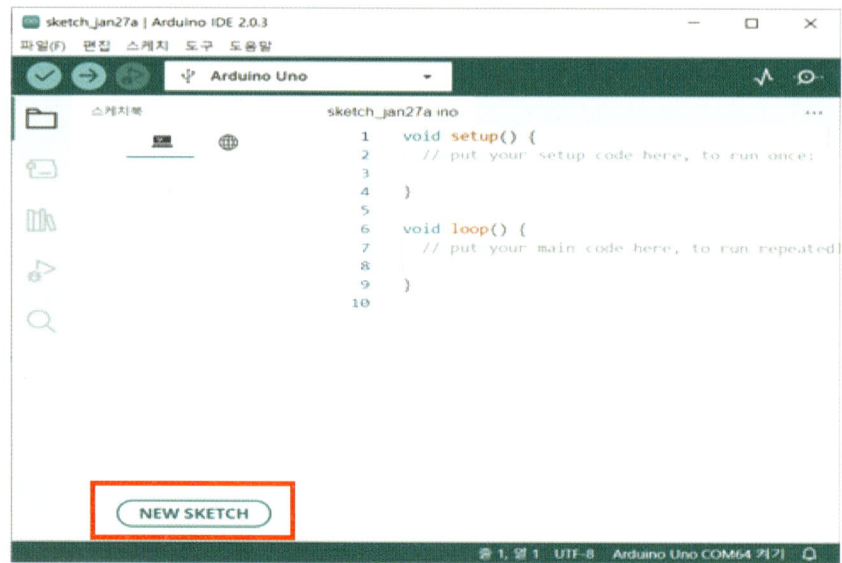

그림 2.1

```
1  void setup( ){
2    // put your setup code here, to run once:
3    Serial.begin(9600); // pc와 아두이노의 통신속도를 9600으로 정합니다.
4    Serial.println("Hello world");
5  }
6  void loop( ){
7    // put your main code here, to run repeatedly:
8    Serial.println("This is the code that runs infinitely.");
9    delay(1000); // 1초에 1번씩 출력되도록 해 줍니다.
10 }
```

코드 2.1

업로드 버튼을 눌러 아두이노 보드로 코드를 전송합니다.

이제 코드가 실행되는 결과를 확인해 보겠습니다. 오른쪽 상단에 '시리얼 모니터' 버튼을 클릭합니다.

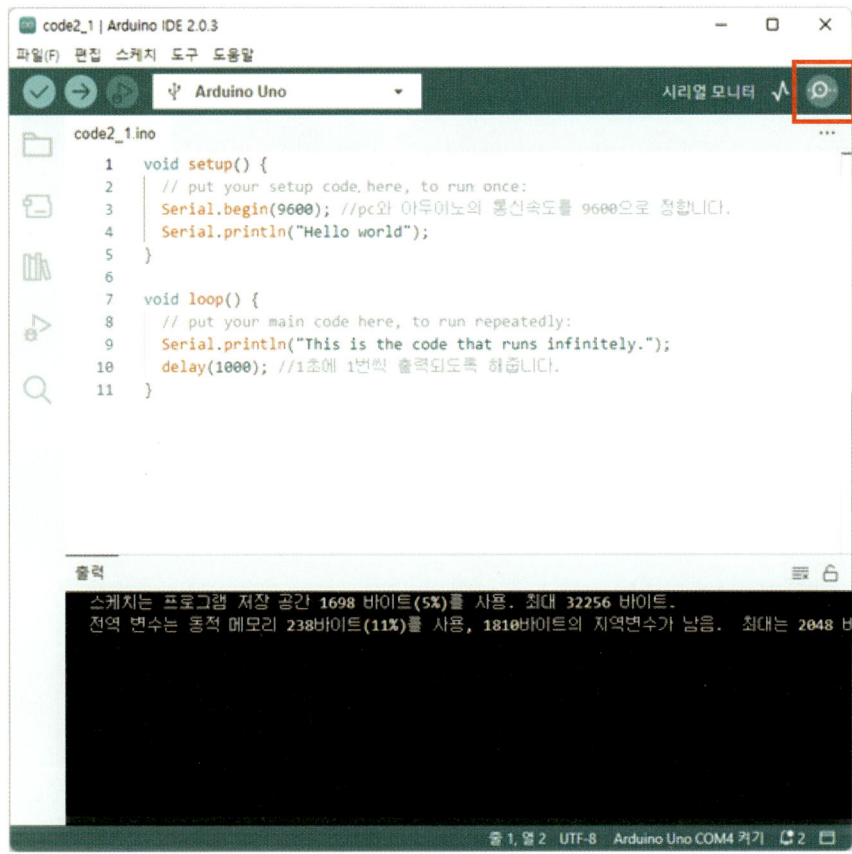

그림 2.2

아래쪽에 시리얼 모니터 탭이 생기면 통신 속도를 9600으로 변경해 줍니다.

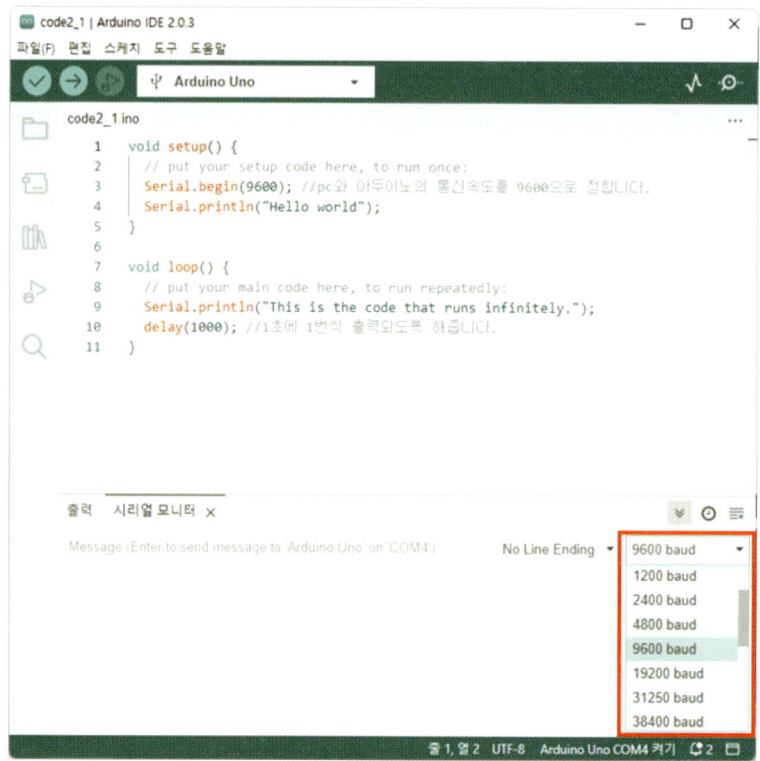

그림 2.3

실행 결과를 확인해 봅시다.

"Hellow world"는 한 번만 출력되고 "This is the code that runs infinitely."가 1초에 한 번씩 출력되는 것을 볼 수 있습니다.

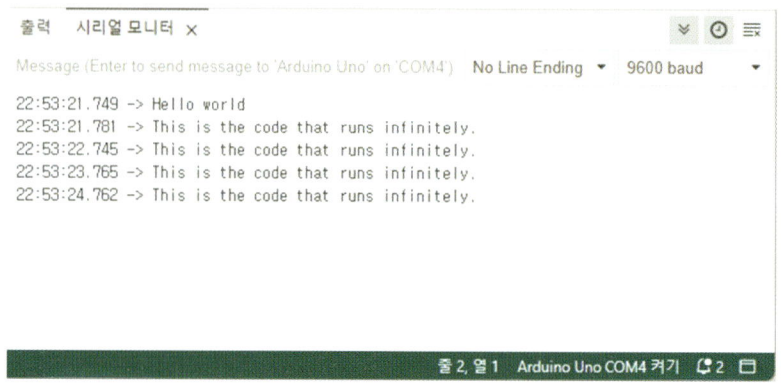

그림 2.4

1 'void setup( )'을 함수라고 합니다. setup 함수라고 부르면 됩니다. 함수가 호출되면 중괄호{} 안의 모든 코드를 실행합니다. setup 함수는 아두이노의 기본 함수입니다. 아두이노가 처음 부팅될 때, 혹은 리셋 버튼을 눌렀을 때 1번만 실행됩니다. 여기에는 부품에 대한 설정을 하거나 변수의 초깃값들을 코딩하게 됩니다.

2 '//'이후의 코드는 주석이라고 합니다. 코드에 대한 추가 정보를 기록하는 곳이며 실행되지 않습니다.

3 Serial 포트 즉 USB 케이블을 통한 PC와 아두이노 간의 통신 속도를 정하는 코드입니다.

4 Serial 모니터 창에 괄호("") 안의 문자열을 출력합니다.

7 loop( )라는 함수입니다. 이것도 아두이노의 기본 함수입니다. loop 함수 안의 코드들은 아두이노가 꺼질 때까지 무한 반복하게 됩니다.

9 Serial.println( )은 아두이노 보드에서 USB케이블을 통해 PC로 정보를 전송합니다. 센서값 확인이나 디버깅할 때 자주 씁니다

10 delay( )는 이름에서 알 수 있듯이 특정 시간 동안 지연시키는 함수입니다. 밀리세컨드(ms) 단위로 입력을 받습니다. 이 예제에서는 1000ms, 즉 1초를 지연시키게 됩니다.

☀ **주의**

1행과 5행, 6행과 10행처럼 중괄호{}는 열었으면 반드시 닫아야 합니다. 이것은 소괄호( )도 동일합니다.

☀ **참고**

실행 결과가 나타나지 않는다면 아두이노 보드의 리셋 버튼을 눌러 재실행해 보세요.

그림 2.5

02 변수와 자료형

이 단원에서는 변수와 각종 자료형에 대해서 알아봅니다.

1. 변수

변수는 값을 저장하는 메모리 공간입니다. 아두이노에서는 다양한 자료형의 변수를 선언할 수 있습니다. 변수를 선언하려면 자료형과 변수 이름을 지정해야 합니다. 예를 들어, 정수형 변수 num을 선언하려면 다음과 같이 작성합니다.

```
int num;
```

변수를 선언한 후에는 값을 할당할 수 있습니다. 예를 들어, num 변수에 10을 할당하려면 다음과 같이 작성합니다.

```
num = 10;
```

변수를 선언하는 것과 값을 할당하는 작업을 동시에 수행할 수도 있습니다. 예를 들어, int형 변수 num을 선언하고 10을 할당하려면 다음과 같이 작성합니다.

```
int num = 10;
```

변수를 선언하고 변수에 할당된 데이터를 출력해 보겠습니다.

```
1  void setup( ){
2    // put your setup code here, to run once:
3    Serial.begin(9600); // PC와 아두이노간 통신 속도를 9600으로 정합니다.
4    int num = 30 ; // 변수를 선언하고 30을 저장합니다.
5    Serial.print("Number is ");
6    Serial.println(num); // 변수에 저장된 값을 출력합니다.
7  }
8  void loop( ){
9    // put your main code here, to run repeatedly:
10 }
```

코드 2.2

결과 확인

그림 2.6

아두이노 코딩 기초 문법 익히기 45

4 'int num = 30'을 변수 선언이라고 합니다.

여기서 'num'은 변수 이름 즉 변수명이라고 하는데 사용자가 임의로 정할 수 있습니다. 변수에는 값을 저장하는 기능이 있습니다. 이것을 대입이라고 하는데 대입 연산자 '='를 사용하여 값을 저장합니다. int는 다음 장에 설명할 자료형입니다.

이 예제에서는 num이라는 변수에 30을 저장했습니다.

5 "Number is "라는 문자열을 그대로 출력합니다. 줄 바꿈을 하지 않습니다.

6 num을 출력합니다. 실행 결과를 보면 num에 저장된 숫자를 출력합니다.

2. 자료형

그렇다면 코드2.2의 4행에서 int는 무슨 뜻일까요?

int는 integer 즉 정수라는 뜻입니다. 그래서 num이라는 변수에는 정수만 저장할 수 있습니다. 자료형은 변수가 저장할 수 있는 값의 종류를 결정합니다. 아두이노에서는 다양한 자료형을 지원합니다. 예를 들어, int형은 정수를 저장할 수 있는 자료형이며, float형은 실수를 저장할 수 있는 자료형입니다.

변수를 선언할 때는 반드시 어떤 형태로 저장할 것인지 정해 주어야 합니다.

아래는 자주 사용되는 아두이노의 자료형입니다.

int : 정수를 저장하는 자료형

float : 실수를 저장하는 자료형

boolean : true 또는 false 값을 저장하는 자료형

char : 문자를 저장하는 자료형

아두이노 우노의 경우 지정할 수 있는 자료 형식은 아래 표와 같습니다.

변수 형식	바이트 수	범위
int	2	−32,768 ~ 32,767
unsigned int	2	0 ~ 65,535
long	4	−2,147,483,648 ~ 2,147,483,647
unsigned long	4	0 ~ 4,294,967,295
float	4	−3.4028235E+38 ~ 3.4028235E+38
char	1	−128 ~ 127
byte	1	0 ~ 255
bool	1	true or false

위의 수치 형식의 자료형 외에도 문자열을 저장하는 String, 함수를 선언할 때 "값을 반환하지 않는다"는 뜻을 가진 void라는 자료 형식도 있습니다.

다음 예제를 실행해 보고 각 자료형에 따라 어떻게 출력되는지 확인해 보세요.

```
void setup( ){
  // put your setup code here, to run once:
  int myNum = 5 ; // 정수
  float myFloatNum = 5.99 ; // 부동 소수점 숫자
  char myLetter = 'D'; // 문자
  Serial.begin(9600);
// 변수 출력
  Serial.println(myNum);
  Serial.println(myFloatNum);
  Serial.println(myLetter);
}
void loop( ){
  // put your main code here, to run repeatedly:
}
```

코드 2.3

그림 2.7

아두이노에서 적절한 자료형을 정하는 것은 중요합니다. 잘못된 자료형을 사용하면 데이터를 잃어버릴 수 있습니다.

다음 예제의 결과를 확인해 보세요.

```
1  void setup( ){
2    // put your setup code here, to run once:
3    int div = 5 / 2 ; // 5를 2로 나누어 div 변수에 저장
4    Serial.begin(9600);
5    Serial.println(div); // 변수 출력
6  }
7  void loop( ){
8    // put your main code here, to run repeatedly:
9  }
```

코드 2.4

실행 결과

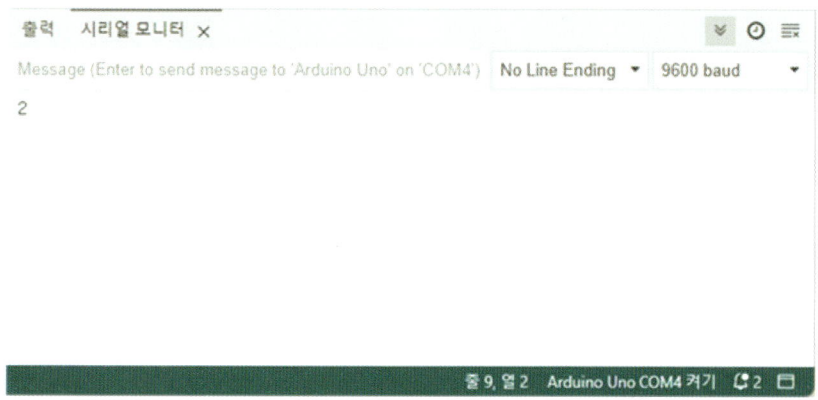

그림 2.8

div의 값이 2.5가 아닌 2로 출력됩니다. 왜냐하면, div는 정수형(int)으로 선언되었기 때문에 소수점 이하는 무시하게 됩니다. 제대로 출력하려면 3행을 아래와 같이 바꾸어야 합니다.

```
float div =(float) 5 / 2 ;
```

03 연산자

연산자는 아두이노 프로그래밍에서 값들을 조작하고 계산하는 데 사용됩니다. 아두이노에서도 다양한 종류의 연산자를 지원합니다.

다음 '+'연산자를 사용하는 아래 예제를 실행해 보고 얘기해 봅시다.

```
1  void setup( ){
2    // put your setup code here, to run once:
3    int myNum = 100 + 50 ; // 100 + 50 결괏값을 변수 myNum에 저장
4    Serial.begin(9600);
5  // 변수 출력
6    Serial.println(myNum);
7  }
8  void loop( ){
9    // put your main code here, to run repeatedly:
10 }
```

코드 2.5

아두이노 코딩 기초 문법 익히기 49

그림 2.9

'+' 연산자는 숫자뿐만 아니라 변수도 더할 수 있습니다.

```
1  void setup( ){
2    // put your setup code here, to run once:
3    int sum1 = 100 + 50 ;    // 150(100 + 50)
4    int sum2 = sum1 + 250 ;  // 400(150 + 250)
5    int sum3 = sum1 + sum2;  // 550(150+ 400)
6    Serial.begin(9600);
7  // 변수 출력
8    Serial.println(sum1);
9    Serial.println(sum2);
10   Serial.println(sum3);
11 }
12 void loop( ){
13   // put your main code here, to run repeatedly:
14 }
```

코드 2.6

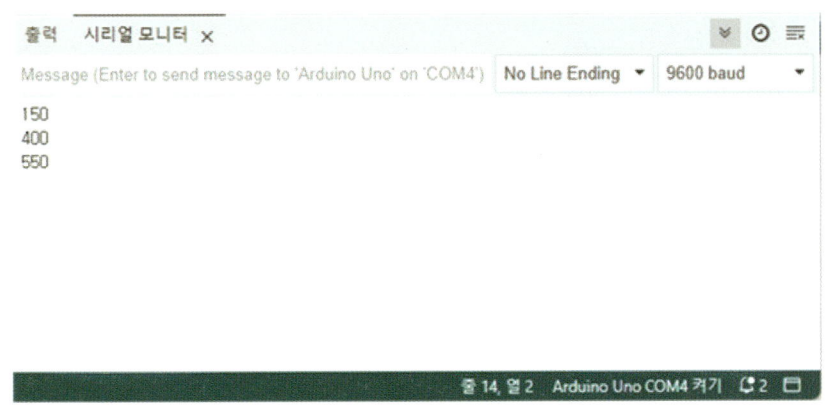

그림 2.10

3 sum1에 100+50을 더한 150이 저장되었습니다.

4 sum1(150)과 250이 더해져 sum2에 400이 저장되었습니다.

5 sum1(150)과 sum2(400)이 더해져서 sum3에 550이 저장되었습니다.

'+'와 같은 연산자를 산술 연산자라고 부릅니다.

· 산술 연산자

일반적인 수학 연산을 수행하는 데 사용됩니다. 숫자 값을 가지는 두 개의 피연산자를 이용해 계산하는 연산자입니다.

Operator	이름	예
+	더하기	x + y
−	빼기	x − y
*	곱하기	x * y
/	나누기	x / y
%	나머지	x % y
++	증가	++x
--	감소	--x

· 대입 연산자

변수에 값을 할당하는 데 사용됩니다.

이전 변수 선언 예제에서 이 연산자가 사용되는 예를 보았습니다.

이외에도 대입과 연산을 동시에 하는 연산자들이 있습니다.

Operator	예시	동일 구문
=	x = 5	x = 5
+=	x += 3	x = x + 3
-=	x -= 3	x = x - 3
*=	x *= 3	x = x * 3
/=	x /= 3	x = x / 3
%=	x %= 3	x = x % 3
&=	x &= 3	x = x & 3
|=	x |= 3	x = x | 3
^=	x ^= 3	x = x ^ 3
>>=	x >>= 3	x = x >> 3
<<=	x <<= 3	x = x << 3

· 비교 연산자

비교 연산자는 두 값(또는 변수)을 비교하는 데 사용됩니다. 조건에 맞는지 확인하고 결정을 내리는 데 도움이 되기 때문에 프로그래밍에서 중요합니다.

비교의 반환 값은 true 또는 false입니다. 이러한 값을 bool 값이라고 하며 조건문에서 많이 사용됩니다.

연산자	뜻	예	비고
==	같음	2 == 3 // 결과 false	대입 연산자 '='와 구분하여야 합니다.
!=	같지 않음	2 != 3 // 결과 true	
>	보다 큼	2 > 3 // 결과 false	
<	보다 작음	2 < 3 // 결과 true	
>=	크거나 같음	2 >= 3 // 결과 false	부호의 순서가 바뀌면 안 됩니다.
<=	작거나 같음	2 <= 3 // 결과 true	부호의 순서가 바뀌면 안 됩니다.

간단히 말해서 비교 연산자는 두 개의 피연산자를 비교하여 참 또는 거짓을 반환하는 연산자입니다.

```
int a = 10;
int b = 20;
bool c = (a == b); // 변수 c에는 false가 저장됩니다.
bool d = (a != b); // 변수 d에는 true가 저장됩니다.
bool e = (a > b); // 변수 e에는 false가 저장됩니다.
bool f = (a >= b); // 변수 f에는 false가 저장됩니다.
bool g = (a < b); // 변수 g에는 true가 저장됩니다.
bool h = (a <= b); // 변수 h에는 true가 저장됩니다.
```

· 논리 연산자

논리 연산자는 변수나 값 사이의 논리적인 관계를 판단하고, 그 결과로서 true 또는 false 값을 도출합니다. 주로 조건문이나 반복문 등의 제어 구조에서 사용됩니다.

가장 기본적인 논리 연산자로는 and, or, not이 있습니다. 각각의 논리 연산자의 설명은 아래 표를 참고하세요.

연산자	이름	예	설명
&&	and	x < 5 && x < 10	두 구문이 모두 true이면 true를 반환합니다.
||	or	x < 5 || x < 4	두 구문 중 하나가 true이면 true를 반환합니다.
!	not	!(x < 5 && x < 10)	결과를 반전합니다. 즉 결과가 true이면 false를 반환하고 false이면 true를 반환합니다.

```
bool a = true;
bool b = false;
bool c = (a && b); // 변수 c에는 false가 저장됩니다.
bool d = (a || b); // 변수 d에는 true가 저장됩니다.
```

또한, 비교 연산자 >, <, >=, <=, ==, !=)와 조합하여 복잡한 조건식을 구성할 수 있습니다.

· 비트 연산자

비트 연산자는 변수 내의 비트(bit)를 조작할 수 있습니다.

연산자	이름	예	설명
<<	left shift	x << y	x의 모든 비트가 왼쪽으로 y비트 이동됨
>>	right shift	x >> y	x의 모든 비트가 오른쪽으로 y비트 이동됨
~	bitwise NOT	~x	x의 모든 비트 반전시키기
&	bitwise AND	x & y	x의 각 비트와 y의 각 비트 AND
|	bitwise OR	x | y	x의 각 비트와 y의 각 비트 OR
^	bitwise XOR	x ^ y	x의 각 비트와 y의 각 비트 XOR

04 조건문

프로그램에서 조건문은 특정 조건이 참이면 하나의 작업을 수행하고, 그렇지 않으면 다른 작업을 수행하도록 하는 구조를 말합니다. 조건문은 프로그램 실행의 흐름을 제어하는 데 사용됩니다. 아두이노에서는 if .. else문과 switch문을 지원합니다.

1. if.. else문

if .. else문은 조건에 따라 프로그램 실행의 흐름을 변경합니다. if .. else문은 가장 기본적인 조건문으로, if문의 조건이 참이면 if문 다음에 오는 블록 내부의 코드를 실행하고, 그렇지 않으면 else 블록 내부의 코드를 실행합니다.

아래는 if .. else문의 기본 문법입니다.

```
if (조건식) {
  // 조건이 참일 경우 수행되는 코드
} else {
  // 조건이 거짓일 경우 수행되는 코드
}
```

num 변숫값이 10보다 큰지 판단하는 코드를 실행해 봅시다.

```
1  void setup( ){
2    // put your setup code here, to run once :
3    Serial.begin(9600); // PC와 아두이노 간 통신 속도를 9600으로 정합니다.
4
5    int num = 0 ; // 변수를 선언하고 0을 저장합니다.
6
7    if( num >10 ){ // num변수 값이 10보다 크면.
8      Serial.print(num); // 변수에 저장된 값을 출력합니다.
9      Serial.println(" is greater than 10");
10   }
11   else {
12     Serial.print(num); // 변수에 저장된 값을 출력합니다.
13     Serial.println(" is less than 10");
14   }
15
16 }
17 void loop( ){
18   // put your main code here, to run repeatedly:
19 }
```

코드 2.7

그림 2.11

5 num 변수에 0을 저장합니다.

7 num값이 0이므로 소괄호 안의 조건이 0 > 10가 되어 반환 값이 false이므로 다음 줄 코드 블록을 실행하지 않습니다.

11 조건문이 false이므로 else문 아래의 코드 블록이 실행됩니다.

12,13 "0 is less than 10"이 출력됩니다.

✺ 5행 변숫값을 10보다 큰 값으로 바꾸어 실행해 보세요.

조건문에 연산자를 사용하여 조건을 다양화할 수 있습니다.

```
1  void setup( ){
2    // put your setup code here, to run once:
3    int num1 = 1 ;
4    int num2 = 2 ;
5    Serial.begin(9600);
6    if( num1 == num2 )
7      Serial.println("1 and 2 are same.");
8    if( num1 != num2 )
9      Serial.println("1 and 2 are different.");
10   if( num1 > num2 )
11     Serial.println("1 is greater than 2");
12   if( num1 < num2 )
13     Serial.println("1 is less than 2");
14   if( num1 >= num2 )
15     Serial.println("1 is greater than 2 or equal to 2");
16   if( num1 <= num2 )
17     Serial.println("1 is less than 2 or equal to 2");
18 }
19 void loop( ){
20   // put your main code here, to run repeatedly:
21 }
```

코드 2.8

그림 2.12

6 num1값은 1, num2값은 2이므로 '1 == 2'가 되어 리턴값은 false가 됩니다. 따라서, "1 and 2 are same."이 출력되지 않습니다.

8 '1 != 2'는 true이므로 "1 and 2 are different."이 출력됩니다.

10 '1 > 2'는 false이므로 "1 is greater than 2"이 출력되지 않습니다.

12 '1 < 2'는 true이므로 "1 is less than 2"이 출력됩니다.

아두이노 코딩 기초 문법 익히기 57

14 '1 >= 2'는 false이므로 "1 is greater than 2 or equal to 2"이 출력되지 않습니다.

16 '1 <= 2'는 true이므로 "1 is less than 2 or equal to 2"이 출력됩니다.

조건문에는 if문 뿐만 아니라 else문과 else if문도 사용됩니다. 이를 이용하여 주어진 숫자가 양수인지 음수인지 확인하는 예제를 살펴보겠습니다.

```
1  void setup( ){
2    // put your setup code here, to run once:
3    int myNum = 10 ; // Is this a positive or negative number?
4    Serial.begin(9600);
5    if(myNum <0){
6      Serial.println("The value is a negative number.");
7    }else if(myNum >0 ){
8      Serial.println("The value is a positive number.");
9    }else {
10     Serial.println("The value is 0.");
11   }
12 }
13 void loop( ){
14   // put your main code here, to run repeatedly:
15 }
```

코드 2.9

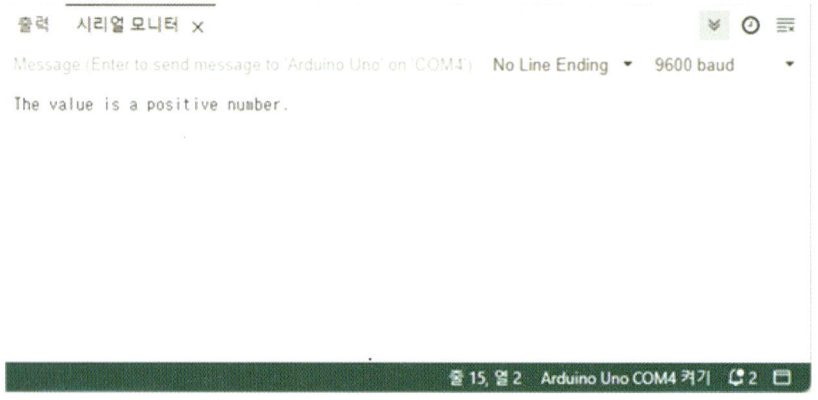

그림 2.13

5 myNum이 0보다 작으면 "The value is a negative number."를 출력합니다.
7 myNum이 0보다 크면 "The value is a positive number."를 출력합니다.
9 위 두 조건에 만족하지 않는다면, "The value is 0."를 출력합니다.

myNum이 10이므로 "The value is a positive number."를 출력합니다.

이처럼, if, else if, else를 이용하여 조건을 세분화할 수 있습니다.

2. switch문

if .. else 분기가 너무 많다면 switch문을 쓸 수도 있습니다. switch문은 다중 분기(multi-branch) 조건문입니다. switch문은 if .. else문과 마찬가지로 조건문입니다. 하지만 switch문은 조건이 일치하는 경우에 수행되는 코드 블록을 지정하는 방식이 다릅니다. 하나의 변숫값을 여러 개의 case문으로 비교하여 해당하는 case문을 실행합니다. switch 문은 if .. else문보다 더 간결하고 명확한 코드를 작성할 수 있게 해 줍니다.

다음은 switch문의 기본 문법입니다.

```
switch (변수) {
  case 값1:
    // 값1에 대한 처리
    break;
  case 값2:
    // 값2에 대한 처리
    break;
  case 값3:
    // 값3에 대한 처리
    break;
  default:
    // 모든 case에 해당하지 않는 경우의 처리
    break;
}
```

변수가 값1, 값2, 값3 중 하나와 일치하면 해당하는 case문이 실행됩니다. 각 case문은 해당하는 값에 대한 처리를 포함하며, break문을 사용하여 해당 case의 처리가 완료되었음을 나타냅니다. 만약 break문이 생략되면, 해당 case 이후의 모든 case문과 default문이 실행되어

의도하지 않은 동작을 할 수도 있습니다.

default문은 모든 case에 해당하지 않으면 실행됩니다. 따라서 switch문에 default문은 선택사항이며, 생략해도 무방합니다.

아래 예제는 사용자가 입력한 숫자에 따라 해당하는 요일의 이름을 출력하는 switch문의 예제입니다.

```
1  void setup( ){
2    // put your setup code here, to run once:
3  int day = 4 ;
4  Serial.begin(9600);
5  switch(day){
6    case 1 :
7     Serial.println("Monday");
8     break ;
9    case 2 :
10    Serial.println("Tuesday");
11    break ;
12   case 3 :
13    Serial.println("Wednesday");
14    break ;
15   case 4 :
16    Serial.println("Thursday");
17    break ;
18   case 5 :
19    Serial.println("Friday");
20    break ;
21   case 6 :
22    Serial.println("Saturday");
23    break ;
24   case 7 :
25    Serial.println("Sunday");
26    break ;
27   default :
28    Serial.println("One week is 7 days.");
29    break ;
30  }
31 }
32 void loop( ){
33   // put your main code here, to run repeatedly:
34 }
```

코드 2.10

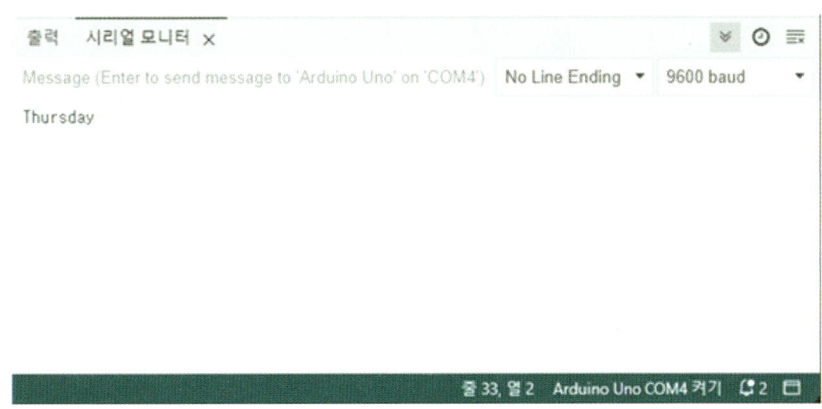

그림 2.14

5 switch 뒤의 구문은 예시처럼 변수가 올 수가 있고 수식이 올 수도 있습니다. 이것은 각 case의 값들과 한 번씩 비교됩니다.

6,7 변수 day와 1을 비교하여 일치하면 "Monday"가 출력됩니다. 그러나, day 변수의 값은 4이므로 출력되지 않습니다.

15, 16 day는 4이므로 일치하므로 "Thursday"가 출력됩니다.

17 break문을 만나 switch문을 완전히 빠져나옵니다. 즉 case 5 이후 구문은 비교되지 않습니다.

27 선택적으로 default문을 쓸 수 있습니다. 개발자가 의도한 값이 아닌 예외적인 값을 처리할 때 많이 쓰이며, 생략 가능합니다.

분기하여 사용해야 하는 조건에 따라 if .. else문이나 switch문을 적절하게 사용하시면 됩니다.

05 반복문

loop 함수는 아두이노가 꺼질 때까지 무한 반복하는 함수입니다.
반면에 특정 횟수만큼 혹은 특정 조건이 되었을 때만 반복하고 싶으면 반복문을 사용해야 합니다.
반복문에는 while문과 for문이 있습니다.

1. while문

while 반복문은 조건이 참(true)일 동안 코드를 반복적으로 실행합니다. while 반복문의 구문은 다음과 같습니다.

```
while (조건) {
// 실행할 코드
}
```

조건이 참일 동안 실행할 코드를 중괄호({}) 안에 작성합니다. 조건이 거짓(false)이면 반복문을 종료합니다.

"Hello world"를 3번만 출력하는 코드 예시를 보면서 얘기해 보겠습니다.

```
1  void setup( ){
2    // put your setup code here, to run once:
3  Serial.begin(9600);
4
5  int i = 0 ;
6
7  while(i <3){ // i값이 3보다 작으면 "Hellow world"를 출력합니다.
8      Serial.println("Hello world");
9      i++; // i값을 1만큼 증가시켜 줍니다.
10    }
11 }
12 void loop( ){
13   // put your main code here, to run repeatedly:
14 }
```

코드 2.11

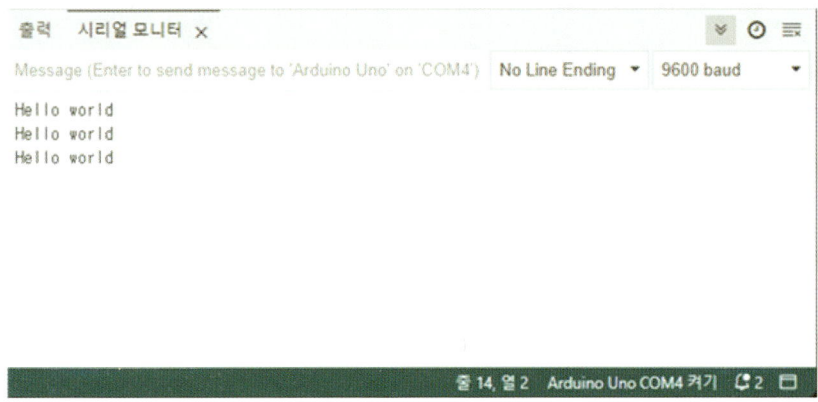

그림 2.15

7 처음에 i값이 0이므로 while 뒤에 조건문이 true가 되어 "Hello world"가 출력됩니다.

9 i가 1이 됩니다.

7 while문이므로 반복되어 7행으로 다시 돌아옵니다. '1 < 3'이 true이므로 "Hello world"가 출력됩니다.

9 i가 2가 됩니다.

7 2 < 3이 true이므로 "Hello world"가 출력됩니다.

9 i가 3이 됩니다.

7 3 < 3이므로 false가 됩니다. 더 이상 "Hello world"가 출력되지 않습니다.

위 예시와 같이 while문은 조건이 false가 될 때까지, 조건 확인(7행), 코드 블록 실행(8, 9행)이 반복됩니다.

2. do/while문

do/while 반복문은 while 반복문과 유사하지만, 코드를 최소한 한 번은 실행하는 차이가 있습니다. do/while 반복문의 구문은 다음과 같습니다.

```
do {
// 실행할 코드
} while (조건);
```

조건이 참일 동안 실행할 코드를 중괄호({}) 안에 작성합니다. do/while 반복문은 일단 코드를 한 번 실행한 후, 조건이 참인 동안 반복적으로 실행합니다.

```
1  void setup( ){
2    // put your setup code here, to run once:
3    Serial.begin(9600);
4    int i = 0 ;
5    do { // 코드 블록 먼저 실행합니다.
6      Serial.println("Hello world");
7      i++;
8    }
9    while(i <0); // 조건문 확인하여 반복합니다.
10 }
11 void loop( ){
12   // put your main code here, to run repeatedly:
13 }
```

코드 2.12

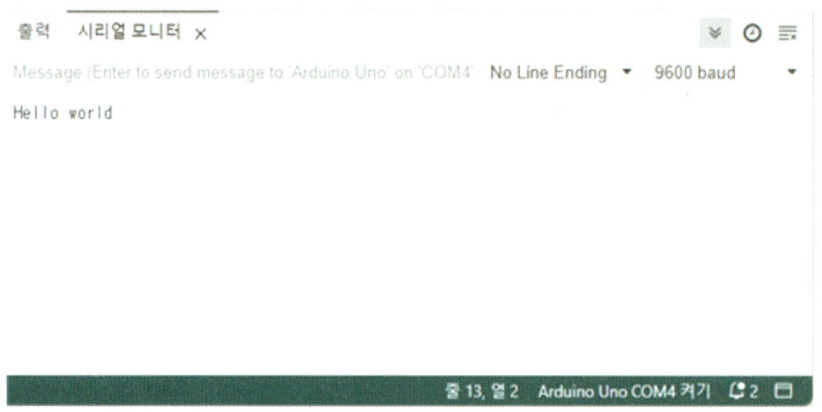

그림 2.16

6 조건에 상관없이 실행되어 "Hello world"가 출력됩니다.

7 i가 1이 됩니다.

9 1 <0 이 true가 아니므로, 더 이상 "Hello world"가 출력되지 않습니다.

3. for문

for 반복문은 반복 횟수를 명확히 정의할 수 있을 때, 사용합니다. for 반복문의 구문은 다음과 같습니다.

```
for (초기식; 조건식; 증감식) {
// 실행할 코드
}
```

초기식에서는 변수를 초기화하고, 조건식에서는 반복문을 실행할 조건을 지정합니다. 증감식에서는 변수를 증가시키거나 감소시키는 작업을 수행합니다. 실행할 코드는 중괄호({}) 안에 작성합니다.

"Hello world"를 5번 출력하도록 for문을 사용한 예제를 실행해 봅시다.

```
1  void setup( ){
2    // put your setup code here, to run once:
3    Serial.begin(9600);
4    int i;
5
6    for(i = 0 ; i <5 ; i++){ // for(초기화식 ; 조건식 ; 증감식)
7     Serial.println("Hello world");
8    }
9  }
10 void loop( ){
11   // put your main code here, to run repeatedly:
12 }
```

코드 2.13

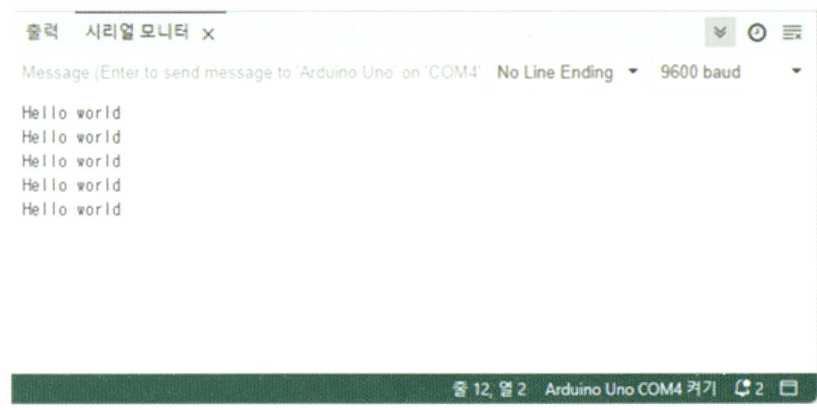

그림 2.17

6. for문은 세미 콜론(;)으로 구분되는 3개의 명령어를 가집니다. "i = 0"은 처음 한 번만 실행됩니다. "i〈5"는 while문의 조건문과 같습니다. 해당 조건에 만족하면 코드 블록이 실행됩니다. "i++"는 매 반복 시 한 번씩 실행됩니다.

6, 7. 처음에 i =0이 실행되어 i값은 0입니다. 조건문은 0〈 5로 true가 되므로 "Hello world"가 출력됩니다.

6. i++가 실행되어 i가 1이 됩니다.

6, 7. 1〈 5는 true이므로 "Hello world"가 출력됩니다.

6. i++가 실행되어 i가 2가 됩니다.

같은 방식으로 i가 5가 되기 전까지 "Hello world"가 반복해서 출력됩니다.

i가 5가 되었을 때, 5〈 5는 false가 되므로 다시는 "Hello world"가 출력되지 않습니다.

4. 중첩 루프

다른 루프 안에 루프를 배치하는 것도 가능합니다. 이것을 중첩 루프라고 합니다.
다음 예제를 실행해 보세요.

```
1  void setup( ){
2    // put your setup code here, to run once:
3    int i, j;
4    Serial.begin(9600);
5  // 바깥 루프
6    for(i = 1 ; i <= 2 ; ++i){
7     Serial.print(i);
8     Serial.println(" Outer");  // 2번 실행됨
9     // 안쪽 루프
10    for(j = 1 ; j <= 3 ; ++j){
11     Serial.print("-");
12     Serial.print(j);
13     Serial.println(" Inner");  // 6번 실행됨(2 * 3)
14    }
15   }
16 }
17 void loop( ){
18   // put your main code here, to run repeatedly:
19 }
```

코드 2.14

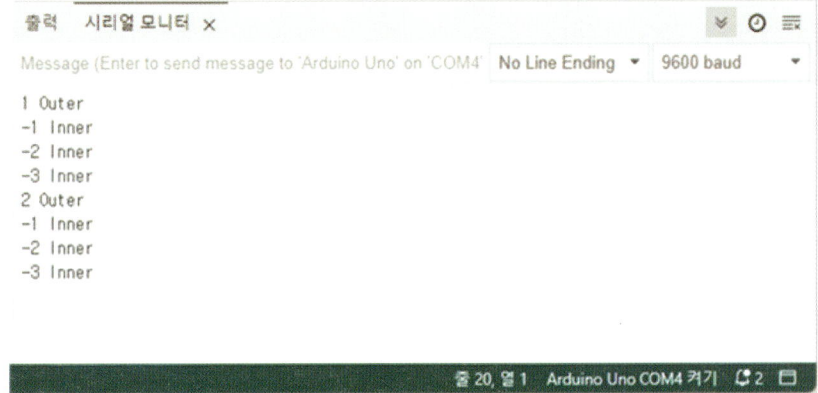

그림 2.18

6 바깥 반복문에서 i는 1이 되고, 1 <= 2는 true이므로 "1 Outer"가 출력됩니다.

10 안쪽 반복문에서 j는 1이 되고, 1 <= 3은 true이므로 "-1 Inner"가 출력됩니다.
    안쪽 반복문은 3회 반복되어 "-2 Inner", "-3 Inner"가 출력됩니다.

6 i는 2가 되고 2 <= 2 true이므로 "2 Outer"가 출력됩니다.

10 안쪽 반복문에서 다시 j는 1이 되고, 1 <= 3은 true이므로 "-1 Inner"가 출력됩니다.
    안쪽 반복문은 3회 반복되어 "-2 Inner", "-3 Inner"가 출력됩니다.

6 바깥 반복문에서 3 <= 2가 false가 되므로 모든 반복문을 중지합니다.

5. break와 continue

break는 이전 장에서 사용된 명령문을 이미 보았습니다. 그것은 switch문에서 "빠져나오는" 데 사용되었습니다.

이 break명령문을 사용하여 반복문에서 벗어날 수도 있습니다.

```
1  void setup( ){
2    // put your setup code here, to run once:
3    Serial.begin(9600);
4    int i;
5    for(i = 1 ; i <= 10 ; i++){
6     if(i == 4){
7      break ;
8     }
9     Serial.println(i);
10   }
11 }
12 void loop( ){
13   // put your main code here, to run repeatedly:
14 }
```

코드 2.15

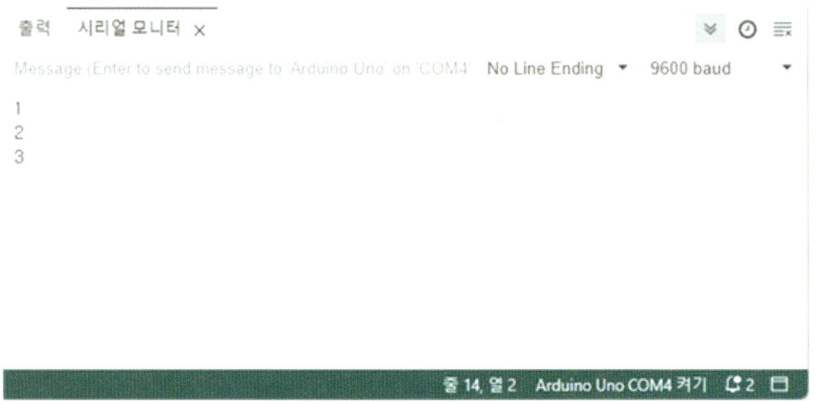

그림 2.19

5 for문은 10회 반복하도록 구성되었습니다.

6, 7 i==4 조건문을 만족할 때, break문을 만나서 for문을 빠져나오게 됩니다. 그래서 3까지 출력되고 이후는 출력되지 않았습니다.

continue 명령문은 지정된 조건이 발생하는 경우, 다음 코드를 진행하지 않고 다음 반복을 계속합니다.

```
void setup( ){
  // put your setup code here, to run once:
  Serial.begin(9600);
  int i;
  for(i = 1 ; i <= 10 ; i++){
    if(i == 4){
      continue ;
    }
    Serial.println(i);
  }
}
void loop( ){
  // put your main code here, to run repeatedly:
}
```

코드 2.16

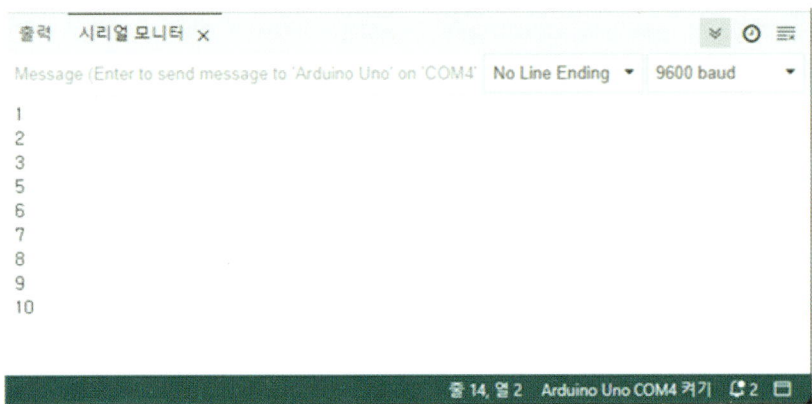

그림 2.20

6, 7 i가 4일 때 continue가 실행되어 다음 코드를 진행하지 않고 다음 반복문을 진행합니다.

아두이노 코딩 기초 문법 익히기 **69**

break와 continue는 while문에서도 동일하게 사용할 수 있습니다.

06 배열

배열은 같은 종류의 여러 개의 데이터를 저장하고 싶을 때, 각각의 데이터에 대해 별도의 변수를 선언하는 대신 하나의 변수에 여러 값을 저장하는 데 사용됩니다.
배열의 정의는 변수 선언과 유사합니다.
대신 변수명 뒤에 대괄호를 [ ]넣어 배열이라는 것을 표시합니다.

```
int myNumbers[10];
```

값을 대입하려면 중괄호{} 안에 숫자들을 입력하면 됩니다. 각 데이터는 쉼표로 구분됩니다.
4개의 정수 값을 가진 배열은 아래와 같이 만들 수 있습니다.

```
int myNumbers[] = {25 , 50 , 75 , 100 };
```

배열의 각 요소를 하나씩 접근할 수 있습니다. 배열의 인덱스 번호를 사용하면 됩니다. 인덱스 번호는 0부터 시작합니다.

```
1  void setup( ){
2    // put your setup code here, to run once:
3    int myNumbers[] = {25 , 50 , 75 , 100 };
4    Serial.begin(9600);
5    Serial.println(myNumbers[0]); // 배열의 첫 번째 값을 출력합니다.
6    Serial.println(myNumbers[1]); // 배열의 두 번째 값을 출력합니다.
7    Serial.println(myNumbers[2]); // 배열의 세 번째 값을 출력합니다.
8    Serial.println(myNumbers[3]); // 배열의 네 번째 값을 출력합니다.
9  }
10 void loop( ){
11   // put your main code here, to run repeatedly:
12 }
```

코드 2.17

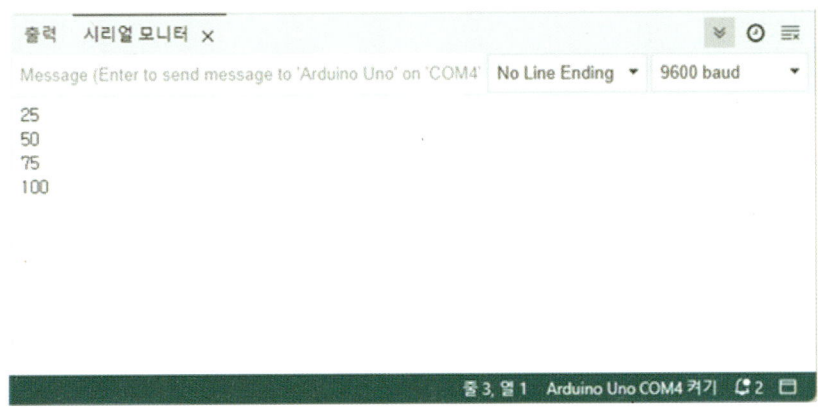

그림 2.21

배열의 각 요소를 인덱스를 사용하여 각 변수에 접근합니다. 배열의 인덱스는 0부터 시작합니다. 예를 들어, 배열 numbers의 첫 번째 항목을 5로 바꾸려면 다음과 같이 작성합니다.

```
numbers[0] = 5;
```

```
1  void setup( ){
2    // put your setup code here, to run once:
3    int myNumbers[] = {25 , 50 , 75 , 100 };
4    Serial.begin(9600);
5    Serial.println(myNumbers[0]); // 배열의 첫 번째 값을 출력합니다.
6    myNumbers [0] = 33 ;        // 배열의 첫 번째 값을 33으로 변경합니다.
7    Serial.println(myNumbers[0]); // 배열의 첫 번째 값을 다시 출력합니다.
8  }
9  void loop( ){
10   // put your main code here, to run repeatedly:
11 }
```

코드 2.18

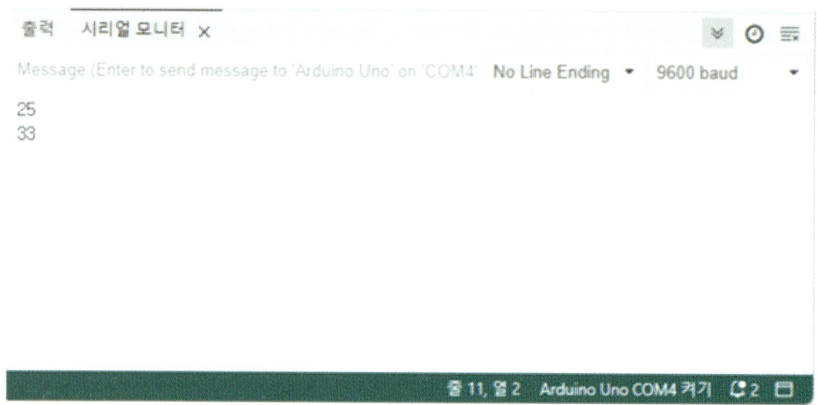

그림 2.22

6 배열 인덱스를 사용하여 배열 첫 번째 값을 25에서 33으로 변경하였습니다.

배열은 반복문과 함께 자주 쓰입니다.

```
1  void setup( ){
2    // put your setup code here, to run once:
3    Serial.begin(9600);
4    int myNumbers[] = {25 , 50 , 75 , 100 };
5    int i;
6  // i를 0부터 3까지 변화시키면서 myNumbers 배열의 해당 인덱스의 요소를 출력합니다.
7    for(i = 0 ; i <4 ; i++){
8     Serial.println(myNumbers[i]);
9    }
10 }
11 void loop( ){
12   // put your main code here, to run repeatedly:
13 }
```

코드 2.19

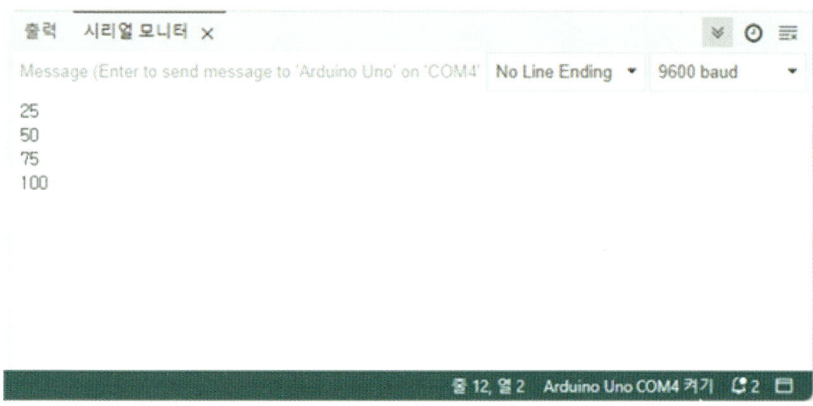

그림 2.23

코드2.17과 동일한 결과를 얻었습니다.

7 i값을 0부터 3까지 1씩 증가시켜 줍니다.

8 배열에서 i번째 값을 출력해 줍니다.

07 함수

함수(function)는 반복되는 작업을 한 덩어리로 묶어서 코드의 재사용성을 높이는 데 사용됩니다. 함수를 정의하고 호출하여 프로그램의 구조를 더욱 간결하고 유연하게 만들 수 있습니다. 이미 우리는 많은 예제 코드에서 함수를 사용해 왔습니다. setup( ), loop( ), Serial.begin( ), Serial.println( )들이 함수입니다. 이 함수들은 이미 어떤 목적으로 사용하도록 정의되었습니다. 우리는 그 목적에 맞게 이 함수들을 호출하여 사용하였습니다.

1. 함수 선언과 호출

모든 프로그래머는 함수를 만들 수 있습니다. 이것을 우리는 함수 정의라고 합니다.
함수를 정의하려면 다음과 같은 구문을 사용합니다.

```
자료형 함수 이름(매개 변수1, 매개 변수2, ...) {
// 함수 내용
}
```

```
void myFunction( ){
   Serial.println("I just got executed!");
}
```

함수는 선언되었다고 해서 자동으로 실행되지 않습니다. 함수는 명시적으로 호출되어야 실행됩니다. 함수는 필요에 따라 반복해서 호출할 수 있습니다.

```
 1 void setup( ){
 2   // put your setup code here, to run once:
 3   Serial.begin(9600);
 4 // 함수 호출
 5   myFunction( );
 6   myFunction( );
 7   myFunction( );
 8 }
 9 void loop( ){
10   // put your main code here, to run repeatedly:
11 }
12 // 함수 선언
13 void myFunction( ){
14   Serial.println("I just got executed!");
15 }
```

코드 2.20

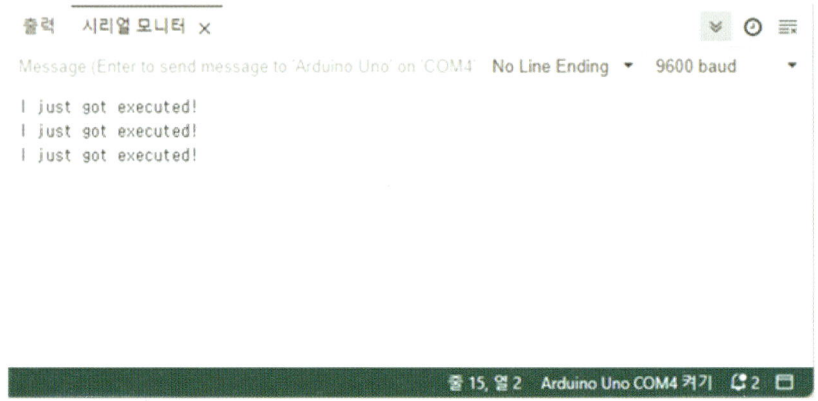

그림 2.24

5, 6, 7 myFunction( )을 3번 호출하였습니다.

13 myFunction( )는 Serial.println("I just got executed!")가 동작하도록 정의되어 있어서 호출될 때마다, "I just got executed!"가 출력되었습니다.

2. 매개 변수

함수는 매개 변수(parameter)를 사용하여 외부에서 값을 받아 내부에서 처리할 수 있습니다. 매개 변수는 함수 정의 시 괄호 안에 지정하며, 여러 개의 매개 변수를 사용할 때는 쉼표로 구분합니다.

```
1  void setup( ){
2    // put your setup code here, to run once:
3    Serial.begin(9600);
4  // 함수 호출
5    myFunction(10);
6    myFunction(20);
7    myFunction(50);
8  }
9  void loop( ){
10   // put your main code here, to run repeatedly:
11 }
12 // 함수 선언
13 void myFunction(int i){
14   Serial.println(i);
15 }
```

코드 2.21

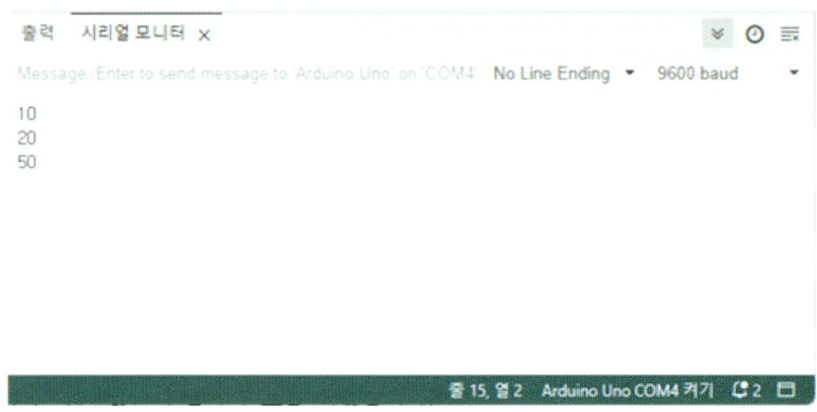

그림 2.25

5, 6, 7 매개 변수에 각기 다른 값을 전달하여 myFunction 함수를 호출하였습니다.

13 myFunction 함수는 i라는 정수형 매개 변수를 통해 값을 전달받습니다.

14 전달받은 i 값을 출력합니다.

매개 변수를 통해 함수에 전달되는 값을 인수라고 합니다. 따라서 위의 예제에서 i는 매개 변수(parameter)이며, 10, 20, 50은 인수(arguments)입니다.

3. return값

함수는 결괏값을 반환할 수 있습니다. 반환 값은 함수가 호출된 곳으로 값을 되돌려 주는 것입니다. 함수가 값을 반환하도록 하려면 함수를 정의할 때, void 대신 데이터 유형(예 : int or float 등)을 사용하고 함수 내부에서 return이라는 키워드를 사용해야 합니다.

함수 내부에서 return 키워드를 만나면, 함수 실행은 종료되고 값을 반환합니다. 따라서 return 키워드 이후의 코드는 실행되지 않습니다.

```
int myFunction(int x){
  return 5 + x;
}
```

```
1  void setup( ){
2    // put your setup code here, to run once:
3    Serial.begin(9600);
4  // 함수 호출
5    int ret_val = myFunction(10);
6    Serial.println(ret_val);
7  }
8  void loop( ){
9    // put your main code here, to run repeatedly:
10 }
11 // 함수 선언
12 int myFunction(int x){
13   return 5 + x;
14 }
```

코드 2.22

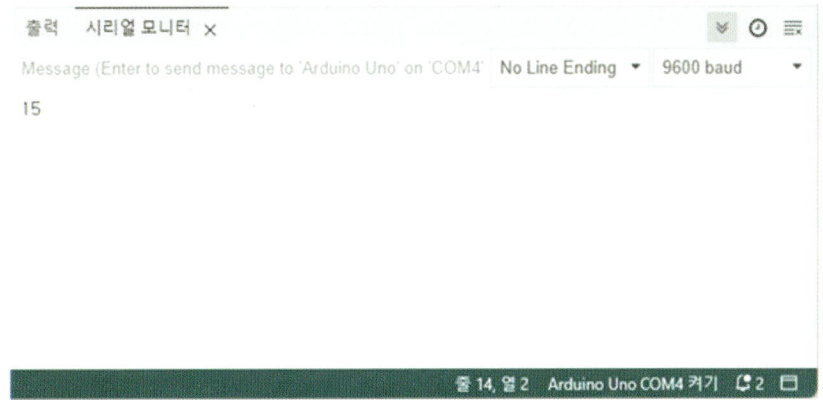

그림 2.26

5 myFunction 함수에 10을 매개 변수를 통해 전달했습니다.

12 myFunction 내부에 10이 전달되었습니다.

13 10에 5를 더해서 15를 반환합니다.

5 15를 받아서 변수 ret_val에 저장합니다.

08 아두이노 기본 함수

스케치에는 다음과 같은 기본 함수들을 제공하고 있습니다. 이 함수들은 Arduino 보드를 통해 부품을 제어하거나 센서값을 읽습니다. 아래 함수들을 실습하려면 추가 부품들이 필요하므로 따로 예제를 제공하지 않았습니다. 다음 챕터부터 실습하면서 자주 보게 될 것입니다.

함수 이름	매개 변수 및 리턴값	설명
Digital I/O		
digitalRead(pin)	**매개 변수** pin : 읽고자 하는 아두이노 핀 번호 **리턴값** HIGH 또는 LOW	지정된 디지털 핀에서 HIGH 또는 LOW값을 읽습니다. 예) digitalRead(13);
digitalWrite(pin, value)	**매개 변수** pin: 제어할 아두이노 핀 번호 value: HIGH 또는 LOW **리턴값** 없음	디지털 핀에 HIGH 또는 LOW 값을 씁니다. 예) digitalWrite(13, LOW);
pinMode(pin, mode)	**매개 변수** pin: 모드를 설정할 아두이노 핀 번호 mode: INPUT, OUTPUT, 또는 INPUT_PULLUP **리턴값** 없음	입력 또는 출력으로 작동하도록 지정된 핀을 정의해 줍니다. 예) pinMode(13, OUTPUT);
Analog I/O		
analogRead(pin)	**매개 변수** pin : 읽고자 하는 아두이노 핀 번호 **리턴값** 핀의 아날로그 판독값 아두이노 우노의 경우 0-1023사이의 값	지정된 아날로그 핀에서 값을 읽습니다. 예) int val = 0; val = analogRead(A3);
analogWrite(pin, value)	**매개 변수** pin: 데이터를 쓸 Arduino 핀. value: 0(항상 꺼짐)과 255(항상 켜짐) 사이. **리턴값** 없음	핀에 아날로그 값(PWM)을 씁니다. 다양한 밝기로 LED를 켜거나 다양한 속도로 모터를 구동하는 데 사용할 수 있습니다. 예) analogWrite(9, 255);

Time		
delay(ms)	매개 변수 ms: 일시 중지할 시간(밀리초)입니다. 리턴값 없음	지정한 시간 동안 프로그램을 일시 중지합니다. 예) delay(1000);
External Interrupts		
attachInterrupt(digitalPinToInterrupt(pin), ISR, mode)	매개 변수 pin: 아두이노 핀 번호. ISR: 인터럽트가 발생할 때 호출할 함수 mode: 인터럽트가 트리거 되는 조건 (LOW, CHANGE, RISING, FALLING). 리턴값 없음	인터럽트를 사용하면 사용자나 센서의 입력을 놓치지 않고 마이크로컨트롤러가 다른 작업을 수행할 수 있습니다. 예) attachInterrupt(digitalPinToInterrupt(interruptPin), blink, CHANGE);
detachInterrupt(digitalPinToInterrupt(pin))	매개 변수 pin: 인터럽트를 비활성화할 Arduino 핀 번호 리턴값 없음	주어진 인터럽트를 끕니다.

위에서 언급한 함수 외에도 수학함수, 삼각함수, 문자 처리 등의 함수를 기본으로 제공하고 있습니다. 추가적인 내용은 아래 사이트 참고하세요.

https://www.arduino.cc/reference/en/

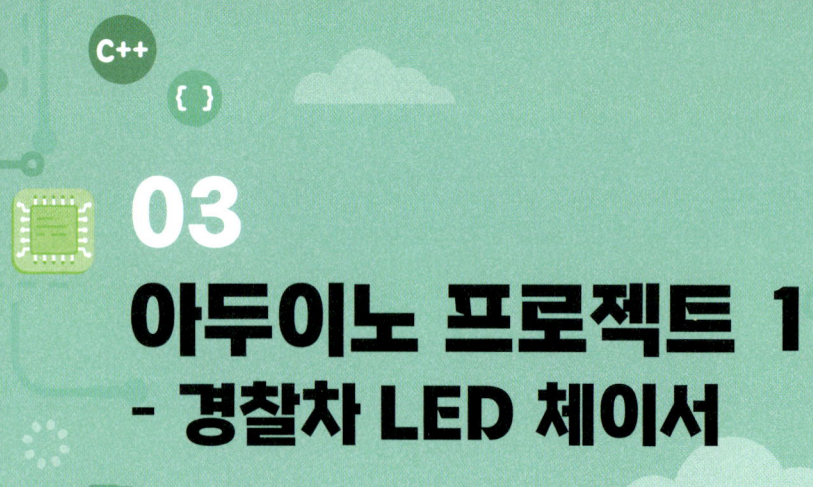

03
아두이노 프로젝트 1
- 경찰차 LED 체이서

학습요약	
학습 목표	아두이노와 LED를 이용해 LED 체이서를 만들어 봅니다.
핵심 키워드	아두이노, LED, LED 체이서
준비물	아두이노 우노 USB2.0 A-B 케이블 브레드 보드 점퍼 케이블 빨간색 LED 파란색 LED 저항 220옴
학습 시간	1시간
학습 난이도	★☆☆☆☆

01 프로젝트 미리보기

경찰차 지붕에 설치되어 있는 경광등을 보면 빨간색, 파란색 LED가 순차적으로 켜졌다 꺼졌다를 반복하는 것을 볼 수 있습니다. 이것은 범죄수사, 교통단속, 그 밖에 긴급한 임무를 수행할 때 사용합니다. 경찰차의 LED는 규칙에 맞추어 다양한 형태로 반짝입니다.

그림 3.1 경찰차 경광등

경찰차 이외에도 소방차와 구급차, 혈액공급차, 공공기관의 응급작업을 진행하는 차에도 경광등이 있습니다. 차마다 다른 색깔의 경광등을 사용하는데 소방차는 경찰차와 같이 빨간색과 파란색을 사용하고 구급차는 초록색 경광등 혈액공급차는 황색 경광등을 사용합니다. 경광등이 설치된 자동차는 통행우선권이 부여되어 속도제한이 없습니다. 하지만 경광등 부착은 지방 경찰청장의 승인을 받은 경우에 부착 가능합니다. 도로에서 경광등이 달린 차량이 사이렌을 울리면 긴급한 상황이 발생된 것이니 일반 자동차들이 양보하여 먼저 이동할 수 있도록 해 주는 것이 좋을 것 같습니다.

첫 번째로 만들어 볼 아두이노 프로젝트는 바로 "경찰차 LED 체이서"입니다. 아두이노와 LED를 연결하여 다양하게 반짝이는 "경찰차 LED 체이서"를 만들어 보겠습니다.

02 프로젝트 준비하기

1. 부품 준비하기

먼저 부품을 준비하겠습니다. 아래의 표에 나와 있는 부품을 개수에 맞춰 준비합니다.
아두이노 우노 1개, 브레드보드 1개, 빨간색 LED 4개, 파란색 LED 4개, 케이블은 수수 케이블로 넉넉하게 준비합니다.

부품 이미지	부품명	개수
	아두이노 우노	1
	브레드보드	1
	빨간색/파란색 LED	4 4
	220Ω 저항	8
	케이블(수수)	10

2. 부품 자세히 알아보기

❶ 브레드 보드 (Bread board)

브레드 보드는 그림 3.2와 같이 2.54mm 간격의 작은 구멍들이 있는 플라스틱 틀 아래 전류가 흐를 수 있도록 연결이 되어 있는 프로토타이핑 보드의 한 종류입니다. 인쇄 회로 기판(PCB)이나 만능 기판과는 다르게 아두이노와 부품을 연결할 때 납땜이 필요 없기 때문에 교육용이나 간단한 실험용으로 자주 사용합니다.

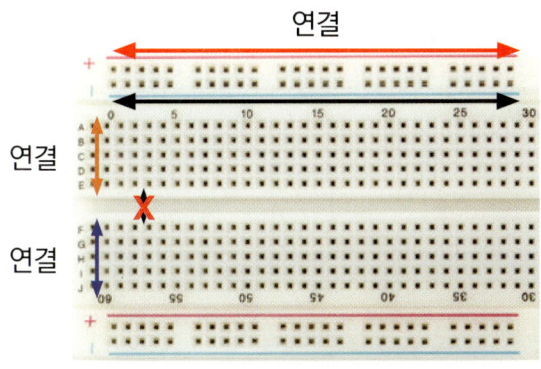

그림 3.2 브레드보드 전류연결

❷ LED (Light Emitting Diode)

LED는 화합물에 전류를 흘려 빛을 발산하는 반도체 소자입니다. 화합물의 종류에 따라 다양한 색깔을 만들 수 있습니다. LED는 다이오드의 한 종류이기 때문에 다이오드의 특성인 극성이 있어 한쪽 방향으로 전류가 흐릅니다. 그래서 LED를 연결할 때는 +전원(VDD)과 -전원(그라운드) 연결을 바르게 해야 합니다. 우리가 사용하는 5mm LED는 그림 3.3과 같이 두 개의 다리 중 긴 쪽을 + 전원과 연결하고 짧은 쪽을 - 전원과 연결합니다.

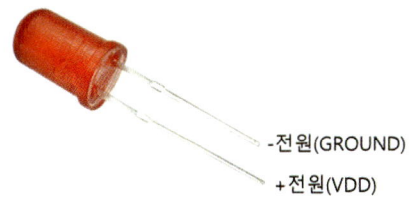

그림 3.3 LED 전원연결

③ 저항(Resistor)

저항은 전기의 흐름을 방해하는 요소입니다. 저항은 전기회로 안에서 전기의 흐름을 제한하여 회로 안에서 전류의 크기를 바꿉니다. 전기의 흐름은 저항을 통과하면 전압이 떨어지는 현상으로 나타납니다. 부품에 사용되는 전압과 전류를 확인하여 적절한 저항을 함께 사용합니다. 키르히호프 법칙과 옴의 법칙을 이용하여 회로에서 사용될 저항값을 계산할 수 있습니다. 저항은 다양한 값을 갖고 있습니다. 올바른 저항을 찾기 위해 저항을 읽는 법을 알 수 있어야 합니다. 아래 그림 3.4를 참고하여 저항의 크기를 확인할 수 있습니다.

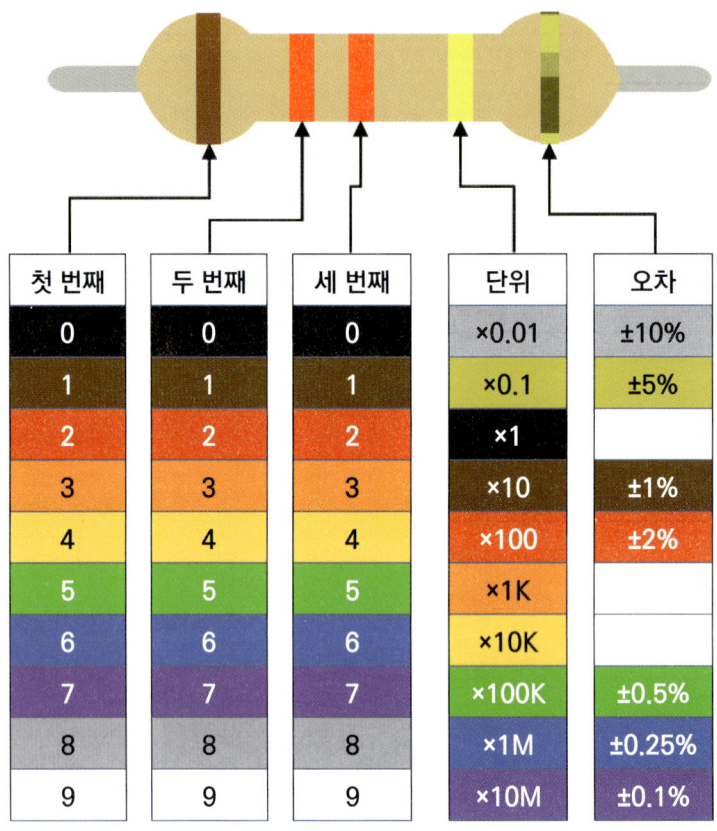

그림 3.4 저항 읽기

✦ 전압과 저항과 전류

높은 곳에서 낮은 곳으로 흐르는 물과 같이 전기도 높은 전압에서 낮은 전압으로 흐릅니다. 전압은 전하들의 위치에너지의 차로 전위차라고 부르기도 합니다. 볼트(V) 단위를 사용합니다. 전류는 전선을 통해 흐르는 전기의 양을 나타냅니다. 전기의 양은 암페어(A) 단위를 사용합니다. 저항은 전기의 흐름을 어렵게 하는 방해 요소를 말합니다. 저항의 크기는 옴(Ω) 단위를 사용합니다. 전기는 물의 흐름에 비유하여 설명하면 이해하기 쉽습니다. 전압은 폭포에서 물이 떨어져 강물을 따라 흘러간다고 할 때 폭포의 높이가 높으면 물이 떨어지는 힘이 큰 것처럼 전위차가 크면 전압도 크게 나타납니다. 폭포에서 떨어진 물이 강을 따라 흘러가는 것은 전류를 비유할 수 있습니다. 이때 강에 있는 바위나 수풀 때문에 물의 속도가 느려지게 되는데 이는 저항과 같습니다.

✦ 옴의 법칙(Ohm's law)

옴의 법칙은 도체의 두 지점 사이에 일정한 전위차(전압)가 존재할 때 도체의 저항의 크기와 전류의 크기는 반비례한다는 법칙입니다. I는 전선에 흐르는 전류로 암페어(A, ampere), V는 도체의 두 지점 사이의 전위차 볼트(V, Volt), R은 도체의 전기저항으로 옴(Ω, ohm)이라는 단위를 사용합니다.

$$V = IR$$

✦ 키르히호프의 법칙(Kirchhoff's Laws)

키르히호프의 법칙은 닫혀 있는 회로에서 전원의 기전력의 합은 회로 소자의 전압 강하의 합과 같다는 법칙입니다. 전압 강하는 전자 부품에 전류가 흐르면 전압이 내려가는 것을 말합니다. 즉 전자 부품에 전류가 흐르면 그만큼 전기가 소모된다는 의미입니다. 그래서 그림과 같이 닫힌 회로에서 6V 전압은 회로에 연결된 각각의 전자 부품을 거치면서 전자 부품의 소모전력만큼 감소됩니다. 즉 각 전자 부품의 소모전력의 합은 기전력과 동일합니다.

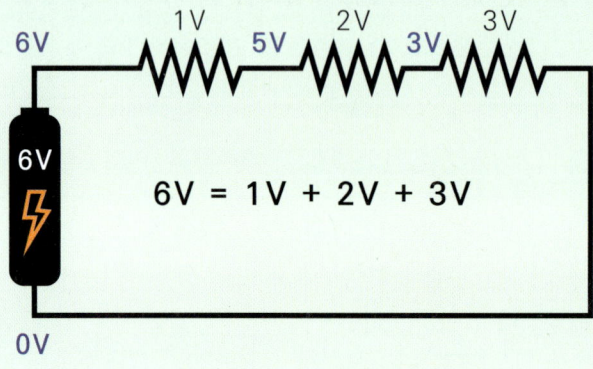

03 회로 연결하기

준비된 빨간색 LED 4개와 파란색 LED 4개는 아두이노의 디지털 핀에 연결합니다. 아두이노 우노의 디지털 핀은 0~13번까지 14개가 있습니다. 그중에 0번과 1번 핀은 UART통신을 위한 전용 핀입니다. 이번 프로젝트는 그림과 같이 빨간색 LED는 디지털 핀 4, 5, 6, 7번에 연결하고 파란색 LED는 디지털 핀 9, 10, 11, 12번에 연결합니다. LED의 다리와 점퍼선을 직접 연결하기 어렵기 때문에 브레드보드를 사용하여 연결할 수 있습니다. LED의 긴 다리는 디지털 핀에 연결하고 짧은 다리는 그라운드에 연결합니다.

그림 3.5 LED 체이서 회로도

아두이노	부품
PIN 4	RED LED1
PIN 5	RED LED2
PIN 6	RED LED3
PIN 7	RED LED4
PIN 9	BLUE LED1
PIN10	BLUE LED2
PIN11	BLUE LED3
PIN12	BLUE LED4
GND	브레드보드 GND

04 프로젝트 코딩하기

1. 전체 코드

경찰차 LED 깜빡임을 아두이노를 이용하여 만들기 위해 다음과 같이 코딩합니다. LED는 2가지 방법으로 깜빡입니다. 첫 번째는 빨간색 LED부터 파란색 LED로 순서대로 켜졌다 꺼집니다. 두 번째는 바깥쪽에 있는 빨간색 LED와 파란색 LED부터 안쪽으로 켜졌다 꺼집니다. 두 가지 방식의 깜빡이는 동작을 각각 함수로 만들어서 loop 함수에서 원하는 방식으로 부르고 있습니다. 전체 코드와 코드에 대한 설명은 다음과 같습니다.

```
1  // ch3_led_chase.ino
2
3  int LEDR1 = 4;
4  int LEDR2 = 5;
5  int LEDR3 = 6;
6  int LEDR4 = 7;
7
8  int LEDB1 = 12;
9  int LEDB2 = 11;
10 int LEDB3 = 10;
11 int LEDB4 = 9;
12
13 void setup( )
14 {
15   pinMode(LEDR1, OUTPUT);
16   pinMode(LEDR2, OUTPUT);
17   pinMode(LEDR3, OUTPUT);
18   pinMode(LEDR4, OUTPUT);
19   pinMode(LEDB1, OUTPUT);
20   pinMode(LEDB2, OUTPUT);
21   pinMode(LEDB3, OUTPUT);
22   pinMode(LEDB4, OUTPUT);
23 }
24
25 void chaser1( )
26 {
27   digitalWrite(LEDR1,HIGH);
28   delay(100);
```

```
29    digitalWrite(LEDR2,HIGH);
30    delay(100);
31    digitalWrite(LEDR3,HIGH);
32    delay(100);
33    digitalWrite(LEDR4,HIGH);
34    delay(100);
35    digitalWrite(LEDB1,HIGH);
36    delay(100);
37    digitalWrite(LEDB2,HIGH);
38    delay(100);
39    digitalWrite(LEDB3,HIGH);
40    delay(100);
41    digitalWrite(LEDB4,HIGH);
42    delay(100);
43    digitalWrite(LEDR1,LOW);
44    delay(100);
45    digitalWrite(LEDR2,LOW);
46    delay(100);
47    digitalWrite(LEDR3,LOW);
48    delay(100);
49    digitalWrite(LEDR4,LOW);
50    delay(100);
51    digitalWrite(LEDB1,LOW);
52    delay(100);
53    digitalWrite(LEDB2,LOW);
54    delay(100);
55    digitalWrite(LEDB3,LOW);
56    delay(100);
57    digitalWrite(LEDB4,LOW);
58    delay(100);
59 }
60
61 void chaser2( )
62 {
63    digitalWrite(LEDR1,HIGH);
64    digitalWrite(LEDB1,HIGH);
65    delay(100);
66    digitalWrite(LEDR2,HIGH);
67    digitalWrite(LEDB2,HIGH);
68    delay(100);
69    digitalWrite(LEDR3,HIGH);
70    digitalWrite(LEDB3,HIGH);
71    delay(100);
72    digitalWrite(LEDR4,HIGH);
```

```
73    digitalWrite(LEDB4,HIGH);
74    delay(100);
75    digitalWrite(LEDR1,LOW);
76    digitalWrite(LEDB1,LOW);
77    delay(100);
78    digitalWrite(LEDR2,LOW);
79    digitalWrite(LEDB2,LOW);
80    delay(100);
81    digitalWrite(LEDR3,LOW);
82    digitalWrite(LEDB3,LOW);
83    delay(100);
84    digitalWrite(LEDR4,LOW);
85    digitalWrite(LEDB4,LOW);
86 }
87
88 void loop( )
89 {
90    int i;
91
92    chaser1( );
93    delay(500);
94    for(i=0;i<5;i++)chaser2( );
95    delay(500);
96 }
```

코드 3.1 프로젝트 전체 코드

2. 코드 설명

3~11 파란색 LED 4개와 빨간색 LED 4개를 연결하는 핀넘버를 지정합니다.

13 void setup( ) 함수는 최초에 한 번 실행됩니다.

15~22 사용할 pin의 입력 또는 출력으로 동작하도록 설정합니다. LED는 출력으로 지정합니다. 주요 함수는 아래와 같습니다.

> pinMode(pin,mode) : 지정한 pin에 INPUT/OUTPUT/BUILTIN_OUTPUT mode 설정

25~59 void chaser1( ) 함수는 빨간색 LED부터 파란색 LED까지 순서대로 불이 켜졌다 꺼지게 하는 함수입니다. LED에 불이 켜질 때는 전원을 공급하기 위해 HIGH(=1)

를 출력하고 끌 때는 그라운드 LOW(=0)를 출력합니다. 주요 함수는 아래와 같습니다.

```
digitalWrite(pin,value) : 지정한 pin에 HIGH/LOW 값 출력
delay(value)            : 지정한 시간만큼 아두이노를 멈춤 (단위 : 밀리세컨드)
```

61~86 void chaser2( ) 함수는 가장 바깥쪽에 연결된 빨간색 LED(=pin4)와 파란색 LED(=pin12)부터 가장 안쪽에 연결된 빨간색 LED(=pin7)와 파란색 LED(=pin9)까지 순서대로 켜졌다 꺼지게 하는 함수입니다.

88 void loop( ) 함수는 코드를 반복해서 수행하는 메인 함수입니다. chaser1( ) 함수를 호출하고 반복문 for를 이용하여 chaser2( ) 함수를 5회 반복하여 호출합니다.

05 프로젝트 작동해 보기

컴퓨터에 아두이노 우노를 연결하고 아두이노 IDE에서 포트를 연결합니다. 업로드 버튼을 클릭하여 작성된 코드를 컴파일 후 업로드합니다. 업로드가 성공적으로 끝나면 빨간색 LED와 파란색 LED가 그림과 같이 순차적으로 들어오는 것을 확인할 수 있습니다.

그림 3.6 프로젝트 실행

06 도전 퀴즈

성공적으로 동작하나요? 그렇다면 프로젝트를 확장해 보겠습니다. 프로젝트 확장은 두 가지 방법으로 진행을 하겠습니다. 프로젝트 1에서 함께 진행한 void chaser1( )은 빨간색 LED1부터 파란색 LED4까지 하나씩 켜졌다 꺼지는 동작을 하고 있습니다. void chaser2( )는 빨간색과 파란색 LED가 1번부터 4번까지 함께 켜졌다 꺼지는 동작을 하고 있습니다.

① 첫 번째 퀴즈는 void chaser3( ) 함수를 만들고 아래와 같이 LED가 켜졌다 꺼지는 동작이 되도록 코드를 수정하는 것입니다.

```
1  // 코드 확장하기
2
3  void chaser3( )
4  {
5  /*
6     빨간색 LED1 켜짐;
7     빨간색 LED1 꺼짐;
8     파란색 LED1 켜짐;
9     파란색 LED1 꺼짐;
10    빨간색 LED2 켜짐;
11    빨간색 LED2 꺼짐;
12    파란색 LED2 켜짐;
13    파란색 LED2 꺼짐;
14    빨간색 LED3 켜짐;
15    빨간색 LED3 꺼짐;
16    파란색 LED3 켜짐;
17    파란색 LED3 꺼짐;
18    빨간색 LED4 켜짐;
19    빨간색 LED4 꺼짐;
20    파란색 LED4 켜짐;
21    파란색 LED4 꺼짐;
22
23    빨간색/파란색 LED4부터→ LED1로 순차적으로 켜짐;
24    빨간색/파란색 LED1부터→ LED4로 순차적으로 꺼짐;
25  */
26  }
27
28
29
30
```

어떤 모양으로 불이 켜졌다 꺼질지 상상이 되나요?

② 두 번째 퀴즈는 빨간색과 파란색 LED를 한 개씩 추가해서 연결하는 것입니다. 어렵지 않겠죠? LED를 추가하려면 어떤 부품이 더 필요할까요? LED를 추가했다면 불을 켤 수 있도록 코드도 수정해야겠지요? void chaser1( )과 void chaser2( ) 그리고 첫 번째 퀴즈에서 추가한 voide chaser3( ) 함수도 수정해 봅시다.

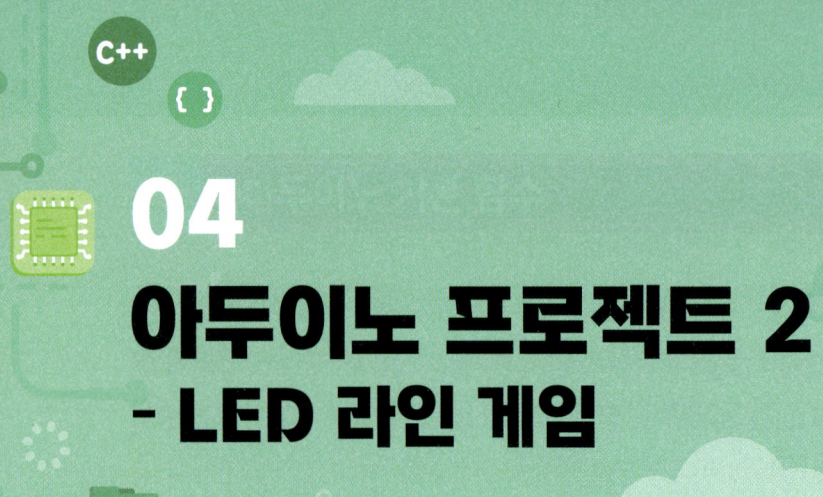

04
아두이노 프로젝트 2
- LED 라인 게임

학습요약	
학습 목표	아두이노와 LED와 푸시 버튼을 이용해 LED 라인 게임을 만들어 봅니다.
핵심 키워드	아두이노, LED, 게임
준비물	아두이노 우노 USB2.0 A-B 케이블 브레드 보드 점퍼 케이블 빨간색 LED 노란색 LED 저항 220옴 디지털 택트 푸시 버튼
학습 시간	2시간
학습 난이도	★★★★☆

01 프로젝트 미리보기

두 번째 아두이노 프로젝트는 6개의 빨간색 LED가 빠르게 깜빡이면서, 중간에 하나의 노란색 LED가 느리게 깜빡이는 "LED 라인 게임"입니다. 게임을 시작하면 6개의 LED가 차례로 빠르게 깜빡입니다. 그리고 중간에 있는 노란색 LED가 느리게 깜빡이기 시작합니다. 플레이어는 느리게 깜빡이는 노란색 LED가 켜져 있는 순간에 버튼을 누릅니다. 만약 느리게 깜빡이는 LED가 켜져 있는 상태에서 버튼을 누르면 점수가 올라갑니다. 하지만 빨간색 LED가 켜져 있는 상태에서 버튼을 누르면 점수가 내려갑니다. 이 게임은 노란색 LED가 켜져 있을 때 버튼을 누르기 위한 순발력이 필요합니다.

02 프로젝트 준비하기

1. 부품 준비하기

먼저 부품을 준비하겠습니다. 아래의 표에 나와 있는 부품을 개수에 맞춰 준비합니다.
아두이노 우노 1개, 브레드보드 1개, 빨간색 LED 5개, 노란색 LED 1개, 저항 220옴 6개, 디지털 택트 푸시 버튼 1개, 케이블은 수수 케이블로 넉넉하게 준비합니다.

부품 이미지	부품명	개수
	아두이노 우노	1
	브레드보드	1

아두이노 프로젝트 2 - LED 라인 게임 95

	빨간색 LED	5
	노란색 LED	1
	220Ω 저항	6
	디지털 택트 푸시 버튼	1
	케이블(수수)	20

2. 부품 자세히 알아보기

프로젝트에 사용되는 부품에 대하여 알아보겠습니다. 이전에 설명된 부품은 간략하게 살펴보겠습니다.

❶ 브레드 보드 (Bread board)

브레드 보드는 2.54mm 간격의 작은 구멍들이 있는 플라스틱 틀 아래 전류가 흐를 수 있도록 연결이 되어 있는 프로토타이핑 보드이며 부품을 연결할 때 납땜이 필요 없기 때문에 교육용이나 간단한 실험용으로 자주 사용합니다.

❷ LED (Light Emitting Diode)

LED는 반도체 소자로, 전류를 흘려 화합물에서 빛을 발산합니다. 화합물의 종류에 따라 다양한 색상을 만들 수 있으며, 다이오드의 특성으로 인해 전류의 흐름 방향이 있습니다. 따라서 LED를 연결할 때는 +전원(VDD)과 -전원(그라운드)을 올바르게 연결해야 합니다. LED의 긴 다리는 +전원(VDD)과 연결하고, 짧은 다리는 -전원(그라운드)과 연결해야 합니다.

❸ 저항(Resistor)

저항은 전기의 흐름을 제한하거나 조절하는 장치로, 전류가 흐를 때 저항에 의해 전압이 떨어져서 전류의 크기를 제한하게 됩니다. 이는 회로에서 전류의 크기를 조절하여 부품이나 전자기기의 안전성을 유지하는 데에 중요한 역할을 합니다. 또한 저항은 회로에서 전압을 분배하거나 신호를 변환하는 데에도 사용됩니다. 저항의 크기는 오옴(OHM) 단위로 표시되며, 저항값이 클수록 전류의 흐름이 제한되고, 작을수록 전류의 흐름이 증가합니다. 아래 그림 4.1을 참고하여 저항의 크기를 확인할 수 있습니다.

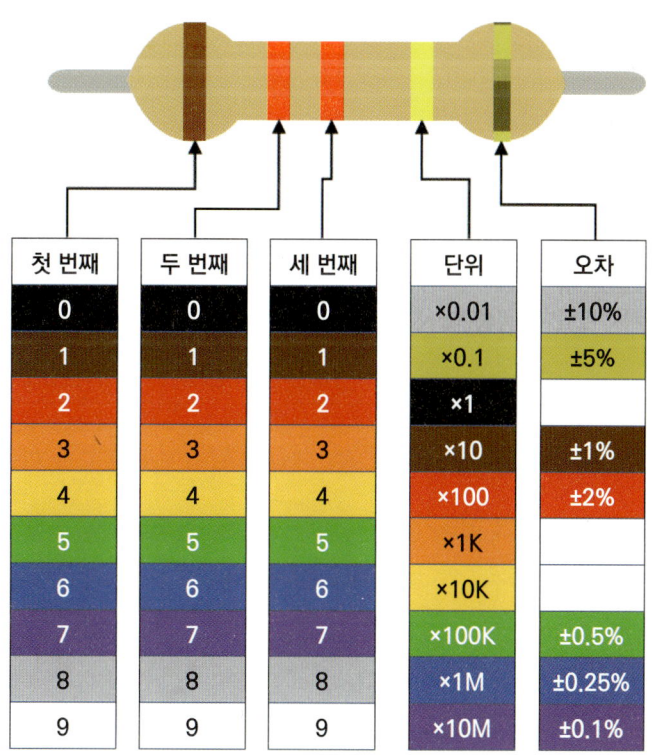

그림 4.1 저항 읽기

④ 디지털 푸시 버튼(Digital push button)

디지털 푸시 버튼은 전기회로에서 입력 신호를 제어하는 데 사용되는 장치입니다. 버튼이 눌렸을 때는 내부적으로 두 개의 전극이 서로 연결되어 전류가 흐르도록 만듭니다. 이를 통해 버튼을 누른 시점에서 정확히 입력 신호를 처리할 수 있습니다.

보통 푸시 버튼은 4개의 다리를 가지고 있으며, 버튼을 누르면 서로 연결되는 두 개의 핀을 사용합니다. 따라서 일반적으로 같은 면에 있는 두 핀 또는 대각선의 두 핀을 사용하여 전기회로를 완성하면 됩니다.

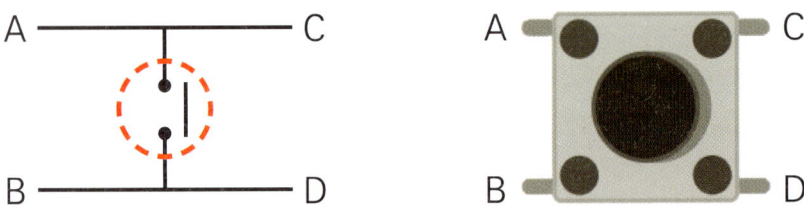

그림 4.2 푸시 버튼의 회로도

✦ 플로팅(floating) 상태

플로팅 상태는 입력 전압이 고정되지 않은 상태에서 전압이 변화되는 상태를 의미합니다. 이러한 상태는 정상적인 값을 읽을 수 없기 때문에 노이즈(noise, 잡음)가 발생하게 됩니다. 따라서 이러한 문제를 해결하기 위해 입력 신호를 고정해 줘야 합니다.

예를 들어, 푸시 버튼이 연결되어 있는 회로에서 버튼이 눌리지 않은 상태는 플로팅 상태가 됩니다. 이때 푸시 버튼의 입력값을 고정해 주기 위해서 풀업 저항 또는 풀다운 저항을 사용할 수 있습니다. 풀업 저항은 입력 신호가 높은 상태(1)로 고정되도록 하고, 풀다운 저항은 입력 신호가 낮은 상태(0)로 고정되도록 합니다. 이렇게 하면 입력 신호가 고정되어 노이즈를 제거할 수 있게 됩니다.

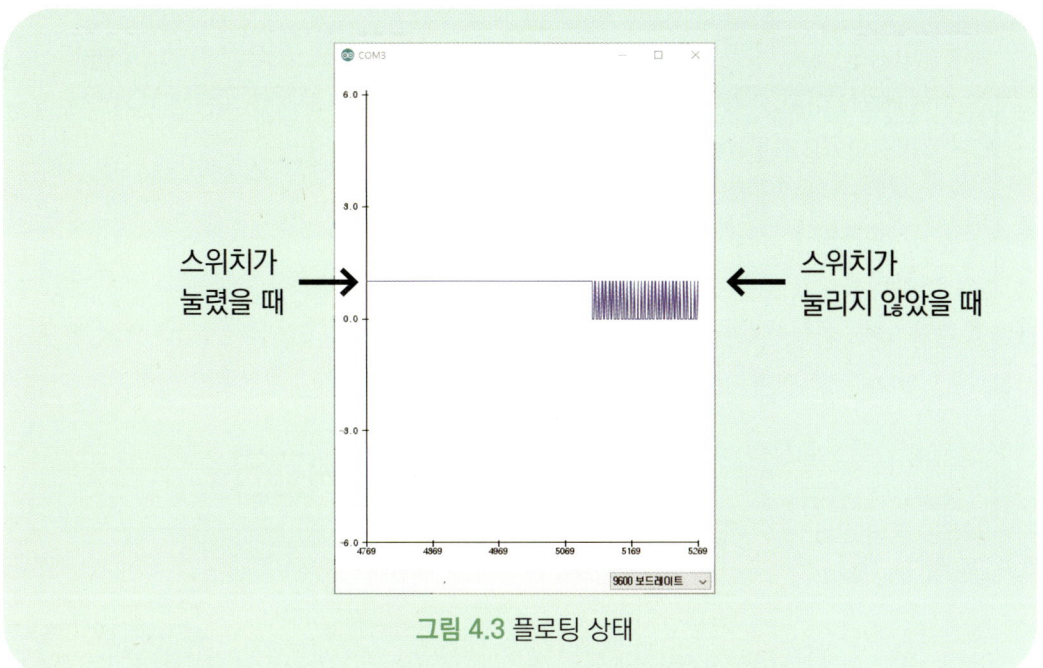

그림 4.3 플로팅 상태

✦ 풀업(Pull-up), 풀다운(Pull-down)

풀업 저항은 입력 핀과 VCC(전원) 사이에 연결되어 있고, 푸시 버튼을 누르지 않은 상태에서 입력 핀은 전원에 연결되어 고정된 상태가 됩니다. 이를 이용해 푸시 버튼이 눌리는 경우 입력 핀이 GND(그라운드)에 연결되도록 만들어 주는 것입니다.

풀업 저항이 연결된 상태에서는 ①스위치가 열려 있을 때 전압이 5V(UP)가 인가되고 ② 스위치가 닫힌 상태에서는 그라운드 상태의 0V가 인가됩니다.

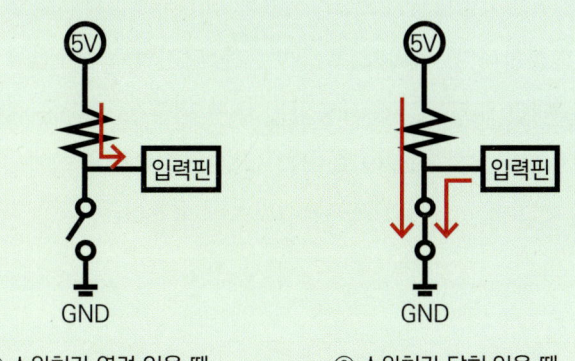

① 스위치가 열려 있을 때   ② 스위치가 닫혀 있을 때

그림 4.4 풀업 저항의 전류 흐름도

아두이노 프로젝트 2 - LED 라인 게임   99

반대로, 풀다운 저항은 입력 핀과 GND(그라운드) 사이에 연결되어 있고, 푸시 버튼을 누르지 않은 상태에서 입력 핀은 GND에 연결되어 고정된 상태가 됩니다. 이를 이용해 푸시 버튼이 눌리는 경우 입력 핀이 전원(VCC)에 연결되도록 만들어 주는 것입니다.

풀다운 저항이 연결된 상태는 ①스위치가 열린 상태에서는 전압이 0V(DOWN)이 인가되고 ②스위치가 닫힌 상태에서는 접압이 5V가 인가됩니다.

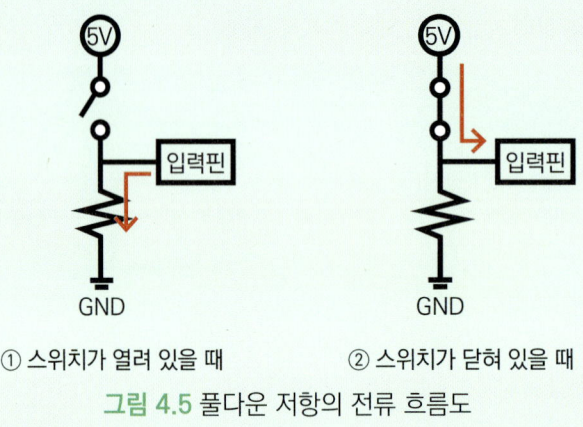

① 스위치가 열려 있을 때   ② 스위치가 닫혀 있을 때

그림 4.5 풀다운 저항의 전류 흐름도

03 회로 연결하기

준비된 빨간색 LED 5개는 아두이노의 디지털 핀 3번부터 7번까지 연결합니다. 노란색 LED 1개는 디지털 핀 9번과 연결합니다. 220Ω 저항은 LED의 각각의 짧은 다리에 연결한 후 아두이노의 그라운드에 연결합니다. 디지털 푸시 버튼은 디지털 핀 11번에 연결하고 다른 한쪽은 GND에 연결합니다. 이번 프로젝트에 사용되는 푸시 버튼은 풀다운 저항이 연결되어 있어 버튼이 눌리면 5V 값이 인가되고 버튼이 눌리지 않으면 0V 값이 인가됩니다. 이것은 프로그램을 구현할 때 주요한 요소가 되기 때문에 기억해 두면 좋습니다.

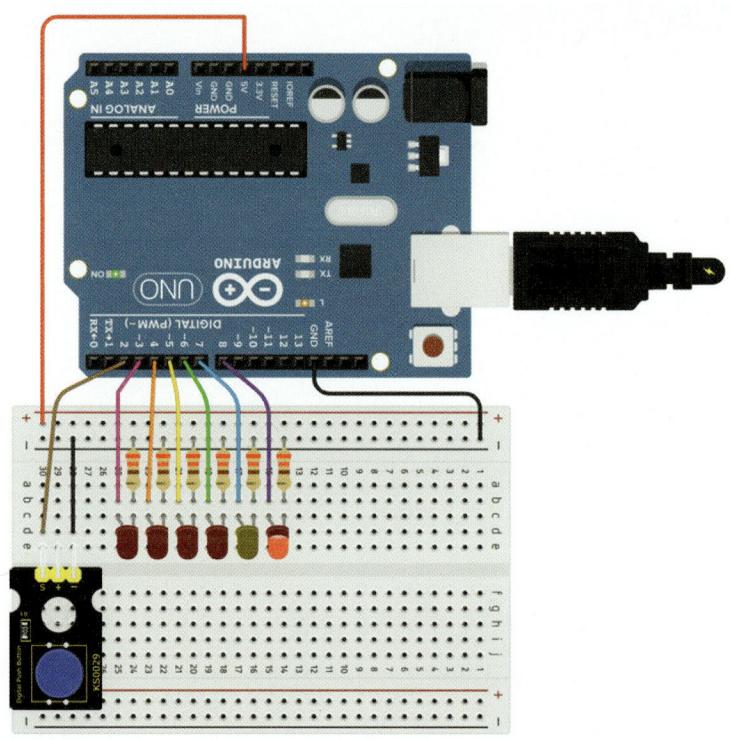

그림 4.6 LED 라인 게임 회로도

아두이노	부품
PIN 2	푸시 버튼 S
PIN 3	RED LED1
PIN 4	RED LED2
PIN 5	RED LED3
PIN 6	RED LED4
PIN 7	YELLOW LED1
PIN 8	RED LED5
GND	브레드보드 GND

04 프로젝트 코딩하기

1. 시리얼 모니터 사용하기

아두이노와 컴퓨터 간 데이터 전송 및 디버깅을 위해서는 시리얼 모니터(Serial monitor)를 사용합니다. 시리얼 모니터는 데이터 송수신을 모니터링하고 디버깅할 수 있는 도구입니다. 시리얼 모니터는 시리얼 통신을 할 때 송수신되는 데이터를 실시간으로 확인할 수 있는 창을 제공합니다. 이를 통해 아두이노에서 보내는 데이터와 컴퓨터에서 아두이노로 보내는 데이터를 확인할 수 있습니다. 또한, 아두이노와 컴퓨터 간의 통신이 원활하게 이루어지고 있는지를 확인하거나, 데이터의 형식이나 값에 문제가 있는 경우에 디버깅할 때도 사용할 수 있습니다.

시리얼 모니터를 사용하려면, 아두이노와 컴퓨터를 USB 케이블로 연결하고, 아두이노 코드에 Serial.begin( ) 함수를 사용하여 시리얼 통신을 시작해야 합니다. 그리고 시리얼 모니터 창을 열어서, 데이터 전송을 시작하면 됩니다. 아두이노 IDE에 내장된 시리얼 모니터는 데이터 전송 및 디버깅에 다음과 같은 기능을 제공합니다.

· 전송 속도(Baud rate) 설정 가능
· ASCII 문자, 16진수, 10진수 등 다양한 데이터 형식 지원
· 수신 버퍼 크기 설정 가능
· 데이터의 라인 수, 속도, 전송 시작/종료 시간 등의 정보 제공
· 수신된 데이터를 파일로 저장 가능
· 자동 스크롤, 줄 바꿈, 입력창 클리어 등의 기능 제공

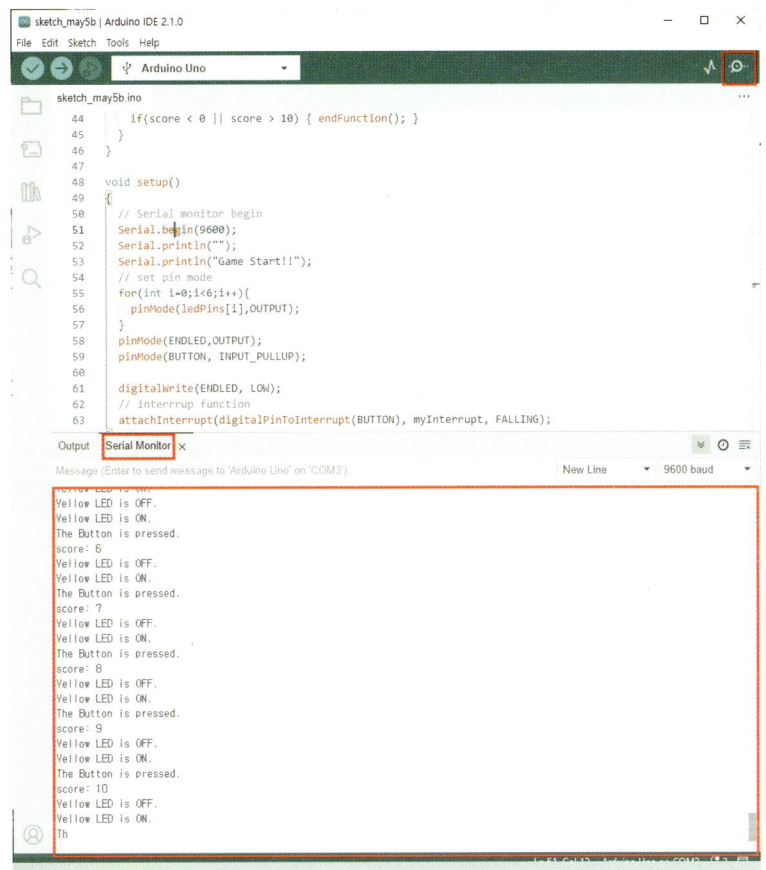

그림 4.7 시리얼 모니터

1. **데이터 송수신** : 아두이노와 컴퓨터 간에 시리얼 통신을 통해 데이터를 송수신할 수 있습니다. "Serial" 라이브러리를 사용하여 데이터를 시리얼 포트에 출력하고 모니터를 통해서 데이터를 확인할 수 있습니다. 또한 시리얼 모니터를 통해 컴퓨터에서 아두이노로 데이터를 보낼 수도 있습니다.

2. **데이터 모니터링** : 시리얼 모니터에 아두이노에서 출력되는 데이터를 확인할 수 있습니다. 이를 통해서 센서값이나 상태 등의 정보를 실시간으로 확인합니다.

3. **디버깅** : 'Serial.print( )' 또는 'Serial.println( )' 함수를 이용하여 디버깅 메시지를 출력하면 시리얼 모니터에서 해당 메시지를 확인할 수 있습니다.

4. **시리얼 통신 설정** : 시리얼 모니터에서 시리얼 통신 전송 속도(baud rate), 데이터 비트(Data bits), 정지 비트(Stop bits), 흐름 제어(Flow control) 등의 통신 설정을 조정할 수 있습니다.

시리얼 모니터는 'Serial.begin( )' 함수를 통해 초기화합니다. 아래는 시리얼 모니터를 통하여 숫자를 입력받고 계산하여 시리얼 모니터에 출력하는 예제 프로그램입니다.

```
1  // 시리얼 모니터 통신 예제 프로그램
2  void setup( ){
3    // 시리얼 통신 초기화
4    Serial.begin(9600); // 시리얼 통신 속도 설정 (baud rate)
5  }
6  void loop( ){
7    int num;
8  
9    // 사용자로부터 숫자 입력 받기
10   Serial.println("숫자를 입력하세요: ");
11   while (!Serial.available( )){} // 입력 대기
12   num = Serial.parseInt( ); // 시리얼로 입력된 숫자를 정수로 변환하여 저장
13  
14   // 입력된 숫자의 제곱값을 시리얼 모니터에 출력
15   int square = num * num;
16   Serial.print("입력된 숫자: ");
17   Serial.println(num);
18   Serial.print("제곱값: ");
19   Serial.println(square);
20  
21   delay(1000); // 1초 딜레이
22  }
```

코드 4.1 시리얼 모니터 통신 예제 코드

2. 코드 설명

2 void setup( ) 함수를 시작합니다.

4 시리얼 통신 속도를 9600으로 설정합니다.

6 void loop( ) 함수를 시작합니다.

7 숫자를 저장하기 위해 num 변수를 선언합니다.

10 사용자로부터 숫자를 입력받기 위해 시리얼 모니터에 "숫자를 입력하세요:"를 출력합니다.

> Serail.println( ) : 출력되는 문자열 끝에 new line이 추가되는 함수입니다.

11 시리얼 모니터에 값이 입력될 때까지 대기합니다.
12 입력되는 숫자를 정수로 변환하여 변수 num에 저장합니다.

> Serail.parseInt( ) : 문자열을 정수로 변환하는 함수입니다.

15~19 입력된 숫자의 제곱값을 계산하여 시리얼 모니터에 출력합니다.

> Serail.print( ) : 문자열의 끝에 new line 없이 출력합니다.

3. 인터럽트 함수 사용하기

프로젝트 2에서는 'attachInterrupt( )' 함수가 사용됩니다. 'attachInterrupt( )' 함수는 아두이노 프로그램에서 인터럽트를 설정하는데 사용하는 함수입니다. 인터럽트는 외부의 이벤트가 발생하였을 때 마이크로컨트롤러가 실행 중인 프로그램을 중단하고 특정 이벤트가 발생할 때 정의되어 있던 함수를 실행하는 기능입니다. 이것은 외부에서 발생하는 이벤트를 신속하게 처리할 때 사용합니다.

'attachInterrupt( )' 함수는 아래와 같은 형식으로 사용됩니다.

> attachInterrupt(digitalPinToInterrupt(pin), ISR, mode);

❶ **digitalPinToInterrupt(pin)** : 인터럽트를 설정할 디지털 핀 번호를 지정합니다. 인터럽트 번호와 실제 보드에서 사용되는 핀넘버는 다르기 때문에 'digitalPinToInterrupt( )' 함수를 사용하여 변경합니다. 예를 들어 인터럽트 0 값을 사용하려면 'digitalPinToInterrup( )' 함수를 사용하여 핀넘버 2를 'digitalPinToInterrupt(2)'와 같이 변경하여 사용합니다. 인터럽트를 사용할 수 있는 핀은 아래 테이블과 같이 아두이노 모델에 따라 다르게 지정합니다.

보드	INT.0	INT.1	INT.2	INT.3	INT.4	INT.5
우노	2	3				
메가2560	2	3	21	20	19	18
레오나르도, 마이크로	3	2	0	1	7	

❷ **ISR** : 인터럽트가 발생했을 때 실행되는 함수를 지정합니다. 이 함수는 미리 정의되어야 합니다.

❸ **mode** : 인터럽트가 발생하는 조건을 지정합니다. 아래 세 가지 모드 중 하나를 선택할 수 있습니다.
- LOW : 핀이 낮은(LOW) 상태일 때 인터럽트가 발생합니다.
- CHANGE : 핀의 상태가 변경될 때 인터럽트가 발생합니다.
- RISING : 핀의 상태가 LOW에서 HIGH로 변경될 때 인터럽트가 발생합니다.
- FALLING : 핀의 상태가 HIGH에서 LOW로 변경될 때 인터럽트가 발생합니다.

예를 들어 핀넘버 2 핀이 'RISING' 모드로 인터럽트를 설정하고, 인터럽트가 발생했을 때 실행하는 함수로 'myISR' 함수를 사용하려면 다음과 같이 'attachInterrupt( )' 함수를 호출합니다.

```
attachInterrupt(digitalPinToInterrupt(2), myISR, RISING);
```

아래는 버튼을 누르면 인터럽트를 통해 해당 버튼의 상태가 감지되어 시리얼 모니터에 해당 버튼의 상태를 출력하는 예제입니다.

예제에 사용하고 있는 푸시 버튼은 S(신호), G(GND), V(VCC) 세 개의 핀을 갖고 있습니다. 여기서 G 핀은 GND에 연결, V 핀은 핀넘버 2번에 아래 그림과 같이 연결합니다.

그림 4.8 인터럽트 예시 회로

```
1  // attachInterrupt( ) 함수 사용 예제
2
3  #define BUTTON_PIN 2 // 버튼 핀 번호
4  #define LED_PIN 13 // LED 핀 번호
5
6  int buttonState = 0; // 버튼 상태 저장 변수
7
8  void setup( )
9  {
10   // 시리얼 통신 초기화
11   Serial.begin(9600);
12   pinMode(BUTTON_PIN, INPUT_PULLUP);
13   pinMode(LED_PIN, OUTPUT);
14   // 버튼 핀에 인터럽트 연결
15   attachInterrupt(digitalPinToInterrupt(BUTTON_PIN), myInterrupt, CHANGE);
16  }
17
18  void loop( )
19  {
20   // 버튼의 상태를 시리얼 모니터에 출력
21   Serial.print("버튼 상태: ");
22   Serial.println(buttonState);
23   delay(1000);
24  }
25
26  // 버튼 인터럽트 처리 함수
27  void myInterrupt( )
28  {
29   buttonState = digitalRead(BUTTON_PIN);
30   digitalWrite(LED_PIN, buttonState);
31  }
```

코드 4.2 인터럽트 함수 사용 예제 코드

3 BUTTON_PIN 변수에 2를 할당합니다. 이는 버튼 핀 번호를 나타냅니다.

4 LED_PIN 변수에 13을 할당합니다. 이는 LED 핀 번호를 나타냅니다.

6 buttonState 변수를 0으로 초기화합니다. 이 변수는 버튼의 상태를 저장합니다.

8 void setup() 함수를 시작합니다.

11 시리얼 통신을 초기화합니다. 9600bps로 통신합니다.

12 BUTTON_PIN 핀을 입력 모드로 설정합니다. 내부 풀업 저항을 사용합니다.

13 LED_PIN 핀을 출력 모드로 설정합니다.

15 버튼 핀에 인터럽트를 연결합니다. 버튼 핀 번호를 매개 변수로 전달하고, myInterrupt() 함수가 호출되는 조건을 CHANGE로 설정합니다.

18 void loop() 함수를 시작합니다.

21 버튼 상태를 출력하기 위해 "버튼 상태: " 문자열을 시리얼 모니터에 출력합니다.

22 버튼의 상태를 시리얼 모니터에 출력합니다.

23 1초의 딜레이를 추가합니다.

27 버튼 인터럽트 처리 함수를 정의합니다.

29 버튼 핀의 상태를 읽어서 buttonState 변수에 저장합니다.

30 LED_PIN 핀에 버튼 상태를 쓰기 위해 digitalWrite() 함수를 사용합니다. 버튼이 눌리면 LED가 켜지고, 떼면 LED가 꺼집니다.

4. 전체 코드

전체 코드는 총 6개의 LED가 있으며, 처음에는 첫 번째부터 마지막 LED까지 깜박이며, 그다음에는 노란색 LED가 켜졌다가 꺼지면서 다시 마지막부터 첫 번째 LED까지 깜박입니다.

이 코드에서는 푸시 버튼을 사용합니다. 푸시 버튼이 눌리면, 푸시 버튼이 눌렸다는 메시지와 함께 현재 노란색 LED가 켜져 있는지 여부에 따라 점수가 올라갈 수도 있고 내려갈 수도 있습니다. 점수가 0보다 작거나 10보다 크면, 게임은 종료되고 결과가 출력됩니다.

이 코드의 핵심은 attachInterrup() 함수입니다. attachInterrup() 함수는 프로세스가 진행되는 동안에 해당 이벤트가 들어오면 지정되어 있는 인터럽트 함수를 수행합니다. 이 프로젝트에서 delay( ) 함수를 사용하여 LED가 깜박이는 속도를 제어합니다. 게임이 진행될수록, 속도가 빨라지도록 delay( ) 함수의 시간값을 변경합니다.

또한, 이 코드에서는 인터럽트를 사용하여 푸시 버튼을 처리합니다. 인터럽트는 게임 진행 중에도 푸시 버튼을 누르면 즉시 처리할 수 있도록 도와줍니다.

```
1  // Chapter 4 LED Racing Game
2
3  // LED PIN
4  int ledPins[6] = {3, 4, 5, 6, 7, 8};
5
6  // Push Button Input PIN
7  int BUTTON = 2;
8  int ENDLED = 13;
9
10 int score  = 5;
11 double tempo = 300;
12 double yellowtempo = 700;
13 bool yellowled = false;
14 int buttonState = 0;
15 bool buttonPressed = false;
16
17 void endFunction( )
18 {
19   digitalWrite(ENDLED, HIGH);
20   Serial.println("GAME OVER");
21   Serial.print("Your Score: ");
22   Serial.println(score);
23   while(1){
24     // 아무것도 수행하지 않음.
25   }
26 }
27
28 void myInterrupt( )
29 {
30   if(!buttonPressed){
31     buttonPressed = true;
32     Serial.println("The Button is pressed.");
33     tempo = tempo * 9 / 10;
34     if( yellowled ){
35       score++;
36       Serial.print("score: ");
```

```
37        Serial.println(score);
38      }
39      else {
40        score--;
41        Serial.print("score: ");
42        Serial.println(score);
43      }
44      if(score < 0 || score > 10){endFunction( ); }
45   }
46 }
47
48 void setup( )
49 {
50   // Serial monitor begin
51   Serial.begin(9600);
52   Serial.println("");
53   Serial.println("Game Start!!");
54   // set pin mode
55   for(int i=0;i<6;i++){
56     pinMode(ledPins[i],OUTPUT);
57   }
58   pinMode(ENDLED,OUTPUT);
59   pinMode(BUTTON, INPUT_PULLUP);
60
61   digitalWrite(ENDLED, LOW);
62   // interrrup function
63  attachInterrupt(digitalPinToInterrupt(BUTTON), myInterrupt, FALLING);
64 }
65 void loop( )
66 {
67   buttonState = digitalRead(BUTTON);
68   if(digitalRead(BUTTON) == HIGH){
69     buttonPressed = false;
70   }
71   delay(1000);
72   // blight led pins
73     for(int i=0; i<4;i++){
74     digitalWrite(ledPins[i],HIGH);
75     delay(tempo);
76     digitalWrite(ledPins[i],LOW);
77   }
78   // yellow led
79   digitalWrite(ledPins[4], HIGH);
80   Serial.println("Yellow LED is ON.");
```

```
81      yellowled = true;
82      delay(yellowtempo);
83      digitalWrite(ledPins[4],LOW);
84      Serial.println("Yellow LED is OFF.");
85      yellowled = false;
86      // blight led pins
87      for(int i=5;i>=0;i--){
88        digitalWrite(ledPins[i],HIGH);
89        delay(tempo);
90        digitalWrite(ledPins[i],LOW);
91      }
92    }
```

코드 4.3 프로젝트 전체 코드

5. 코드 설명

4 6개의 LED 핀 번호를 배열에 저장합니다.

7 푸시 버튼의 입력 핀 번호를 저장합니다.

8 게임 종료 시 모든 LED가 켜지는 핀 번호를 저장합니다.

10 게임 점수를 저장하는 변수를 선언합니다.

11 LED가 켜지고 꺼지는 시간 간격을 저장하는 변수를 선언합니다.

12 노란색 LED가 켜지는 시간 간격을 저장하는 변수를 선언합니다.

13 노란색 LED의 상태를 저장하는 변수를 선언합니다.

14 푸시 버튼의 상태를 저장하는 변수를 선언합니다.

15 푸시 버튼이 눌렸는지를 저장하는 변수를 선언합니다.

17~26 게임 종료 시 호출되는 함수입니다. 게임 종료 후 점수와 함께 "GAME OVER"가 시리얼 모니터에 출력됩니다.

> while(1) {} : 무한 루프를 만들어서 프로그램이 끝날 때까지 이 함수에서 진행된 작업을 유지합니다.

28 푸시 버튼의 인터럽트가 발생했을 때 호출되는 함수입니다.

30~32 버튼을 누르면 호출됩니다. 버튼을 눌렀는지 여부를 buttonPressed 변수로 확인하고, 처음 누른 경우에만 이하 코드를 실행합니다.

`33` 게임의 속도를 빠르게 하기 위해 tempo 변숫값을 감소시킵니다.

`34~43` 노란 LED가 켜진 상태인 경우 score 값을 증가시키고 그렇지 않으면 감소시킵니다.

`44` score 값이 0보다 작거나 10보다 큰 경우 endFunction( ) 함수를 호출하여 게임을 종료합니다.

`48` void setup( ) 함수를 시작합니다.

`51~53` 시리얼 통신을 시작하고, "Game Start!!"를 출력합니다.

`55~57` LED 핀 모드를 OUTPUT으로 설정합니다.

`58~59` ENDLED와 BUTTON 핀 모드를 각각 OUTPUT와 INPUT_PULLUP으로 설정합니다.

`61` ENDLED를 꺼진 상태로 설정합니다.

`63` attachInterrupt( ) 함수를 통해 myInterrupt( ) 함수를 인터럽트 핀(Falling Edge Trigger)에 연결합니다.

`65` void loop( ) 함수를 시작합니다.

`67` 버튼 상태를 buttonState 변수로 읽어 옵니다.

`68~70` 버튼이 눌리지 않은 경우 buttonPressed 변수를 false로 설정합니다.

`71` 딜레이 시간은 1초 줍니다.

`73~77` 0번부터 3번까지 4개의 LED 핀에 대해 tempo만큼 켜고 끄는 작업을 합니다.

`79~85` 노란색 LED를 켜고 yellowled 변수를 true로 설정합니다. yellowtempo만큼 대기 후 노란색 LED를 끈 후, yellowled 변수를 false로 설정합니다.

`87~91` 5번부터 0번까지 6개의 LED 핀에 대해 tempo만큼 켜고 끄는 작업을 합니다.

05 프로젝트 작동해 보기

아두이노에 푸시 버튼과 LED 연결을 완료하면 PC와 연결하여 프로그램을 아두이노에 업로드합니다. 업로드되어 실행을 시키면 게임이 시작되고 4개의 LED가 차례로 켜집니다. 그 다음에 노란색 LED가 켜집니다. 이때 푸시 버튼을 눌러야 합니다. 노란색 LED가 켜졌을 때 푸시 버튼을 누르면 스코어가 올라가고, 그렇지 않으면 스코어가 내려갑니다. 스코어가 0보다 작거나 10보다 클 경우에는 게임이 끝납니다. 게임이 끝나면 ENDLED가 켜집니다.

그림 4.9 프로젝트 작동하기

06 도전 퀴즈

프로젝트가 성공적으로 실행되었나요? 그러면 게임을 조금 더 업그레이드해 보겠습니다. 현재는 빨간색 LED가 켜지고 꺼지는 속도와 노란색 LED가 켜지고 꺼지는 속도가 다르게 설정되어 있습니다. 게임이 익숙해진다면 노란색 LED의 속도도 빨간색 LED와 같이 시간이 흐를수록 빠르게 조정해 보고 더 재미있는 게임을 만들어 보겠습니다.

[힌트] 다음은 수정해야 하는 코드입니다.

```
double tempo = 300;
double yellowtempo = 700;
```

```
   for(int i=0; i<4;i++){
    digitalWrite(ledPins[i],HIGH);
    delay(tempo);
    digitalWrite(ledPins[i],LOW);
   }
   // yellow led
   digitalWrite(ledPins[4], HIGH);
   Serial.println("Yellow LED is ON.");
   yellowled = true;
   delay(yellowtempo);
   digitalWrite(ledPins[4],LOW);
   Serial.println("Yellow LED is OFF.");
   yellowled = false;
```

memo

05
아두이노 프로젝트 3
- LED 반응 속도 대결 게임

학습요약	
학습 목표	LED와 푸시 버튼 2개를 이용하여 순발력 게임을 만들어 봅니다.
핵심 키워드	아두이노, LED, 게임
준비물	아두이노 우노 USB2.0 A-B 케이블 브레드 보드 830홀 점퍼케이블 빨간색 LED 노란색 LED 파란색 LED 저항 220옴 디지털 택트 푸시 버튼
학습 시간	2시간
학습 난이도	★★★★☆

01 프로젝트 미리 보기

이 프로젝트는 LED 반응 속도 대결 게임입니다. 두 명의 플레이어가 경쟁하여 빨간색 LED가 켜졌을 때 가장 빠르게 버튼을 누른 플레이어가 1점을 획득합니다. 플레이어 1은 노란색 LED 3개로 점수를 표시하고, 플레이어 2는 초록색 LED 3개로 점수를 표시합니다. 먼저 3점을 얻은 플레이어가 승리합니다.

이 게임은 빠른 순간적인 판단력과 반응 속도, 그리고 빠르게 움직이는 능력이 중요합니다. 두 명의 플레이어가 함께 즐길 수 있기 때문에 친구나 가족과 함께 즐기기에 좋습니다.

그림 5.1 2인용 게임기

02 프로젝트 준비하기

1. 부품 준비하기

아래 표에는 이번 프로젝트에서 필요한 부품들과 그에 필요한 개수가 명시되어 있습니다. 이번 프로젝트는 챕터 4에서 진행했던 프로젝트와 비슷한 구성을 가지고 있으며, 추가로 푸시 버튼 하나가 더 필요합니다. 이 부품들을 개수에 맞게 준비합니다.

부품 이미지	부품명	개수
	아두이노 우노	1
	브레드보드	2
	빨간색 LED 노란색 LED 파란색 LED	1 3 3
	220 Ω 저항	7
	디지털 택트 푸시 버튼	2
	케이블(수수) 케이블(암수)	20 20

2. 부품 자세히 알아보기

프로젝트에 사용되는 부품에 대하여 자세히 알아보겠습니다. 이전에 설명된 부품은 간략하게 살펴보겠습니다.

❶ 브레드 보드(Bread board)

브레드보드는 전자 회로를 구성하기 위해 사용되는 보드로, 다양한 부품들을 일시적으로 연결하여 실험할 수 있도록 돕습니다. 보통 중앙에 있는 가로줄은 수평 방향으로 전기적으로 연결되어 있고, 이를 기준으로 세로줄은 수직 방향으로 연결되어 있습니다. 이를 통해 부품을 연결하고 배선할 때 매우 편리하며, 실험할 때 매번 새로운 회로를 구성하기 위해 납땜 작업을 할 필요가 없어서 편리합니다.

❷ LED(Light Emitting Diode)

LED는 Light Emitting Diode의 약자로, 전기가 흐르는 것에 의해 발광하는 반도체 소자입니다. 빨간색, 초록색, 파란색 등 다양한 색상의 LED가 있으며, 조명, 신호등, 디스플레이, 효과 등에 쓰이며 저렴하고 보급성이 높은 반도체 소자입니다.

❸ 저항(Resistor)

저항은 전기회로에서 전기의 흐름을 제한하고 전류, 전압, 전력 등의 값을 조절하는 기능을 가진 전자 부품입니다. 저항은 전기적인 성질을 이용하여 전기 신호를 안정화하거나 필요한 값으로 변환하는 역할을 합니다. 저항의 단위는 옴(Ω)이며, 전기회로에서 유용한 저항값은 다양하게 존재하여 필요에 따라 적절한 저항을 선택하여 사용해야 합니다.

❹ 디지털 푸시 버튼(Digital push button)

디지털 푸시 버튼은 푸시 버튼의 상태를 디지털 신호로 읽을 수 있는 전자 부품입니다. 버튼을 누르면 내부 스위치가 열리고, 이로 인해 전기가 흐르면서 디지털 신호가 발생합니다. 이 신호를 마이크로컨트롤러나 아두이노와 같은 디지털 장치에서 읽어 들여, 버튼의 상태를 파악할 수 있습니다. 따라서 다양한 프로젝트에서 버튼의 입력을 받기 위해 자주 사용됩니다.

03 회로 연결하기

빨간색 LED는 7번 핀, 3개의 노란색 LED는 8, 9, 10번 핀, 3개의 파란색 LED는 4, 5, 6번 핀에 연결하고 출력으로 설정합니다. 푸시 버튼1은 2번 핀, 푸시 버튼2는 3번 핀에 연결하고 입력으로 설정합니다. 두 개의 푸시 버튼은 내부 풀업 저항과 연결되도록 설정합니다. 두 개의 푸시 버튼은 게임의 각 플레이어가 누를 버튼입니다.

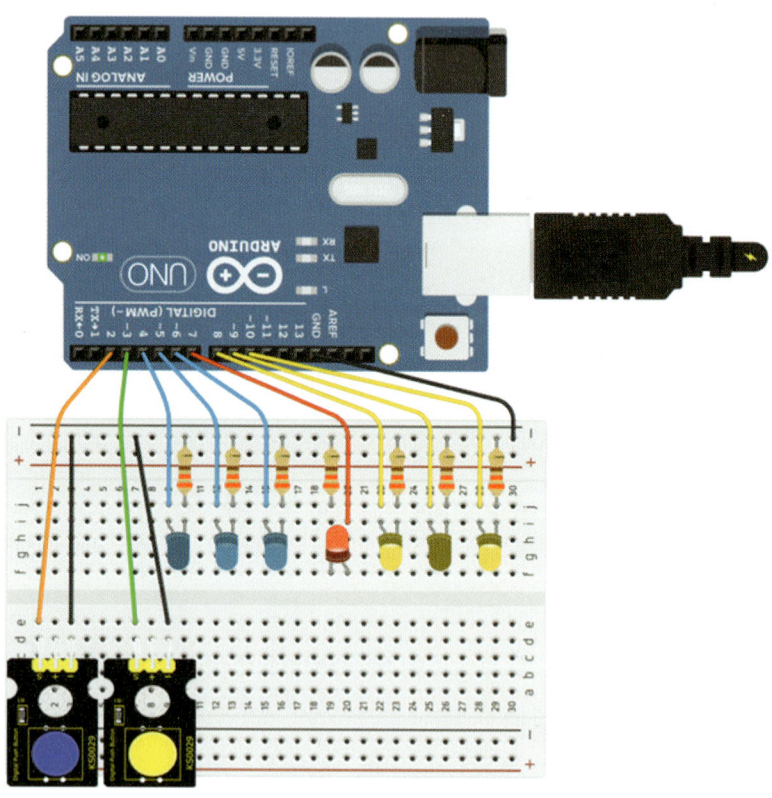

그림 5.2 LED 반응속도 대결게임 회로도

아두이노	부품
PIN 2	푸시 버튼1 S
PIN 3	푸시 버튼2 S
PIN 4	BLUE LED1
PIN 5	BLUE LED2
PIN 6	BLUE LED3
PIN 7	RED LED
PIN 8	YELLOW LED1
PIN 9	YELLOW LED2
PIN 10	YELLOW LED3
GND	브레드보드 GND

04 프로젝트 코딩하기

1. 전체 코드

이 코드는 2개의 푸시 버튼과 7개의 LED로 구성된 게임입니다. 이 게임에서 각 플레이어는 빨간 LED가 켜질 때 빠르게 자신의 버튼을 상대방보다 먼저 눌러 1점을 획득합니다. 먼저 3점을 얻은 플레이어가 게임에서 이기며 게임이 종료됩니다.

함수 endFunction은 게임이 종료될 때 실행되며, 게임의 결과를 표시하고, 무한 루프를 실행하여 아무것도 실행되지 않도록 합니다.

함수 player1Interrupt와 player2Interrupt는 각 플레이어의 버튼이 눌리는 것을 감지하고, 각 플레이어의 점수를 업데이트합니다. 버튼이 눌릴 때마다, 또는 빨간색 LED가 꺼져있을 때, 함수는 아무것도 수행하지 않고 반환합니다. 또한 한 플레이어가 3점을 먼저 획득하면, 해당 플레이어가 이기고 게임이 종료됩니다. 이 함수들은 각 플레이어의 LED를 업데이트하여 각 플레이어의 점수를 표시합니다.

```arduino
1  // Chapter 5 Arduino Reaction Game
2
3  int redLED = 7;
4  int yellowLED[3] = {8,9,10};
5  int blueLED[3] = {4,5,6};
6  int button1 = 2;
7  int button2 = 3;
8  int player1_score = 0;
9  int player2_score = 0;
10 bool game_over = false;
11 bool buttonPressed = false;
12 bool redled = false;
13
14 void updateLED(int led1, int led2, int led3, int score){
15   switch (score){
16     case 0:
17       digitalWrite(led1, LOW);
18       digitalWrite(led2, LOW);
19       digitalWrite(led3, LOW);
20       break;
21     case 1:
22       digitalWrite(led1, HIGH);
23       digitalWrite(led2, LOW);
24       digitalWrite(led3, LOW);
25       break;
26     case 2:
27       digitalWrite(led1, HIGH);
28       digitalWrite(led2, HIGH);
29       digitalWrite(led3, LOW);
30       break;
31     case 3:
32       digitalWrite(led1, HIGH);
33       digitalWrite(led2, HIGH);
34       digitalWrite(led3, HIGH);
35       break;
36   }
37 }
38
39 void endFunction( )
40 {
41   Serial.println("GAME OVER");
42   Serial.print("Player1 : ");
43   Serial.print(player1_score);
44   Serial.print("   Player2 : ");
```

```
45    Serial.println(player2_score);
46    while(1){
47      // 아무것도 수행하지 않음.
48    }
49  }
50
51  void player1Interrupt( )
52  {
53    if(buttonPressed || !redled)return;
54    if (digitalRead(button1) == LOW && digitalRead(button2) == HIGH){
55      player1_score++;
56      Serial.println("Player 1 pressed!");
57      buttonPressed = true;
58      if (player1_score == 3){
59        game_over = true;
60        Serial.println("Player 1 won the game!");
61      }
62    }
63    // player1 LED 스코어 업데이트
64    updateLED(blueLED[0], blueLED[1], blueLED[2], player1_score);
65  }
66
67  void player2Interrupt( ){
68    if(buttonPressed || !redled)return;
69    if (digitalRead(button2) == LOW && digitalRead(button1) == HIGH){
70      player2_score++;
71      Serial.println("Player 2 pressed!");
72      buttonPressed = true;
73      if (player2_score == 3){
74        game_over = true;
75        Serial.println("Player 2 won the game!");
76      }
77    }
78    // player2 LED 스코어 업데이트
79    updateLED(yellowLED[0], yellowLED[1], yellowLED[2], player2_score);
80  }
81
82  void setup( ){
83    pinMode(redLED, OUTPUT);
84    for(int i=0;i<3;i++){
85      pinMode(yellowLED[i], OUTPUT);
86      pinMode(blueLED[i], OUTPUT);
87    }
88    pinMode(button1, INPUT_PULLUP);
```

```
 89    pinMode(button2, INPUT_PULLUP);
 90
 91    Serial.begin(9600);
 92    Serial.println("");
 93    Serial.println("Game Start!!");
 94
 95    randomSeed(analogRead(0));
 96    attachInterrupt(digitalPinToInterrupt(button1),player1Interrupt,FALLING);
 97    attachInterrupt(digitalPinToInterrupt(button2),player2Interrupt,FALLING);
 98 }
 99
100 void loop( ){
101    if(digitalRead(button1) == HIGH && digitalRead(button2) == HIGH){
102      buttonPressed = false;
103    }
104    delay(1000);
105    if (!game_over){
106      // blink the red LED
107      digitalWrite(redLED, HIGH);
108      redled = true;
109      delay(random(500, 2000));
110      digitalWrite(redLED, LOW);
111      redled = false;
112      delay(random(500, 2000));
113    }
114    else {
115      digitalWrite(redLED, HIGH);
116      for(int i=0;i<3;i++){
117        digitalWrite(yellowLED[i], HIGH);
118        digitalWrite(blueLED[i], HIGH);
119      }
120      delay(500);
121      digitalWrite(redLED, LOW);
122      for(int i=0;i<3;i++){
123        digitalWrite(yellowLED[i], LOW);
124        digitalWrite(blueLED[i], LOW);
125      }
126      delay(2000);
127      endFunction( );
128    }
129 }
130
```

코드 5.1 프로젝트 전체 코드

2. 코드 설명

3 디지털 핀 7번을 빨간색 LED에 연결하는 변수를 선언합니다.
4 디지털 핀 8, 9, 10번을 노란색 LED에 연결하는 배열 변수를 선언합니다.
5 디지털 핀 4, 5, 6번을 파란색 LED에 연결하는 배열 변수를 선언합니다.
6 디지털 핀 2번을 버튼1에 연결하는 변수를 선언합니다.
7 디지털 핀 3번을 버튼2에 연결하는 변수를 선언합니다.
8 플레이어 1의 점수를 저장하는 변수를 선언하고 0으로 초기화합니다.
9 플레이어 2의 점수를 저장하는 변수를 선언하고 0으로 초기화합니다.
10 게임 종료 여부를 저장하는 변수를 선언하고 false로 초기화합니다.
11 버튼 입력 여부를 저장하는 변수를 선언하고 false로 초기화합니다.
12 빨간색 LED의 상태를 저장하는 변수를 선언하고 false로 초기화합니다.
14 LED와 점수에 따라 LED를 업데이트하는 함수를 정의합니다.
15 score 값에 따라 다른 case로 분기하는 switch문을 시작합니다.
16~20 score가 0인 경우를 처리하는 case문을 시작합니다. led1, led2, led3 핀을 LOW로 설정하여 LED를 끕니다. 'break'는 case 처리를 마치고 switch문을 종료합니다.
21~25 score가 1인 경우를 처리하는 case문을 시작합니다. led1 핀을 HIGH로 설정하여 LED를 켭니다. led2, led3 핀을 LOW로 설정하여 LED를 끕니다. 'break'는 case 처리를 마치고 switch문을 종료합니다.
26~30 score가 2인 경우를 처리하는 case문을 시작합니다. led1, led2 핀을 HIGH로 설정하여 LED를 켭니다. led3 핀을 LOW로 설정하여 LED를 끕니다. 'break'는 case 처리를 마치고 switch문을 종료합니다.
31~35 score가 3인 경우를 처리하는 case문을 시작합니다. led1, led2, led3 핀을 HIGH로 설정하여 모든 LED를 켭니다. 'break'는 case 처리를 마치고 switch문을 종료합니다.
39 void endFunction() 함수의 정의를 시작합니다.
41~45 "GAME OVER" 메시지와 Score를 시리얼 모니터에 출력합니다.

`46~48` while(1){} - 무한 루프를 생성합니다.

`51` void player1Interrupt( ) 함수의 정의를 시작합니다.

`53` buttonPressed가 true이거나 redled가 false이면 리턴합니다.

`54` button1이 눌렸고, button2가 눌리지 않았다면 실행합니다.

`55` player1의 점수를 증가시킵니다.

`56` "Player 1 pressed!" 메시지를 시리얼 모니터에 출력합니다.

`57` buttonPressed를 true로 설정합니다.

`58~61` player1의 점수가 3점이면 game_over를 true로 설정하고 "Player 1 won the game!" 메시지를 시리얼 모니터에 출력합니다.

`64` player1의 LED 스코어를 업데이트합니다.

`67` void player2Interrupt( ) 함수의 정의를 시작합니다.

`68` buttonPressed가 true이거나 redled가 false이면 리턴합니다.

`69` button2가 눌렸고, button1이 눌리지 않았다면 실행합니다.

`70` player2의 점수를 증가시킵니다.

`71` "Player 2 pressed!" 메시지를 시리얼 모니터에 출력합니다.

`72` buttonPressed를 true로 설정합니다.

`73~76` player2의 점수가 3점이면 game_over를 true로 설정하고 "Player 2 won the game!" 메시지를 시리얼 모니터에 출력합니다.

`79` player2의 LED 스코어를 업데이트합니다.

`82` void setup( ) 함수를 시작합니다.

`83` redLED 핀을 출력 모드로 설정.

`84~87` yellowLED와 blueLED를 출력 모드로 설정합니다.

`88~89` button1 과 button2 핀을 내부 풀업 저항과 함께 입력 모드로 설정합니다.

`91` 시리얼 통신을 시작하고, 전송 속도를 9600으로 설정합니다.

`92~93` "Game Start!!" 문자열을 출력하여 게임 시작을 알립니다.

`95` 아날로그 핀 0으로부터 무작위 시드 값을 생성합니다.

> 랜덤 함수는 컴퓨터가 생성한 시드(seed) 값을 기반으로 난수를 생성합니다. 시드 값은 랜덤 함수가 난수를 생성할 때 시작점이 되는 값으로, 시드값이 같으면 랜덤 함수가 생성하는 난수의 순서가 항상 같습니다. 이는 프로그램이 동일한 조건에서 여러 번 실행되는 경우, 랜덤 함수가 항상 같은 결과를 반환할 수 있습니다. 따라서, 보다 예측할 수 없는 랜덤값을 얻기 위해서는 시드 값을 매번 다르게 설정하여 리얼한 값을 생성할 수 있습니다.

96 button1 핀에서 FALLING 신호가 감지되면 player1Interrupt() 함수를 호출하는 인터럽트를 설정합니다.

97 button2 핀에서 FALLING 신호가 감지되면 player2Interrupt() 함수를 호출하는 인터럽트를 설정합니다.

100 void loop() 함수를 시작합니다.

101~103 button1과 button2 모두 HIGH(버튼이 눌리지 않음)일 경우, buttonPressed 변수를 false로 초기화합니다.

104 1초 동안 대기합니다.

105~113 게임이 종료되지 않았다면 빨간색 LED를 깜빡이며 게임을 진행합니다. 빨간색 LED가 켜지고 꺼지는 시간을 랜덤하게 생성합니다. 빨간색 LED가 켜지면 redled 변수를 true로 변경하고 LED가 꺼졌다면 redled 변수를 false로 변경합니다.

114~125 게임이 종료되었다면, 모든 LED를 켜고 0.5초 대기 후 모든 LED를 끕니다.

126~128 그리고 2초 대기 후 endFunction() 함수를 호출합니다.

05 프로젝트 작동해 보기

아두이노에 LED와 푸시 버튼을 모두 연결하고 PC와 아두이노를 연결합니다. 아두이노 IDE를 통하여 프로그램을 아두이노에 업로드합니다. 정상적으로 업로드가 진행되면 시리얼 모니터에 "Game start!!"가 출력되고 게임이 시작됩니다. 랜덤한 속도로 빨간색 LED가 켜질 때 버튼을 누르면 먼저 누른 버튼에 반응하여 파란색 LED와 노란색 LED가 켜집니다. 게임이 종료되면, "GAME OVER"와 두 플레이어의 점수가 출력됩니다. 마지막으로 프로그램이 종료됩니다.

그림 5.3 프로젝트 작동하기

그림 5.4 프로젝트 시리얼 모니터 결과

06 도전 퀴즈

프로젝트가 성공적으로 실행되었다면 게임을 조금 더 업그레이드를 해 보겠습니다. 현재 프로그램은 게임이 종료되면 아무것도 하지 않도록 되어 있습니다. 만약 새로운 게임을 다시 시작하려면 아두이노의 리셋 버튼을 누르거나 프로그램을 다시 로드해야 합니다. 게임을 계속하기 위해 "새로운 게임을 계속하겠습니까?" 질문을 하여 "YES"를 입력하면 다시 게임을 시작하고 "NO"를 입력하면 게임을 종료하는 기능을 추가해 보겠습니다.

답변에 대한 입력은 시리얼 모니터를 통해서 입력받을 수 있습니다. 시리얼 모니터를 통해서 입력받는 함수는 아래와 같습니다. 참고하여 업그레이드하십시오.

```
void askForNewGame( ) {
  Serial.println("새로운 게임을 계속하시겠습니까? (YES 또는 NO 입력)");
  while (Serial.available( ) == 0); // 입력 대기

  // 사용자의 입력 받기
  String userInput = Serial.readStringUntil('\n');
  userInput.trim( );

  if (userInput == "YES") {
    // 게임 재시작
    startGame( );
  } else if (userInput == "NO") {
    // 게임 종료
    Serial.println("게임을 종료합니다.");
  } else {
    // 잘못된 입력 처리
    Serial.println("잘못된 입력입니다. 다시 시도하세요.");
    askForNewGame( ); // 재귀 호출을 통해 사용자의 입력을 다시 받음
  }
}
```

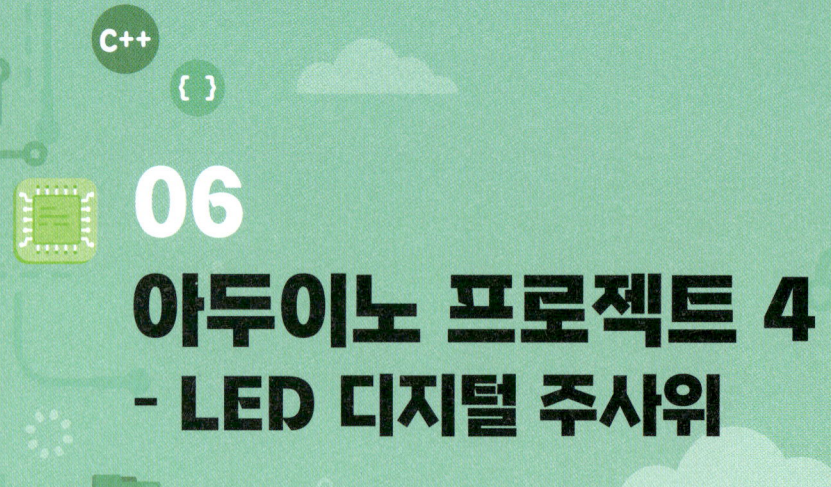

06 아두이노 프로젝트 4
- LED 디지털 주사위

01 프로젝트 미리보기

프로젝트 4는 LED 디지털 주사위를 만드는 재미있는 프로젝트입니다. 이 프로젝트를 통해 아두이노를 사용하는 방법과 무작위 수를 생성하는 방법 등을 배울 수 있습니다. 일반적인 주사위는 눈이 가장 많은 면에 6개의 눈이 있지만, 우리가 만드는 LED 주사위는 7개의 눈을 가진 주사위입니다. 이 주사위는 2개의 빨간색 LED, 3개의 노란색 LED, 2개의 파란색 LED를 사용하여 표현됩니다. 이 프로젝트는 무작위로 생성된 숫자를 사용하여 주사위를 자동으로 굴려서 7개의 LED로 나타내는 것이 특징입니다.

그림 6.1 주사위

02 프로젝트 준비하기

1. 부품 준비하기

아래의 표에 나와 있는 부품을 개수에 맞춰 준비합니다. 준비물은 챕터 5에서 진행했던 프로젝트와 유사합니다. 아두이노 우노 1개, 브레드보드 1개, 빨간색 LED 2개, 노란색 LED 3개, 파란색 LED 4개, 푸시 버튼 1개, 저항과 케이블은 수수 케이블로 넉넉하게 준비합니다.

부품 이미지	부품명	개수
	아두이노 우노	1
	브레드보드	1
	빨간색 LED 노란색 LED 파란색 LED	2 3 2
	220 Ω 저항	7
	디지털 택트 푸시 버튼	2
	케이블(수수)	20

2. 부품 자세히 알아보기

프로젝트에 사용되는 부품에 대하여 자세히 알아보겠습니다. 이전에 설명된 부품은 간략하게 살펴보겠습니다.

❶ 브레드 보드(Bread board)

브레드 보드(Breadboard)는 프로토타입을 제작할 때 사용되는 전자 회로를 구성하는 데 유용한 장치입니다. 전자 부품을 쉽게 연결할 수 있는 구멍이 뚫린 플랫 평면 위에 있는 회로 보드입니다.

❷ LED(Light Emitting Diode)

LED는 "Light Emitting Diode"의 약어로, 전기가 흐르는 방향으로 전자가 결합하면서 빛을 내는 소자입니다.

❸ 저항(Resistor)

저항(Resistor)은 전기회로에서 전류의 흐름을 조절하는 역할을 합니다. 저항의 크기는 '옴(Ω)'을 단위로 측정되며, 일반적으로 색상 코드를 이용해 값을 판별합니다. 저항은 전류의 양을 제어하고 회로를 안전하게 보호하기 위해 사용됩니다. 또한, 다양한 회로 구성에서 전압을 낮추거나 분배하는 등의 역할을 합니다.

❹ 디지털 푸시 버튼(Digital push button)

디지털 푸시 버튼은 전자 회로에서 사용되는 버튼으로, 디지털 입력 신호를 만들기 위해 사용됩니다.

03 회로 연결하기

2개의 빨간색 LED, 3개의 노란색 LED, 2개의 파란색 LED와 아두이노 보드와 브레드보드를 준비합니다. 각각의 LED는 짧은 다리는 저항에 긴 다리는 아두이노 보드에 연결합니다.

빨간색 LED 2개는 아두이노 보드의 3, 4번 핀에, 노란색 LED 3개는 아두이노 보드의 5, 6, 7번 핀에, 파란색 LED 2개는 아두이노 보드의 8, 9번 핀에 연결합니다.

푸시 버튼의 +전원은 아두이노 보드의 2번에 핀에 연결하고 -전원은 GND에 연결합니다.

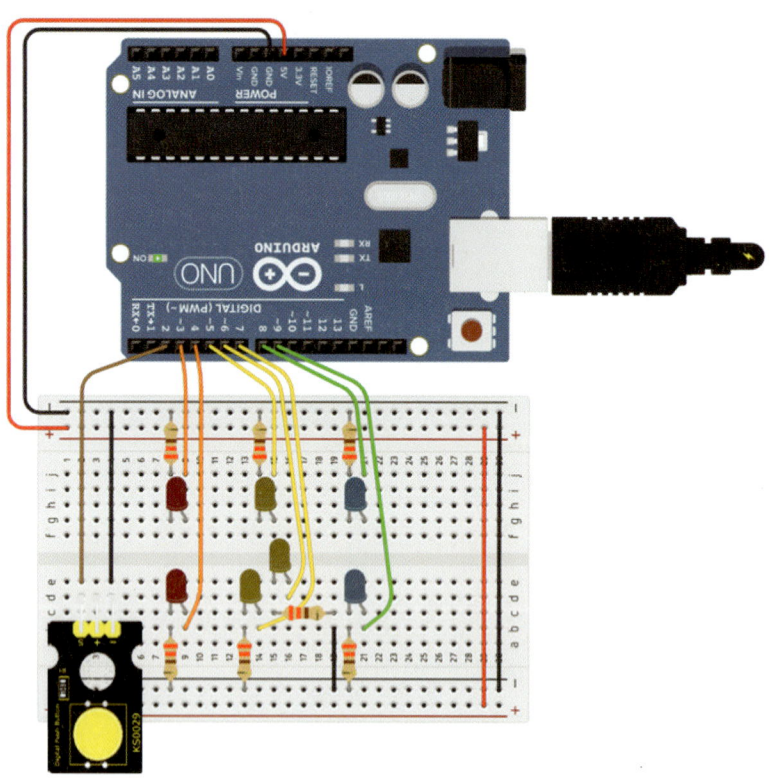

그림 6.2 주사위 게임 회로도

아두이노	부품
PIN 2	푸시 버튼1 S
PIN 3	RED LED1
PIN 4	RED LED2
PIN 5	YELLOW LED1
PIN 6	YELLOW LED2
PIN 7	YELLOW LED3
PIN 8	BLUE LED1
PIN 9	BLUE LED2
GND	브레드보드 GND

04 프로젝트 코딩하기

1. 전체 코드

7개의 LED에 대해 3, 4, 5, 6, 7, 8, 9번 핀을 지정하고, 버튼에 2번 핀을 지정합니다. 그리고 버튼 상태를 HIGH로 초기화하고, 랜덤 숫자와 선택된 LED 수를 초기화합니다. 버튼은 입력 풀업 저항을 사용합니다. loop( ) 함수에서 버튼 상태를 읽어서 무작위로 만들어진 숫자만큼 digitalWrite( ) 함수를 이용하여 LED를 켭니다.

```
1   // Chapter 6 Dice game
2
3   int ledPins[7] = {3, 4, 5, 6, 7, 8,9};   // LED 핀 번호
4   int button = 2;   // 버튼 핀 번호
5   int buttonState = HIGH;   // 버튼 상태 초기화
6
7   int selected_leds=0;   // 선택된 LED 수 초기화
8
9   void setup( ){
10    pinMode(button, INPUT_PULLUP);   // 풀업 저항 사용
11    for (int i = 0; i < 7; i++){
12      pinMode(ledPins[i], OUTPUT);
13    }
14  }
15
16  void loop( ){
17    buttonState = digitalRead(button);   // 버튼 상태 읽기
18    if (buttonState == LOW){   // 버튼이 눌렸을 때
19      selected_leds = random(1,8);   // 1에서 7까지 랜덤 수 발생
20      for (int i = 0; i < 20; i++){
21        int led_index = random(0, 7);   // 0에서 6까지의 랜덤한 LED 선택
22        digitalWrite(ledPins[led_index], HIGH);
23        delay(100);
24        digitalWrite(ledPins[led_index], LOW);
25      }
26
27      delay(500);
28
29      for (int i = 0; i < selected_leds; i++){
30        int led_index = random(0, 7);   // 0에서 6까지의 랜덤한 LED 선택
31        digitalWrite(ledPins[led_index], HIGH);   // 선택된 LED 켜기
32      }
33
34      delay(2000);   // 2초 대기
35
36      for (int i = 0; i < 7; i++){
37        digitalWrite(ledPins[i], LOW);   // 모든 LED 끄기
38      }
39    }
40  }
```

코드 6.1 프로젝트 전체 코드

3 LED를 연결한 핀의 번호를 배열로 정의합니다.
4 버튼이 연결된 핀의 번호를 정의합니다.
5 버튼의 상태를 나타내기 위한 변수를 초기화합니다.
7 선택된 LED의 수를 저장하기 위한 변수를 초기화합니다.
9 Arduino 보드가 처음 시작될 때 한 번 실행되며, 핀 모드를 설정합니다.
10 푸시 버튼 핀의 모드를 입력으로 설정하고, 풀업 저항을 사용합니다.
11~13 배열로 정의된 LED 핀들의 모드를 출력으로 설정합니다.
16 프로그램의 메인 루프입니다. 무한 반복됩니다.
17 버튼의 상태를 읽어 와서 buttonState 변수에 저장합니다.
18 버튼이 눌렸을 때 실행되는 조건문입니다.
19 1에서 7까지의 랜덤한 수를 발생시켜서 selected_leds 변수에 저장합니다.
20~25 20번 반복하는 루프입니다. 주사위를 굴리는 소리와 비슷한 LED 깜빡임 효과를 구현합니다. 0에서 6까지의 랜덤한 수를 발생시켜서 led_index 변수에 저장하고 led_index에 해당하는 LED 핀을 켰다 끕니다.
27 0.5초 대기합니다.
29 선택된 LED의 수만큼 반복하는 루프입니다.
30 0에서 6까지의 랜덤한 수를 발생합니다.
31 랜덤하게 발생한 led_index의 LED를 켭니다.
34 2초 대기합니다.
36~38 모든 LED를 끕니다.

05 프로젝트 작동해 보기

아두이노와 PC를 연결하고 아두이노 IDE(통합 개발 환경)을 사용하여 코드를 작성합니다. 그리고 아두이노 IDE에서 보드와 포트를 설정한 후, 코드를 아두이노 보드에 업로드합니다. 코드가 정상적으로 업로드되면 아두이노 보드가 해당 코드를 실행하며, 버튼을 누르면 코드에 따라 LED를 켭니다.

그림 6.3 프로젝트 작동하기

06 도전 퀴즈

다음과 같이 프로젝트를 확장해 봅시다. 일정한 시간 동안 버튼을 계속 누르고 있으면 계속 주사위를 던져서 나오는 숫자를 더해 줍니다. 버튼을 누르는 동안은 시리얼 모니터에 현재까지 더한 값을 출력하지 않고, 버튼을 떼었을 때 더한 값을 출력합니다.

확장 프로젝트의 힌트는 기존 코드에서 버튼이 눌리는 것을 감지하고 주사위를 던지는 부분을 수정합니다. 먼저 버튼이 눌린 상태에서 주사위를 던지는 부분을 while문으로 감싸고 일정한 시간 동안 던지게 됩니다. 이때, 주사위에서 나온 숫자를 계속 더해 줘야 하기 때문에 합을 저장할 변수가 필요합니다. 그리고 버튼이 떼어질 때마다 합한 값을 시리얼 모니터에 출력해 줍니다. 이것은 버튼이 눌려 있는 동안에 합한 값을 유지하고 버튼이 떼어질 때 합한 값을 출력하도록 구현합니다.

memo

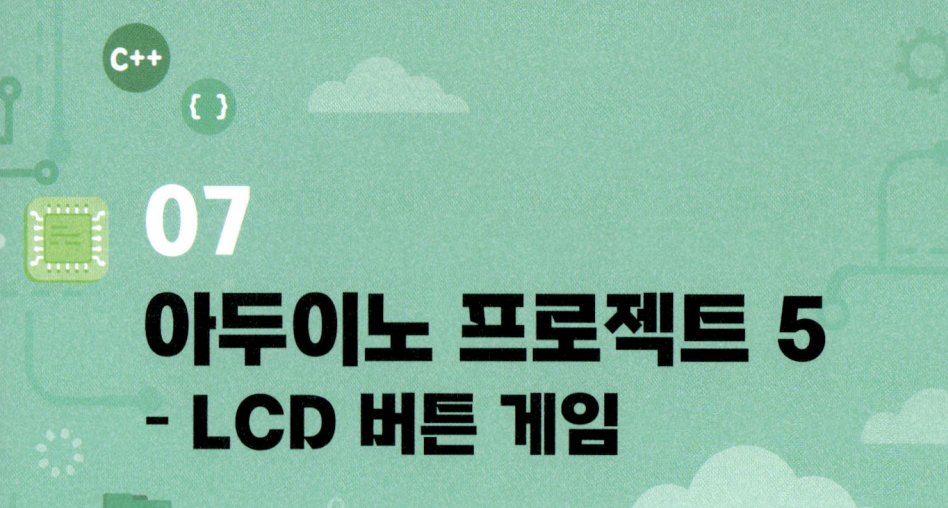

07 아두이노 프로젝트 5
- LCD 버튼 게임

학습요약	
학습 목표	LCD와 푸시 버튼을 이용하여 점핑하는 캐릭터로 게임을 만들어 봅니다.
핵심 키워드	아두이노, LCD, 게임
준비물	아두이노 우노 USB2.0 A-B 케이블 아두이노 센서 쉴드 V5 I2C LCD 디지털 택트 푸시 버튼
학습 시간	3시간
학습 난이도	★★★★★

01 프로젝트 미리보기

그림 7.1 게임 캐릭터

프로젝트 5에서는 점프 게임을 아두이노로 만들어 보려고 합니다. 아두이노 보드와 버튼을 이용해 캐릭터를 조작하며, 장애물을 피해 뛰어오르면서 스코어를 올리는 것이 목표입니다. 이 게임에서는 장애물에 부딪히면 점수가 깎이며, 뛰어넘은 장애물의 개수에 따라 점수가 올라가게 됩니다. 장애물에 3번 부딪히면 게임이 종료됩니다.

02 프로젝트 준비하기

1. 부품 준비하기

아래의 표에 나와 있는 부품을 개수에 맞춰 준비합니다.

부품 이미지	부품명	개수
	아두이노 우노	1
	아두이노 센서 쉴드	1
	디지털 택트 푸시 버튼	1
	I2C LCD	1
	케이블(수수) 케이블(암수)	20

2. 부품 자세히 알아보기

❶ 아두이노 센서 쉴드 V5

아두이노 센서 쉴드 V5 보드를 아두이노에 결합하여 브레드보드 없이 센서들을 확장하고 쉽게 연결하여 회로를 단순화할 수 있습니다. 아두이노 UNO R3 메인보드의 스티어링 기어 라인 시퀸스와 I2C포트 (Inter-Integrated Circuit Port), SPI 포트를 통하여 모든 디지털 및 아날로그 인터페이스를 제공하고 Bluetooth 인터페이스가 독립적으로 설계되어 있어 센서 보드로 편리하게 사용할 수 있습니다. 아두이노 센서 쉴스 V5 보드의 구조는 아래 그림과 같습니다.

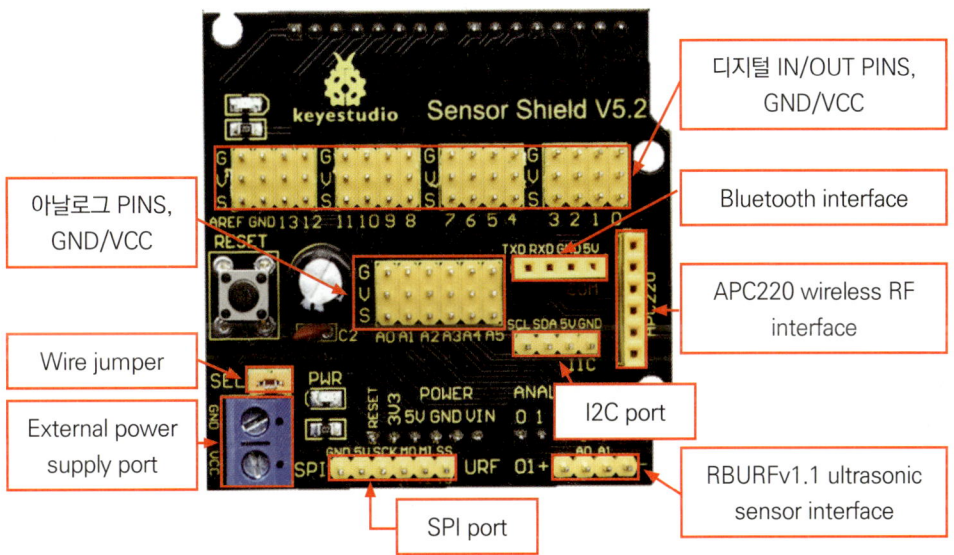

그림 7.2 아두이노 센서 쉴드 V5 핀 구성

❷ I2C LCD (Liquid Crystal Display)

LCD는 Liquid Crystal Display, 액정 디스플레이 또는 액정 표시 장치의 약자입니다. 아두이노에서 사용하는 LCD는 일반적으로 문자나 그래픽을 출력하기 위한 화면입니다. 대게 16×2, 20×4, 128×64 등의 크기를 가지고 있습니다. 우리가 사용하는 LCD는 16×2 크기이며 이것은 16자를 2줄로 출력할 수 있는 것입니다. LCD는 대게 I2C통신을 사용하며 I2C 인터페이스를 지원하는 모듈이 부착되어 있습니다. 이 모듈은 일적으로 I2C통신을 위한 표준 라이브러리인 Wire 라이브러리를 사용합니다.

LCD에 문자나 그림을 출력하려면 LiquidCrystal 라이브러리를 사용합니다. 이 라이브러리는 LCD와 아두이노 연결을 초기화하고 문자나 그림을 출력하는 데 사용됩니다. LiquidCrystal 라이브러리를 사용하면 LCD에 문자나 그림을 출력하는 데 필요한 명령어를 쉽게 수행할 수 있습니다.

I2C 통신은 SDA(Serial Data)와 SCL(Serial Clock) 두 개의 핀으로 이루어져 있습니다. SDA는 데이터를 전송하는 데 사용되며, SCL은 데이터 전송의 타이밍을 제어하는 데 사용됩니다. 그리고 VCC, GND 핀이 함께 있습니다. VCC는 전원 입력 핀이며, GND는 그라운드 핀입니다.

3. 소프트웨어 준비하기

이번 챕터에서는 LCD를 사용하기 위해 "LiquidCrystal_I2C.h"와 "Wire.h" 두 가지 라이브러리를 사용합니다. 프로젝트에서 사용하는 LCD는 I2C 통신 모듈이 부착되어 있기 때문에 Liquidcrystal_I2C.h 라이브러리를 사용합니다. 그리고 LiquidCrystal_I2C.h 라이브러리를 사용하기 위해서는 Wire.h 라이브러리가 필요합니다. Wire.h 라이브러리는 아두이노에서 I2C통신을 수행하는 데 사용되는 라이브러리로 아두이노 보드의 GPIO 핀을 이용하여 I2C통신을 제어합니다. Wire.h 라이브러리는 아두이노 IDE에 기본적으로 포함되어 있기 때문에 별도로 설치할 필요는 없습니다.
LiquidCrystal_I2C.h 라이브러리는 아래와 같이 사용자가 직접 다운로드 및 설치를 합니다.

1. 아두이노 IDE를 엽니다.
2. 좌측 메뉴에서 "Library Manager"를 선택합니다.
3. 라이브러리 관리 창에서 "LiquidCrystal_I2C"를 입력합니다.
4. 검색 결과 중에서 "LiquidCrystal_I2C by Frank de Brabander"를 찾아 설치 버튼을 클릭합니다.
5. 설치가 완료되면 "완료!" 메시지가 나타납니다.
6. 이제 LiquidCrystal_I2C 라이브러리를 사용할 수 있습니다.

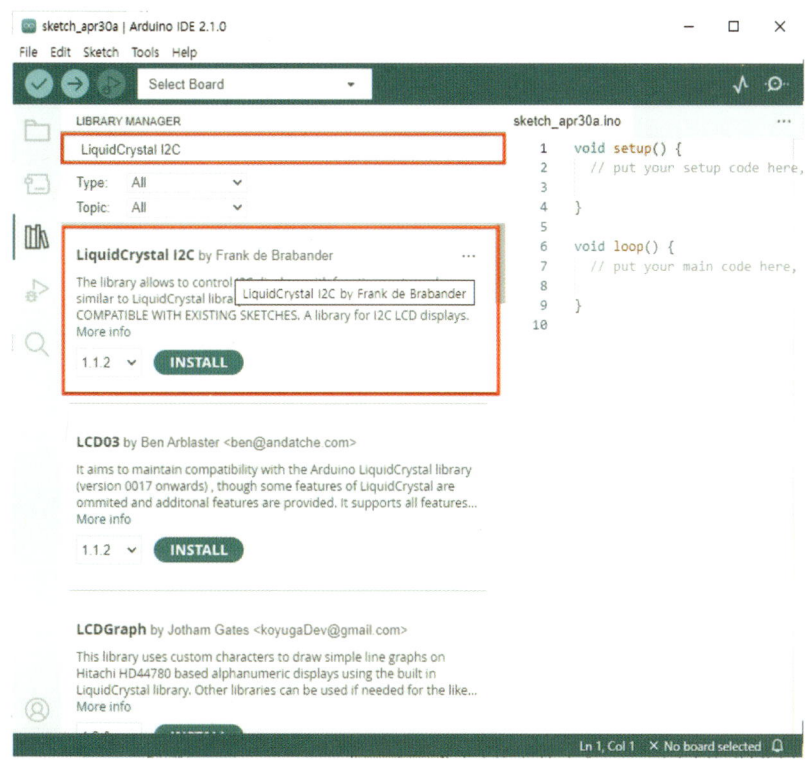

그림 7.3 LiquidCrystal I2C 라이브러리 설치하기

LiquidCrystal_I2C 라이브러리의 주요 함수는 아래와 같습니다.

> - **LiquidCrystal_I2C(unit8_t addr, uint8_t cols, uint8_t row2)** : LiquidCrystal_I2C 클래스 생성자입니다. I2C 통신을 위한 LCD 주소와 화면의 행과 열의 수를 매개 변수로 받습니다.
> - **void init()** : LCD를 초기화합니다.
> - **void backlight()** : LCD의 백라이트를 켭니다.
> - **void noBacklight()** : LCD의 백라이트를 끕니다.
> - **void clear()** : LCD 화면을 지웁니다.
> - **void home()** : LCD 커서를 화면 상단 왼쪽(0, 0)으로 이동시킵니다.
> - **void setCursor(uint8_t col, unit8_t row)** : LCD 커서를 지정한 행과 열 위치로 이동시킵니다.
> - **void print(String str)** : 문자열을 LCD에 출력합니다.
> - **void print(char ch)** : 문자를 LCD에 출력합니다.
> - **void createChar(uint8_t location, unit8_t charmap[])** : 사용자 정의 문자를 만들어 LCD에 출력할 수 있도록 합니다.
> - **void command(uint8_t value)** : LCD에 명령을 보냅니다.
> - **void setBacklight(uint8_t value)** : LCD의 백라이트 밝기를 조정합니다.(0~255)

4. LiquidCrystal_I2C 라이브러리 사용하기

아두이노 센서 쉴드 V5에는 그림과 같이 I2C 통신을 위한 전용 핀을 사용할 수 있습니다. 아두이노 센서 쉴드 I2C 전용 port와 I2C LCD의 핀을 확인해 보면 SCL, SDA, VCC 또는 5V, GND를 연결할 수 있습니다.

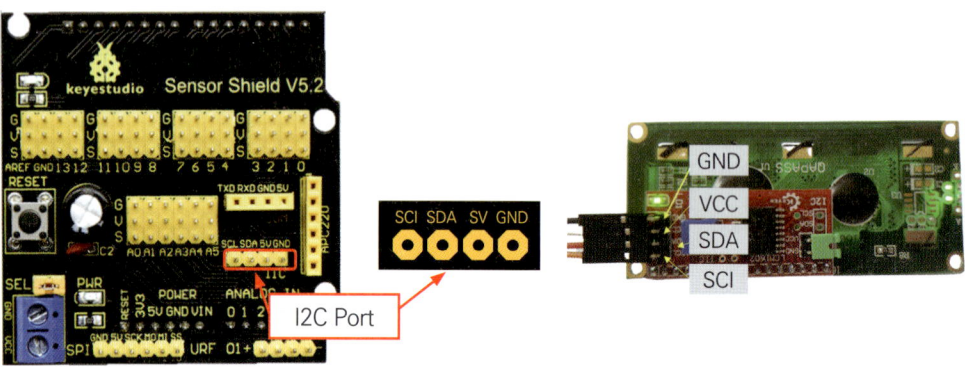

그림 7.4 I2C Port 핀과 I2C LCD 핀 구조

아래는 LiquidCrystal_I2C 라이브러리를 사용하는 예시 회로와 코드입니다.

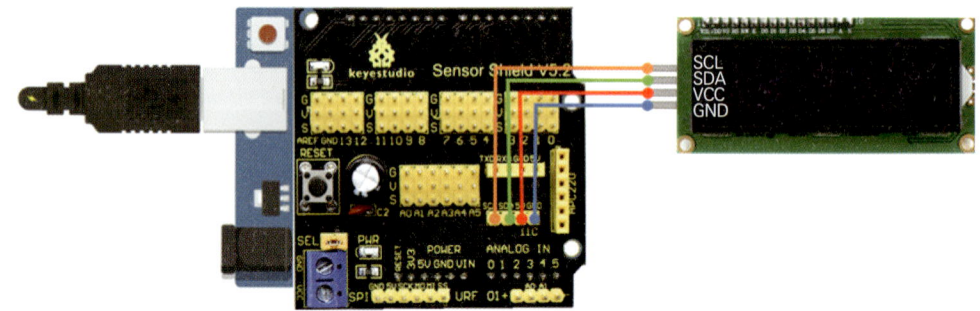

그림 7.5 I2C LDC 연결 회로

```
1   // LCD "Hello, Wordl!" 출력 샘플
2
3   #include <Wire.h>
4   #include <LiquidCrystal_I2C.h>
5
6   LiquidCrystal_I2C lcd(0x27, 16, 2);   // I2C 통신 모듈의 주소와 LCD 크기(16x2) 설정
7
8   void setup( ){
9     lcd.init( );                        // LCD 초기화
10    lcd.backlight( );                   // 백라이트 켜기
11    lcd.setCursor(0, 0);                // 커서 위치 설정
12    lcd.print("Hello, World!");         // 화면에 출력할 문자열 입력
13  }
14
15  void loop( ){
16    // 이 코드에서는 반복 작업을 하지 않습니다.
17  }
```

코드 7.1 LCD 화면 출력 예제 코드

3~4 Wire.h 라이브러리와 LiquidCrystal_I2C.h 라이브러리를 불러옵니다.

6 LiquidCrystal_I2C 클래스의 객체 lcd를 생성합니다. 객체 생성 시 I2C 주소와 LCD 크기(16×2)를 설정합니다.

8 setup 함수가 호출됩니다.

9 lcd 객체를 사용하여 LCD를 초기화합니다.

10 lcd 객체를 사용하여 백라이트를 켭니다.

11 lcd 객체의 setCursor 함수를 사용하여 커서 위치를 0행 0열로 설정합니다.

12 lcd 객체를 사용하여 "Hello, World!"라는 문자열을 LCD에 출력합니다.

15 loop 함수를 호출하고, 아무런 작업도 수행하지 않습니다.

그림 7.6 I2C LCD 출력

5. LCD에 사용자 정의 문자를 출력하기

LiquidCrystal_I2C 라이브러리의 'createChar( )' 함수는 사용자 지정 문자를 생성하고 LCD에 표시하는 데 사용됩니다.

이 함수를 사용하면 사용자가 직접 디자인한 5×8픽셀 크기의 비트맵을 이용하여 새로운 문자를 만들 수 있습니다. 함수에 사용되는 두 개의 매개 변수 중 첫 번째는 새롭게 생성할 문자의 인덱스를 나타내고, 두 번째는 사용자가 디자인 한 문자의 비트맵을 나타냅니다.

예를 들어 아래 코드와 같이 구현합니다.

5×8 픽셀의 비트맵 값은 아래와 같이 표현됩니다.

 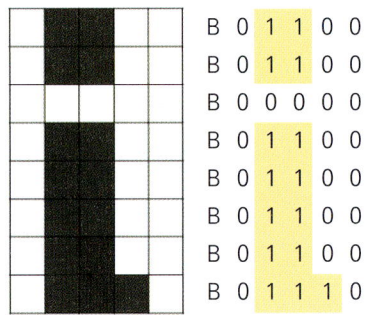

그림 7.7 5×8픽셀 비트맵

```
1  // createChar sample code
2
3  #include <Wire.h>
4  #include <LiquidCrystal_I2C.h>
5
6  LiquidCrystal_I2C lcd(0x27, 16, 2);
7
8  void createCustomChars( ){
9    byte run_position1[] = {
10     B01100,
11     B01100,
12     B00000,
13     B01110,
14     B11100,
15     B01100,
16     B11010,
17     B10011
18   };
19   byte run_position2[] = {
20     B01100,
21     B01100,
22     B00000,
23     B01100,
24     B01100,
25     B01100,
26     B01100,
27     B01110
28   };
29   lcd.createChar(0, run_position1);
30   lcd.createChar(1, run_position2);
31 }
32
33 void setup( ){
34   lcd.init( );
35   lcd.backlight( );
36   createCustomChars( );
37   lcd.setCursor(0,1);
38   lcd.write(byte(0));
39   lcd.write(byte(1));
40   lcd.setCursor(2,0);
41   lcd.write(byte(0));
42   lcd.write(byte(1));
43 }
44
```

```
45  void loop( ){
46    // 이 코드에서는 반복 작업을 하지 않습니다.
47  }
```

코드 7.2 사용자 문자 출력 예제 코드

3 Wire 라이브러리를 가져옵니다. 이 라이브러리는 I2C 통신을 위해 사용됩니다.

4 LiquidCrystal_I2C 라이브러리를 가져옵니다. 이 라이브러리는 I2C 통신을 지원하는 LCD를 제어하는 데 사용됩니다.

6 I2C 주소가 0x27이고 16×2 크기의 LCD 모듈을 사용하기 위해 LiquidCrystal_I2C 객체를 생성합니다.

8 사용자 정의 문자를 생성하는 함수를 정의합니다.

9~18 첫 번째 사용자 정의 문자의 비트맵을 정의합니다.

19~28 두 번째 사용자 정의 문자의 비트맵을 정의합니다.

29 LCD 객체를 사용하여 첫 번째 사용자 정의 문자를 생성합니다. 0번 인덱스에 할당됩니다.

30 LCD 객체를 사용하여 두 번째 사용자 정의 문자를 생성합니다. 1번 인덱스에 할당됩니다.

33 setup( ) 함수를 시작합니다.

34~35 LCD 모듈을 초기화하고 백라이트를 켭니다.

36 createCustomChars( )를 불러 사용자 정의 문자를 생성합니다.

37 커서의 위치를 (0, 1)로 설정합니다. (0번째 열, 1번째 행)

38 생성한 첫 번째 사용자 정의 문자를 LCD에 출력합니다.

39 생성한 두 번째 사용자 정의 문자를 LCD에 출력합니다.

40 커서의 위치를 (2, 0)로 설정합니다. (2번째 열, 0번째 행)

41 생성한 첫 번째 사용자 정의 문자를 LCD에 출력합니다.

42 생성한 두 번째 사용자 정의 문자를 LCD에 출력합니다.

45~47 loop( ) 함수는 반복 작업을 수행하지 않습니다.

그림 7.8 비트맵 구현하기

03 회로 연결하기

이번 프로젝트의 회로 연결은 간단합니다. 그림 7.8과 같이 연결된 회로에 푸시 버튼을 2번 핀에 추가합니다. 푸시 버튼의 신호선(S)을 쉴드의 2번 핀에, -를 GND에 연결합니다.

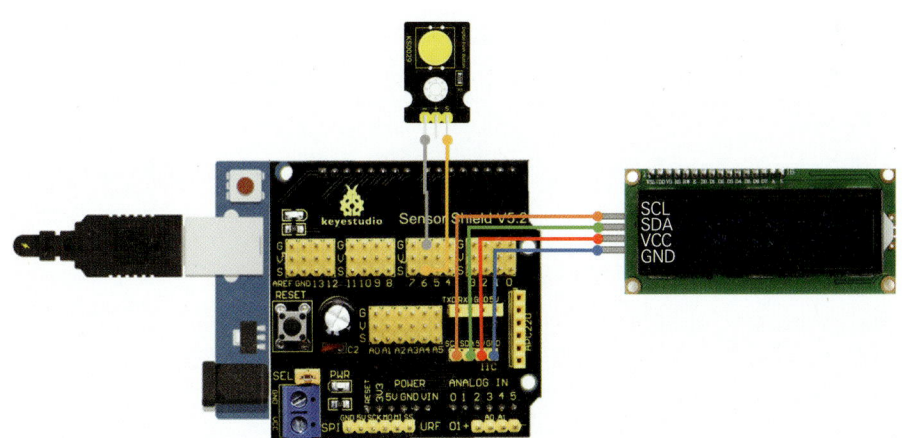

그림 7.9 LCD 버튼 게임 회로

아두이노 센서 쉴드	부품
PIN 2	푸시 버튼
I2C SCL	I2C LCD SCL
I2C SDA	I2C LCD SDA
I2C 5V	I2C LCD VCC
I2C GND	I2C LCD GND

04 프로젝트 코딩하기

1. 전체 코드

```
// ch7 lcd game

#include <Wire.h>
#include <LiquidCrystal_I2C.h>

#define PIN_BUTTON 2

#define ACTION_RUN1 1
#define ACTION_RUN2 2
#define ACTION_JUMP 3
#define ACTION_JUMP_UPPER '.'
#define ACTION_JUMP_LOWER 4
#define ACTION_BLOCK_EMPTY ' '
#define ACTION_BLOCK_SOLID 5
#define ACTION_BLOCK_SOLID_RIGHT 6
#define ACTION_BLOCK_SOLID_LEFT 7

#define BLOCK_WIDTH 16
#define BLOCK_EMPTY 0
#define LOWER_BLOCK 1
#define UPPER_BLOCK 2

#define HUMAN_HORI_POS 1

```

```
25  #define HUMAN_POS_OFF 0
26  #define HUMAN_POS_RUN_LOWER_1 1
27  #define HUMAN_POS_RUN_LOWER_2 2
28  #define HUMAN_POS_JUMP_1 3
29  #define HUMAN_POS_JUMP_2 4
30  #define HUMAN_POS_JUMP_3 5
31  #define HUMAN_POS_JUMP_4 6
32  #define HUMAN_POS_JUMP_5 7
33  #define HUMAN_POS_JUMP_6 8
34  #define HUMAN_POS_JUMP_7 9
35  #define HUMAN_POS_JUMP_8 10
36  #define HUMAN_POS_RUN_UPPER_1 11
37  #define HUMAN_POS_RUN_UPPER_2 12
38
39  LiquidCrystal_I2C lcd(0x27, 16, 2);
40
41  static char blockUpper[BLOCK_WIDTH + 1];
42  static char blockLower[BLOCK_WIDTH + 1];
43  static bool buttonPushed = false;
44
45  void initializeGraphics( ){
46    static byte run_position1[] = {
47      B01100,
48      B01100,
49      B00000,
50      B01110,
51      B11100,
52      B01100,
53      B11010,
54      B10011
55    };
56  static byte run_position2[] ={
57      B01100,
58      B01100,
59      B00000,
60      B01100,
61      B01100,
62      B01100,
63      B01100,
64      B01110
65    };
66    static byte jump[] = {
67      B01100,
68      B01100,
```

```
 69        B00000,
 70        B11110,
 71        B01101,
 72        B11111,
 73        B10000,
 74        B00000
 75     };
 76     static byte jump_lower[] = {
 77        B11110,
 78        B01101,
 79        B11111,
 80        B10000,
 81        B00000,
 82        B00000,
 83        B00000,
 84        B00000
 85     };
 86  static byte block[] ={
 87        B11111,
 88        B11111,
 89        B11111,
 90        B11111,
 91        B11111,
 92        B11111,
 93        B11111,
 94        B11111
 95     };
 96     static byte block_right[] ={
 97        B00011,
 98        B00011,
 99        B00011,
100        B00011,
101        B00011,
102        B00011,
103        B00011,
104        B00011
105     };
106     static byte block_left[] ={
107        B11000,
108        B11000,
109        B11000,
110        B11000,
111        B11000,
112        B11000,
```

```
    B11000,
    B11000,
  };
  lcd.createChar(1,run_position1);
  lcd.createChar(2,run_position2);
  lcd.createChar(3,jump);
  lcd.createChar(4,jump_lower);
  lcd.createChar(5,block);
  lcd.createChar(6,block_right);
  lcd.createChar(7,block_left);

  for (int i = 0; i < BLOCK_WIDTH; ++i){
    blockUpper[i] = ACTION_BLOCK_EMPTY;
    blockLower[i] = ACTION_BLOCK_EMPTY;
  }
}

void advanceBlock(char*block, byte newBlock){
  for (int i = 0; i < BLOCK_WIDTH; ++i){
    char current = block[i];
    char next ;
    if(i == BLOCK_WIDTH-1){
      next = newBlock;
    }else {
      next = block[i+1];
    }
    switch (current){
      case ACTION_BLOCK_EMPTY:
        if(next == ACTION_BLOCK_SOLID){
          block[i] = ACTION_BLOCK_SOLID_RIGHT;
        }else {
          block[i] = ACTION_BLOCK_EMPTY;
        }
        break;
      case ACTION_BLOCK_SOLID:
        if(next ==ACTION_BLOCK_EMPTY){
          block[i] = ACTION_BLOCK_SOLID_LEFT;
        }else {
          block[i] == ACTION_BLOCK_SOLID;
        }
        break;
      case ACTION_BLOCK_SOLID_RIGHT:
        block[i] = ACTION_BLOCK_SOLID;
        break;
```

```
157        case ACTION_BLOCK_SOLID_LEFT:
158          block[i] = ACTION_BLOCK_EMPTY;
159          break;
160      }
161    }
162 }
163
164 bool drawHero(byte position, char*blockUpper, char*blockLower, int score){
165   bool collide = false;
166   char upperSave = blockUpper[HUMAN_HORI_POS];
167   char lowerSave = blockLower[HUMAN_HORI_POS];
168   byte upper, lower;
169   byte digits;
170
171 switch (position){
172     case HUMAN_POS_OFF:
173       upper = lower = ACTION_BLOCK_EMPTY;
174       break;
175     case HUMAN_POS_RUN_LOWER_1:
176       upper = ACTION_BLOCK_EMPTY;
177       lower = ACTION_RUN1;
178       break;
179     case HUMAN_POS_RUN_LOWER_2:
180       upper = ACTION_BLOCK_EMPTY;
181       lower = ACTION_RUN2;
182       break;
183     case HUMAN_POS_JUMP_1:
184     case HUMAN_POS_JUMP_8:
185       upper = ACTION_BLOCK_EMPTY;
186       lower = ACTION_JUMP;
187       break;
188     case HUMAN_POS_JUMP_2:
189     case HUMAN_POS_JUMP_7:
190       upper = ACTION_JUMP_UPPER;
191       lower = ACTION_JUMP_LOWER;
192       break;
193     case HUMAN_POS_JUMP_3:
194     case HUMAN_POS_JUMP_4:
195     case HUMAN_POS_JUMP_5:
196     case HUMAN_POS_JUMP_6:
197       upper = ACTION_JUMP;
198       lower = ACTION_BLOCK_EMPTY;
199       break;
200     case HUMAN_POS_RUN_UPPER_1:
```

```
201        upper = ACTION_RUN1;
202        lower = ACTION_BLOCK_EMPTY;
203        break;
204      case HUMAN_POS_RUN_UPPER_2:
205        upper = ACTION_RUN2;
206        lower = ACTION_BLOCK_EMPTY;
207        break;
208    }
209    if (upper != ' '){
210      blockUpper[HUMAN_HORI_POS] = upper;
211      if (upperSave == ACTION_BLOCK_EMPTY){
212        collide = false;
213      }else {
214        collide = true;
215      }
216    }
217    if (lower != ' '){
218      blockLower[HUMAN_HORI_POS] = lower;
219      if (lowerSave == ACTION_BLOCK_EMPTY){
220        collide = collide | false;
221      }else {
222        collide = collide | true;
223      }
224    }
225    
226    if (score > 9999){
227      digits = 5;
228    }else if (score > 999){
229      digits = 4;
230    }else if (score > 99){
231      digits = 3;
232    }else if (score > 9){
233      digits = 2;
234    }else {
235      digits = 1;
236    }
237    
238    blockUpper[BLOCK_WIDTH] = '\0';
239    blockLower[BLOCK_WIDTH] = '\0';
240    char temp = blockUpper[16-digits];
241    blockUpper[16-digits] = '\0';
242    lcd.setCursor(0,0);
243    lcd.print(blockUpper);
244    blockUpper[16-digits] = temp;
```

```
245      lcd.setCursor(0,1);
246      lcd.print(blockLower);
247
248      lcd.setCursor(16 - digits,0);
249      lcd.print(score);
250
251      blockUpper[HUMAN_HORI_POS] = upperSave;
252      blockLower[HUMAN_HORI_POS] = lowerSave;
253      return collide;
254    }
255
256    void buttonPush( ){
257      buttonPushed = true;
258    }
259
260    void setup( ){
261      lcd.init( );
262      lcd.backlight( );
263      pinMode(PIN_BUTTON, INPUT_PULLUP);
264
265      attachInterrupt(digitalPinToInterrupt(PIN_BUTTON), buttonPush, FALLING);
266      initializeGraphics( );
267    }
268
269    void loop( ){
270      static byte humanPos = HUMAN_POS_RUN_LOWER_1;
271      static byte newBlockType = BLOCK_EMPTY;
272      static byte newBlockDuration = 1;
273      static bool playing = false;
274      static bool blink = false;
275      static unsigned int distance = 0;
276
277      if (!playing){
278        if(blink){
279          drawHero(HUMAN_POS_OFF,blockUpper,blockLower,distance >> 3);
280        }else {
281          drawHero(humanPos,blockUpper,blockLower,distance >> 3);
282        }
283        if (blink){
284          lcd.setCursor(0,0);
285          lcd.print("Press Start");
286        }
287        delay(250);
288        blink = !blink;
```

```
289       if (buttonPushed){
290         initializeGraphics( );
291         humanPos = HUMAN_POS_RUN_LOWER_1;
292         playing = true;
293         buttonPushed = false;
294         distance = 0;
295       }
296       return;
297     }
298
299     if(newBlockType == LOWER_BLOCK){
300       advanceBlock(blockLower,ACTION_BLOCK_SOLID);
301     }else {
302       advanceBlock(blockLower,ACTION_BLOCK_EMPTY);
303     }
304     if(newBlockType == UPPER_BLOCK){
305       advanceBlock(blockUpper,ACTION_BLOCK_SOLID);
306     }else {
307       advanceBlock(blockUpper,ACTION_BLOCK_EMPTY);
308     }
309
310     if (--newBlockDuration == 0){
311       if (newBlockType == BLOCK_EMPTY){
312         if(random(3) == 0){
313           newBlockType = UPPER_BLOCK;
134         }
135         else {
136           newBlockType = LOWER_BLOCK;
317         }
318         newBlockDuration = 2 + random(10);
319       }else {
320         newBlockType = BLOCK_EMPTY;
321         newBlockDuration = 10 + random(10);
322       }
323     }
324
325     if (buttonPushed){
326       if (humanPos <= HUMAN_POS_RUN_LOWER_2) humanPos = HUMAN_POS_JUMP_1;
327       buttonPushed = false;
328     }
329
330     if (drawHero(humanPos, blockUpper, blockLower, distance >> 3)){
331       playing = false;
332     }else {
```

```
333    if (humanPos == HUMAN_POS_RUN_LOWER_2 || humanPos == HUMAN_POS_JUMP_8){
334      humanPos = HUMAN_POS_RUN_LOWER_1;
335    }else if ((humanPos >= HUMAN_POS_JUMP_3 && humanPos <= HUMAN_POS_JUMP_5)
336              && blockLower[HUMAN_HORI_POS] != ACTION_BLOCK_EMPTY){
337      humanPos = HUMAN_POS_RUN_UPPER_1;
338    }else if (humanPos >= HUMAN_POS_RUN_UPPER_1
339              && blockLower[HUMAN_HORI_POS] == ACTION_BLOCK_EMPTY){
340      humanPos = HUMAN_POS_JUMP_5;
341    }else if (humanPos == HUMAN_POS_RUN_UPPER_2){
342      humanPos = HUMAN_POS_RUN_UPPER_1;
343    }else {
344      ++humanPos;
345    }
346    ++distance;
347  }
348  delay(100);
349 }
```

코드 7.3 프로젝트 전체 코드

2. 코드 설명

3~4 필요한 라이브러리를 가져옵니다.

6 버튼 핀 번호를 정의합니다.

8~16 게임 액션에 대한 상수를 정의합니다. 이 상수들은 게임 내에서 특정 동작을 나타내는 데 사용됩니다.

18~21 블록의 너비와 종류에 대한 상수를 정의합니다.

23~37 캐릭터의 위치와 모양에 대한 상수를 정의합니다.

39 LiquidCrystal_I2C 객체를 생성합니다. 이 객체를 사용하여 LCD 디스플레이를 제어할 수 있습니다.

41~42 상단 블록과 하단 블록에 대한 문자열 변수를 선언합니다.

43 버튼 상태를 저장하는 변수를 선언하고 초깃값을 false로 설정합니다.

45~115 그래픽 초기화를 위한 함수입니다. run_position1, run_position2, jump, jump_low 배열을 사용하여 캐릭터의 뛰는 모습을 정의합니다. block, block_right, block_left 배열을 사용하여 장애물의 모습을 정의합니다.

116~122 그래픽을 정의한 배열을 createChar( ) 함수를 이용하여 사용자 정의 문자의 비트맵을 정의합니다.

124~127 위에 생성될 블록과 아래 생성될 블록에 대하여 초기화합니다.

130 advanceBlock( )은 block 배열의 요소를 현재 상태와 다음 상태를 기반으로 업데이트하여 전진시키는 역학을 합니다. 각 블록 상태에 따라 적절한 업데이트가 수행되어 움직이는 블록의 효과를 구현합니다.

131 for 루프를 사용하여 i 변수를 0에서 BLOCK_WIDTH-1까지 증가시킵니다.

132 현재 블록의 상태를 나타내는 current 변수에 block 배열의 i번째 요소를 할당합니다.

133~138 다음 블록의 상태를 나타내는 next 변수에 대한 조건식을 사용하여 할당합니다. i가 BLOCK_WIDTH-1과 같은 경우에는 newBlock값을 할당하고, 그렇지 않은 경우에는 block 배열의 i+1번째 요소를 할당합니다.

139 current 변수를 기반으로 switch문을 시작합니다.

140~146 현재 블록이 ACTION_BLOCK_EMPTY인 경우, 다음 블록이 ACTION_BLOCK_SOLID인 경우, 해당 블록을 ACTION_BLOCK_SOLID_RIGHT로 업데이트합니다. 그렇지 않은 경우, 해당 블록을 ACTION_BLOCK_EMPTY로 업데이트합니다.

147~153 13번째 줄, 현재 블록이 ACTION_BLOCK_SOLID인 경우, 다음 블록이 ACTION_BLOCK_EMPTY인 경우, 해당 블록을 ACTION_BLOCK_SOLID_LEFT로 업데이트합니다. 그렇지 않은 경우, 해당 블록을 ACTION_BLOCK_SOLID로 유지합니다.

154~156 현재 블록이 ACTION_BLOCK_SOLID_RIGHT인 경우, 해당 블록을 ACTION_BLOCK_SOLID로 업데이트합니다.

157~159 현재 블록이 ACTION_BLOCK_SOLID_LEFT인 경우, 해당 블록을 ACTION_BLOCK_EMPTY로 업데이트합니다.

164 drawHuman( ) 함수는 캐릭터와 블록 정보를 받아서 LCD에 그리고 충돌 여부를 확인하여 반환하는 역할을 합니다. 주어진 position의 값에 따라 주인공의 상태와 블록 정보를 설정하고 점수를 계산하여 LCD에 출력합니다. 마지막으로 원래의 블록 정보를 복원하고 충돌 여부를 반환합니다.

| 165 | collide 변수를 false로 초기화합니다.
| 166 | upperSave 변수에 blockUpper 배열의 HUMAN_HORI_POS 위치에 있는 값을 저장합니다.
| 167 | lowerSave 변수에 blockLower 배열의 HUMAN_HORI_POS 위치에 있는 값을 저장합니다.
| 168 | upper와 lower 변수를 선언합니다.
| 169 | digits 변수를 선언합니다.
| 171 | position값에 따라 switch문을 시작합니다.
| 172~174 | position값에 따라 upper와 lower 변수에 적절한 값을 할당합니다.
| 209~216 | upper값이 공백이 아닌 경우, blockUpper 배열의 HUMAN_HORI_POS 위치에 upper값을 할당합니다. 만약 upperSave값이 ACTION_BLOCK_EMPTY인 경우, collide 변수를 false로 설정합니다. 그렇지 않은 경우, collide 변수를 true로 설정합니다.
| 217~224 | lower 값이 공백이 아닌 경우, blockLower 배열의 HUMAN_HORI_POS 위치에 lower 값을 할당합니다. 만약 lowerSave값이 ACTION_BLOCK_EMPTY인 경우, collide 변수를 collide | false로 설정합니다. 그렇지 않은 경우, collide 변수를 collide | true로 설정합니다.
| 226~236 | score값에 따라 digits 변수에 적절한 값을 할당합니다.
| 238 | blockUpper 배열의 마지막 요소에 '\0' 문자를 할당하여 문자열을 종료합니다.
| 239 | blockLower 배열의 마지막 요소에 '\0' 문자를 할당하여 문자열을 종료합니다.
| 240 | temp 변수에 blockUpper 배열의 16-digits 위치에 있는 값을 저장합니다.
| 241 | blockUpper 배열의 16-digits 위치에 '\0' 문자를 할당하여 문자열을 종료합니다.
| 242 | LCD 커서를 (0, 0) 위치로 설정합니다.
| 243 | blockUpper 배열을 LCD에 출력합니다.
| 244 | blockUpper 배열을 원래대로 복원하기 위해 temp 값을 다시 할당합니다.
| 245 | LCD 커서를 (0, 1) 위치로 설정합니다.
| 246 | blockLower 배열을 LCD에 출력합니다.
| 248 | LCD 커서를 (16 - digits, 0) 위치로 설정하여 점수를 출력합니다.

249	LCD에 점수를 출력합니다.
251	blockUpper 배열의 HUMAN_HORI_POS 위치에 upperSave값을 복원합니다.
252	blockLower 배열의 HUMAN_HORI_POS 위치에 lowerSave값을 복원합니다.
253	collide값을 반환합니다.
256~258	buttonPush( )함수는 버튼이 눌리면 인터럽트로 연결되는 함수입니다. buttonPushed 변수를 true로 설정합니다.
260	void setup( ) 함수를 시작합니다.
261~262	LCD 화면을 초기화하고 백라이트를 활성화합니다.
263	PIN_BUTTON을 내부 풀업저항이 연결된 입력으로 설정합니다.
265	PIN_BUTTON에 인터럽트를 연결합니다. 이는 FALLING에서 발생하는 인터럽트를 처리하는 것을 의미합니다.
266	initializeGraphics( ) 함수를 호출하여 그래픽을 초기화합니다.
269	void loop( ) 함수를 시작합니다.
270~271	humanPos 변수와 newBlockType을 초깃값으로 설정합니다.
272	새로운 블록의 유형을 나타내는 변수와 지속 시간 변수를 초깃값으로 설정합니다.
273	게임이 진행 중인지를 나타내는 변수를 초깃값으로 설정합니다.
274	깜빡임을 나타내는 변수를 초깃값으로 설정합니다.
275	이동한 거리를 저장하는 변수를 초깃값으로 설정합니다.
277	게임이 진행 중이 아닌 경우의 처리를 수행합니다.
278~281	blink 변수가 참일 경우 캐릭터를 화면에 그립니다.
283~285	blink 변수가 참일 경우 "Press Start" 메시지를 LCD에 출력합니다.
287~288	250ms의 딜레이를 추가하여 깜빡임을 제어합니다.
289~295	버튼이 눌렸을 때의 처리를 수행합니다. 그래픽을 초기화하고 캐릭터 위치와 게임 진행 상태를 초기화합니다. 버튼 플래그를 초기화하고 게임이 진행 중임을 표시합니다. 거리 초기화합니다.
299~308	newBlockType이 LOWER_BLOCK이면 아래에 블록을 생성하고 UPPER_BLOCK이면 위에 블록을 생성합니다.
310~323	새로운 블록의 종류와 지속 시간을 결정하는 코드입니다. newBlockDuration을 감소시키고 만약 0이라면 새로운 블록을 생성합니다. random( ) 함수

를 사용하여 0, 1, 2 중 하나의 값을 랜덤하게 생성합니다. 생성된 값이 0이면 newBlockType은 UPPER_BLOCK으로 설정하고 나머지는 LOWER_BLOCK으로 생성합니다. 현재 블록이 비어 있지 않으면 newBlockType으로 BLOCK_EMPTY를 설정합니다. random() 함수를 사용하여 블록을 유지하는 시간을 설정합니다.

325~328 버튼이 눌렸을 때 캐릭터의 위치가 런 상태의 두 번째 단계 이하인 경우 점프 상태의 첫 번째 단계로 변경하고 buttonPushed 변수를 false로 설정하여 버튼 입력을 처리했음을 나타냅니다.

330 drawHuman() 함수로 캐릭터를 그리고 충돌이 발생했는지 확인합니다. 만약 충돌되었다면 게임을 종료합니다.

333~334 캐릭터의 현재 상태가 런 상태의 두 번째 단계인 경우 다시 첫 번째 단계로 돌아갑니다.

335~337 캐릭터가 점프 중인 경우, 점프 중인 상태에서 아래쪽 블록이 비어 있지 않으면 상승 상태로 변경합니다.

338~340 캐릭터가 상승 상태에서 아래쪽 블록이 비어 있으면 점프 중인 상태로 변경합니다.

341~342 캐릭터가 상승 상태 두 번째 단계인 경우, 첫 번째 단계로 돌아갑니다.

343~344 그 외의 경우 캐릭터의 상태를 증가시켜 다음 상태로 진행합니다.

346 거리를 증가시킵니다.

348 100ms의 딜레이를 추가하여 게임 속도를 조절합니다.

05 프로젝트 작동해 보기

아두이노 회로 연결을 완성하고 코드를 업로드하는 단계입니다. 회로 연결이 완료된 후 코드를 업로드하면, 프로그램이 시작될 때 캐릭터가 뛰어다니는 모습과 오른쪽에서 왼쪽으로 이동하는 블록을 볼 수 있습니다. 캐릭터가 블록에 닿지 않도록 버튼을 눌러 점프를 시킬 수 있습니다. 또한, 아래쪽에 긴 블록이 나타날 경우 캐릭터를 위로 올려서 충돌을 피할 수 있도록 할 수 있습니다.

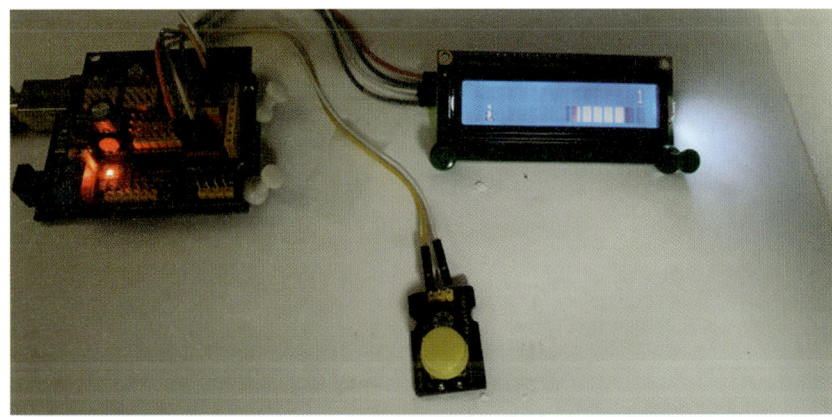

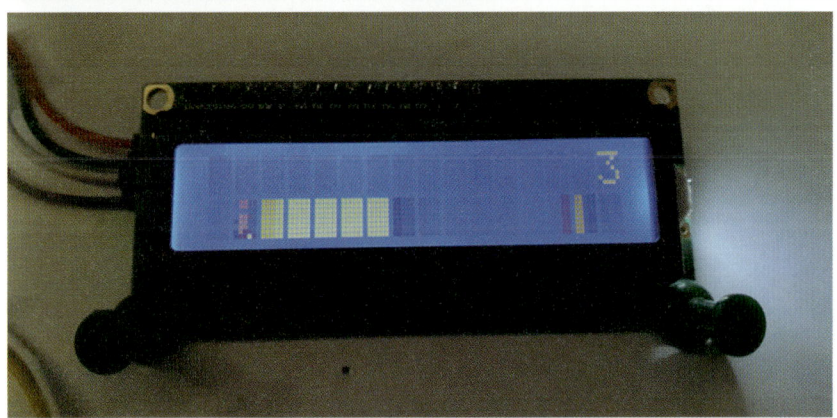

그림 7.10 프로젝트7 작동

아두이노 프로젝트 5 - LCD 버튼 게임　165

06 도전 퀴즈

프로젝트 7번에서 블록을 피하며 얼마나 오래 먼 거리를 갔는지 측정하는 게임을 만들었습니다. 이번 도전 퀴즈에서는 블록을 피하지 못하는 일정 횟수가 되면 게임이 종료되는 조건의 게임을 만들어 보려고 합니다.

게임을 만들기 위해 몇 가지 변경이 필요할 수 있습니다. 먼저 기존의 게임 루프에서 일정 횟수만큼 블록을 피하지 못하면 게임이 종료되도록 조건을 추가해야 합니다. 이를 위해 변수를 설정하고, 블록을 피하지 못할 때마다 해당 변수를 증가시키면 됩니다.

memo

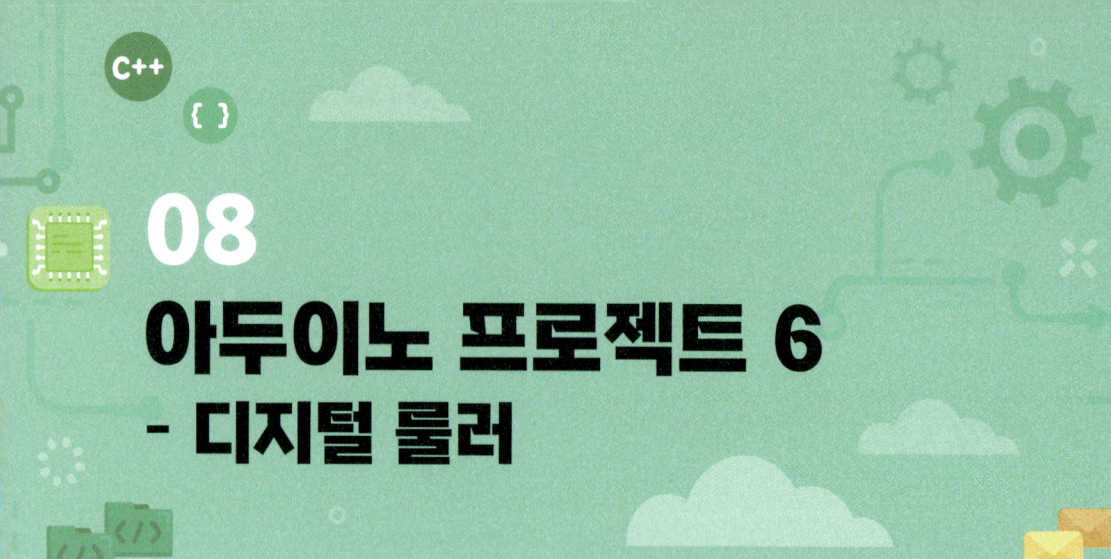

08 아두이노 프로젝트 6
- 디지털 룰러

학습요약	
학습 목표	초음파 센서와 LCD를 이용하여 디지털 룰러를 만들어 봅니다.
핵심 키워드	아두이노, 초음파 센서, LCD
준비물	아두이노 우노 USB2.0 A-B 케이블 아두이노 센서 쉴드 V5 I2C LCD 초음파 센서
학습 시간	1시간
학습 난이도	★★★☆☆

01 프로젝트 미리보기

일상생활에서 우리는 길이를 재는 일이 많이 있습니다. 신체에서 키와 발 길이를 재기도 하고 학교에서 달리기를 위해 거리를 재기도 합니다. 길을 찾기 위해 거리를 재기도 합니다. 이렇게 다양한 종류의 길이를 재기 위해 다양한 모양과 기능의 자(ruler)를 사용합니다. 길이를 부르는 단위도 다양합니다. 길이의 표준 단위는 미터(miter)법을 사용하지만 아직도 인치(inch)를 사용하거나 우리나라의 옛 길이 단위인 자를 사용하기도 합니다. 그래서 길이를 다양한 단위로 변환할 필요도 있습니다.

우리가 여섯 번째 프로젝트로 진행할 것은 디지털 룰러입니다. 디지털 룰러는 디지털 센서를 이용하여 길이를 측정하는 측정기입니다. 디지털 룰러는 LCD 화면에서 측정된 값이 디지털로 표시되어 정확하고 빠르게 측정이 가능합니다. 디지털 룰러는 USB나 블루투스와 같은 인터페이스를 이용해 컴퓨터나 스마트폰에 연결하여 측정된 데이터를 기록하거나 분석할 수 있습니다. 필요에 따라서 단위로 바로 변경할 수 있습니다. 디지털 룰러는 측정 범위, 정확도, 해상도, 연결 인터페이스 등 다양한 기능이 있어서 다양한 용도로 사용될 수 있습니다. 여섯 번째 프로젝트는 아두이노, 초음파 센서, LCD 모듈을 이용하여 디지털 룰러를 만들어 보겠습니다.

그림 8.1 길이 재기

02 프로젝트 준비하기

1. 부품 준비하기

아래의 표에 나와 있는 부품을 개수에 맞춰 준비합니다.

아두이노 우노 1개, 브레드보드 1개, I2C LCD 1개, 초음파 센서 1개, 케이블은 암수, 수수 케이블로 넉넉하게 준비합니다.

부품 이미지	부품명	개수
	아두이노 우노	1
	아두이노 센서 쉴드	1
	I2C LCD	1
	초음파 센서	1
	케이블(수수) 케이블(암수)	20 20

2. 부품 자세히 알아보기

프로젝트에 사용되는 부품을 살펴보겠습니다. 이전에 설명된 부품은 간략하게 정리하였습니다.

❶ 아두이노 센서 쉴드 V5

아두이노 센서 쉴드 V5는 여러 가지 센서 모듈들과 LCD 디스플레이를 포함하고 있는 쉴드입니다. 이 쉴드를 사용하면 아두이노 보드에 다양한 센서들을 쉽게 연결하고 데이터를 수집하고 표시할 수 있습니다.

❷ I2C LCD (Liquid Crystal Display)

I2C LCD는 I2C 통신 방식을 사용하는 LCD 모듈로, 라이브러리를 사용하여 아두이노와 연동하여 쉽게 활용할 수 있습니다.

❸ 초음파 센서

초음파 센서는 초음파를 이용하여 거리를 측정하는 센서입니다. 초음파는 사람이 들을 수 있는 가청주파수보다 커서 인간이 청각을 이용해 들을 수 없는 음파입니다. 약 20kHz 이상의 높은 주파수의 소리를 센서에서 발신하여 물체에 부딪히면서 반사된 신호를 다시 센서에서 수신하면서 시간 차이를 이용하여 물체까지의 거리를 계산합니다.

초음파 센서는 일반적으로 2개의 핀(Trigger 핀, Echo 핀)으로 이루어져 있습니다. Trigger 핀은 초음파를 발신하는 핀으로 일반적으로 디지털 출력 핀입니다. Echo 핀은 반사되어 돌아온 초음파를 수신하는 핀으로 일반적으로 디지털 입력 핀입니다.

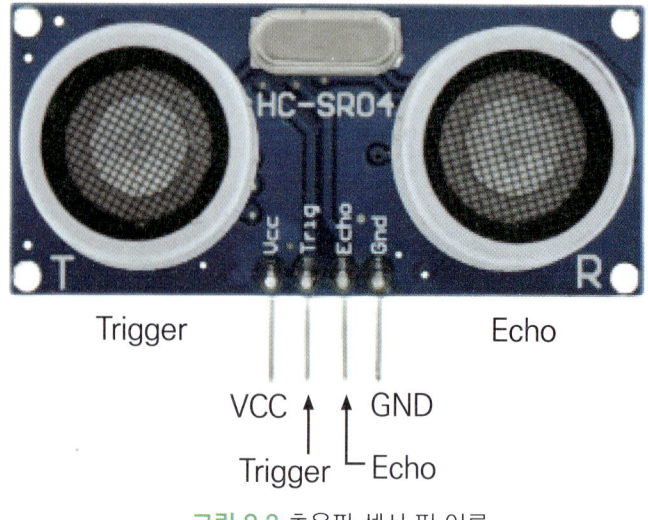

그림 8.2 초음파 센서 핀 이름

센서에서 Trigger 핀으로 10마이크로초 동안 High(1) 신호를 출력하고, 이후 Echo 핀에서 반사된 초음파가 수신될 때까지 대기합니다. 초음파가 수신되면 Echo 핀은 High(1) 신호가 출력됩니다. 이후 센서에서는 Echo 핀이 Low 신호가 될 때까지 대기하고, 이때까지의 시간을 측정합니다. 이를 이용하여 대상 물체와의 거리를 계산할 수 있습니다.

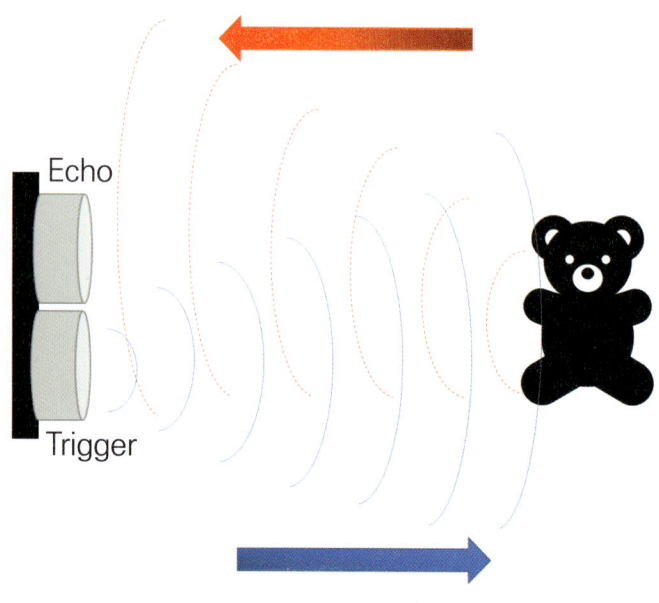

그림 8.3 초음파 센서 동작 구조

초음파 센서의 거리 계산은 다음과 같습니다.

> 거리 = (수신 시간 x 초음파의 속력)/2
>
> · 대기 중에 초음파의 속력은 약 340m/s입니다.
> · 2로 나누는 이유는 송신한 초음파가 대상물과 충돌한 후 다시 센서까지 돌아오는 거리를 계산하기 위함입니다.

03 회로 연결하기

아두이노와 초음파 센서, 그리고 I2C통신을 지원하는 LCD를 아두이노 센서 쉴드 V5를 통하여 연결합니다. 초음파 센서는 VCC, GND, TRIG, ECHO 4개의 핀을 가지고 있고 TRIG 핀은 A2번, ECHO 핀은 A3번 핀과 연결합니다. LCD의 SDA 핀은 I2C Port와 연결합니다.

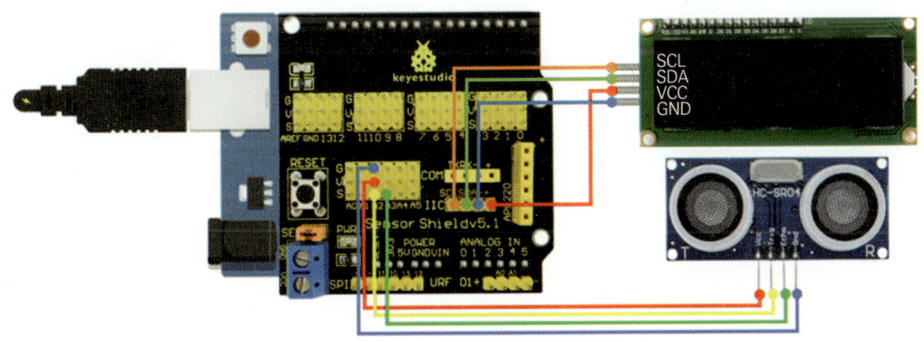

그림 8.4 디지털 룰러 회로도

아두이노 센서 쉴드	부품
I2C SCL	I2C LCD SCL
I2C SDA	I2C LCD SDA
I2C 5V	I2C LCD VCC
I2C GND	I2C LCD GND
ANALOG PIN2	초음파 센서 TRIG
ANALOG PIN3	초음파 센서 ECHO
VCC	초음파 센서 VCC
GND	초음파 센서 GND

04 프로젝트 코딩하기

초음파 센서는 TRIG핀에서 전송 신호를 보내고, 이후 ECHO 핀에서 받은 신호를 이용하여 거리를 계산합니다. 계산된 값을 LCD에 출력하기 위해 I2C 통신 모듈을 사용하여 LCD를 초기화하고 출력합니다. 이때 LCD의 첫 번째 줄과 두 번째 줄에 각각 cm 단위의 거리와 inch 단위의 거리를 출력합니다.

1. 전체 코드

```
// chap 8. Digital ruler

#include <Wire.h>
#include <LiquidCrystal_I2C.h>

LiquidCrystal_I2C lcd(0x27, 16, 2); // I2C 통신 모듈의 주소와 LCD 크기(16x2) 설정

int trigPin = A2;
int echoPin = A3;
long duration, cm, inches;

void setup( ){
  pinMode(trigPin, OUTPUT);
  pinMode(echoPin, INPUT);
  lcd.init( ); // LCD 초기화
  lcd.backlight( ); // 백라이트 켜기
}

void loop( ){
  digitalWrite(trigPin, LOW);
  delayMicroseconds(2);
  digitalWrite(trigPin, HIGH);
  delayMicroseconds(10);
  digitalWrite(trigPin, LOW);
  duration = pulseIn(echoPin, HIGH);
  cm = duration / 29 / 2;
  inches = duration / 74 / 2;
  lcd.clear( ); // 이전에 출력한 값 지우기
  lcd.setCursor(0, 0);
  lcd.print("Distance: ");
  lcd.print(cm);
  lcd.print(" cm");
  lcd.setCursor(0, 1);
  lcd.print("Distance: ");
  lcd.print(inches);
  lcd.print(" in");
  delay(100); // 0.1초 대기
}
```

코드 8.1 프로젝트 전체 코드

2. 코드 설명

3 Wire 라이브러리를 불러옵니다.

4 LiquidCrystal_I2C 라이브러리를 불러옵니다.

6 I2C 통신 모듈의 주소와 LCD 크기(16×2)를 설정하여 객체를 선언합니다.

8 초음파 센서에서 trigger 핀에 해당하는 아두이노 핀 번호를 A2로 설정합니다.

9 초음파 센서에서 echo 핀에 해당하는 아두이노 핀 번호를 A3로 설정합니다.

10 펄스 신호를 계산할 변수들을 초기화합니다.

12 void setup( ) 함수를 시작합니다.

13 trigger 핀을 출력으로 설정합니다.

14 echo 핀을 입력으로 설정합니다.

15 LCD를 초기화합니다.

16 LCD 백라이트를 켭니다.

19 void loop( ) 함수를 시작합니다.

20 trigger 핀을 LOW(0)로 설정합니다.

21 2마이크로초 대기합니다.

22 trigger 핀을 HIGH(1)로 설정합니다.

23 10마이크로초 대기합니다.

24 trigger 핀을 LOW(0)로 설정합니다.

25 echo 핀에서 펄스를 읽어 들이고, 그 펄스의 길이(마이크로초)를 duration 변수에 저장합니다.

26 duration값을 이용해 센서와 물체 사이의 거리를 센티미터 단위로 계산하고, 그 값을 cm 변수에 저장합니다.

27 duration값을 이용해 센서와 물체 사이의 거리를 인치 단위로 계산하고, 그 값을 inches 변수에 저장합니다.

28 LCD에 이전에 출력한 내용을 지웁니다.

29 LCD 커서를 첫 번째 줄의 첫 칸으로 이동시킵니다.

30 "Distance: " 문자열을 출력합니다.

31 센서와 물체 사이의 거리를 출력합니다.
32 "cm" 문자열을 현재 커서 위치에 출력합니다.
33 커서를 두 번째 라인 첫 번째 칸으로 이동합니다.
34 "Distance: " 문자열을 현재 커서 위치에 출력합니다.
35 inches 변수에 저장된 거리값을 현재 커서 위치에 출력합니다.
36 "in" 문자열을 현재 커서 위치에 출력합니다.
37 0.1초 동안 프로그램 실행을 멈춥니다.

05 프로젝트 작동해 보기

회로 연결과 코드 작성이 완성되었으면 아두이노와 컴퓨터를 연결하여 코드를 업로드합니다. 초음파 센서를 움직이면서 물체와의 거리를 측정해 봅니다.

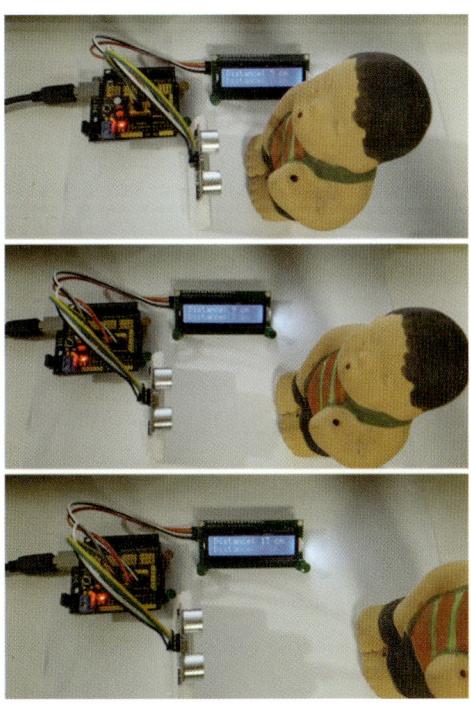

그림 8.5 프로젝트 실행하기

06 도전 퀴즈

디지털 룰러의 확장 프로그램으로 측정 가능한 거리 범위를 넓혀 봅시다. 예를 들어, 우리가 사용한 초음파 센서의 최대 측정 거리는 약 4m 정도입니다. 이를 더 넓혀 보면, 다른 센서를 사용하거나 더 나은 성능의 초음파 센서를 찾아서 최대 측정 가능한 거리를 측정해 보는 것입니다. 또는 다양한 거리에서 측정한 값을 토대로 측정 오차를 계산해 보는 것도 재미있을 것입니다. 예를 들어, 1m 거리에서 측정한 결과와 2m 거리에서 측정한 결과의 차이가 얼마나 나는지 계산해 보는 것입니다. 이를 통해 센서의 정확도와 오차 범위를 확인할 수 있습니다.

memo

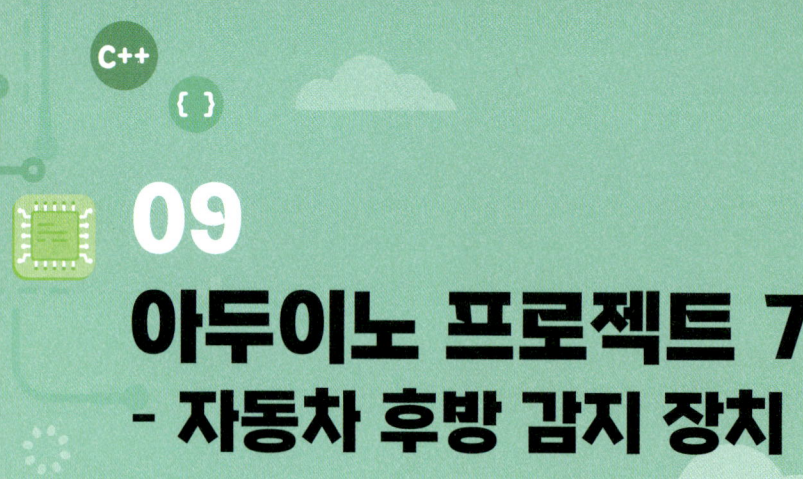

09
아두이노 프로젝트 7
- 자동차 후방 감지 장치

학습요약	
학습 목표	초음파 센서를 사용하여 거리를 측정하고 거리에 따라 LED를 켜고 부저를 통해 소리를 내어 봅니다.
핵심 키워드	아두이노, 초음파 센서, LED, 액티브 부저
준비물	아두이노 우노 USB2.0 A-B 케이블 아두이노 센서 쉴드 V5 브레드 보드 초음파 센서 빨간색 LED 노란색 LED 파란색 LED 액티브 부저
학습 시간	1시간
학습 난이도	★★★☆☆

01 프로젝트 미리보기

자동차 후방 감지 센서는 차량의 후방에 설치되 거리를 측정하는 장치입니다. 주로 초음파 센서를 사용하여 후방의 장애물과의 거리를 감지합니다. 후방 감지 센서를 장착하면 주행 중에 차량의 후방에 어떤 장애물이 있으면 들어오는 초음파 신호를 받아서 그 거리를 측정한 후 운전자에게 알려 줍니다. 이러한 후방 감지 센서는 주차할 때 유용하게 사용됩니다. 주차할 때 차량 후방으로 움직이는 것이 안전하지 않을 때 센서가 알려 주어 더욱 안전하게 주차할 수 있습니다. 프로젝트 7에서는 차량이 다가오면 거리를 측정하여 적절한 거리에 따라 LED를 켜고 부저를 울려 경고음을 낼 수 있도록 구성하여 진행하겠습니다.

그림 9.1 자동차 후방 감지 장치

02 프로젝트 준비하기

1. 부품 준비하기

아래의 표에 나와 있는 부품을 개수에 맞춰 준비합니다. 아두이노 우노 1개, 브레드보드 1개, 아두이노 센서 쉴드 1개, 초음파 센서 1개, 액티브 부저 1개, 케이블은 넉넉하게 준비합니다.

부품 이미지	부품명	개수
	아두이노 우노	1
	브레드 보드	1
	아두이노 센서 쉴드 V5	1
	초음파 센서	1
	액티브 부저	1
	220Ω 저항	6
	케이블(수수) 케이블(암수)	20 20

2. 부품 자세히 알아보기

프로젝트에 사용되는 주요 부품을 살펴보겠습니다.

❶ 액티브 부저

액티브 부저는 소리 발생기가 내장되어 있어 외부로부터 입력 신호를 받아서 일정한 주파수의 사운드를 발생시킵니다. 3V~5V의 전원을 인가해 주면 스스로 소리를 낼 수 있습니다. 액티브 부저는 주파수와 음량들을 조절할 수 있으며, 소리의 높낮이를 결정해 주는 주파수는 부저의 내부 회로에서 생성됩니다. 부저에 입력되는 외부 신호는 내부 회로에서 주파수와 음량을 조정하여 사운드를 발생시키고, 다양한 음악, 경보음, 경고음 등을 만들어 낼 수 있습니다. 액티브 부저는 저비용으로 쉽게 구할 수 있어 아두이노와 함께 사용하여 음악 재생, 경보 시스템, 경고 장치 등에 활용됩니다.

액티브 부저를 사용할 수 있는 간단한 프로그램을 연습해 보겠습니다.

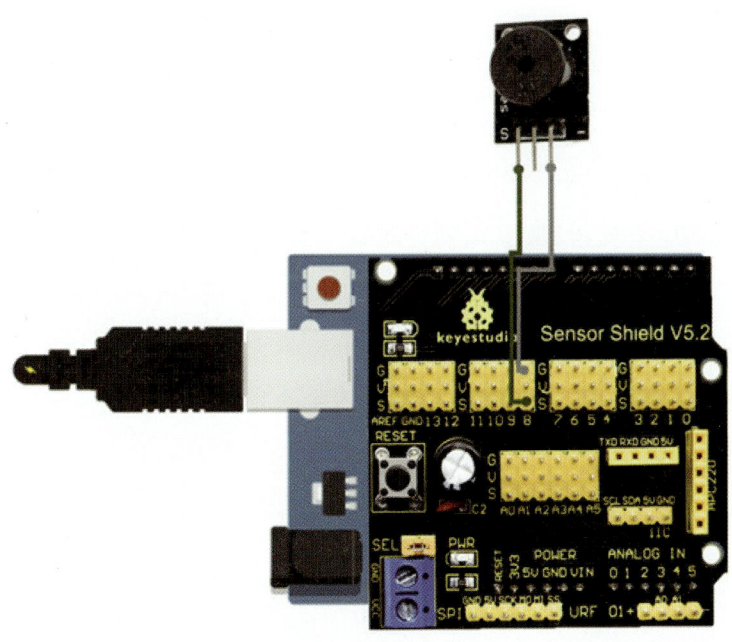

그림 9.2 액티브 부저 회로도

```
1   // Active buzze sample code
2   int buzzerPin = 8;
3   // 음계 배열
4   int notes[] = {262, 294, 330, 349, 392, 440, 494, 523};
5   void setup( ){
6     // 부저 핀을 출력으로 설정
7     pinMode(buzzerPin, OUTPUT);
8   }
9   void loop( ){
10    // 8개의 음계를 반복해서 출력
11    for (int i = 0; i < 8; i++){
12      // 음계 출력
13      tone(buzzerPin, notes[i]);
14      // 0.5초 대기
15      delay(500);
16      // 부저 정지
17      noTone(buzzerPin);
18      // 0.1초 대기
19      delay(100);
20    }
21  }
```

코드 9.1 액티브 부저 예제 코드

2 부저 핀을 8번 핀으로 설정합니다.

4 음계(도, 레, 미, 파, 솔, 라, 시, 도) 배열을 선언합니다.

5 void setup( ) 함수를 시작합니다.

6~8 부저 핀을 출력으로 설정합니다.

9 void loop( ) 함수를 시작합니다.

11 8개의 음계를 반복해서 출력하는 반복문입니다.

13 buzzerPin 핀에서 notes[i]의 주파수의 음계를 출력합니다.

15 0.5초 대기합니다.

17 부저를 정지합니다.

19 0.1초 대기합니다.

03 회로 연결하기

초음파 센서, 빨간색 LED 2개, 노란색 LED 2개, 파란색 LED 2개와 액티브 부저를 아래 그림과 같이 연결합니다.

초음파 센서의 VCC 핀은 5V 핀에 연결하고 GND는 GND 핀에 연결합니다. 초음파 센서의 Trig 핀은 아두이노 디지털 핀 12번 핀에 연결하고, Echo 핀은 11번 핀에 연결합니다. 빨간색 LED 2개, 노란색 LED 2개, 파란색 LED 2개는 디지털 핀 2번부터 7번까지 순서대로 연결합니다. 액티브 부저의 +핀은 디지털 8번 핀과 연결하고 -핀은 GND 핀에 연결합니다.

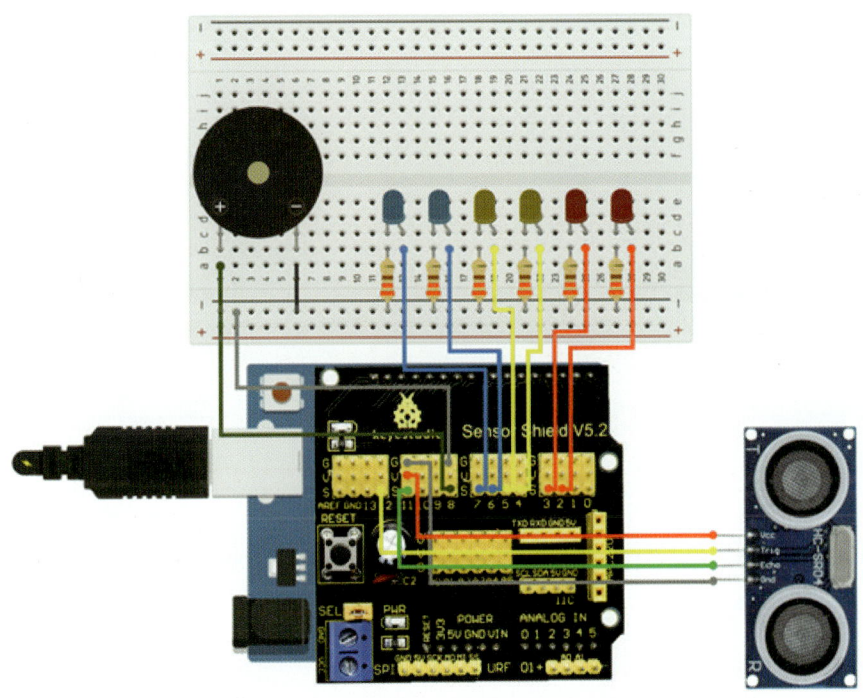

그림 9.3 자동차 후방 감지 장치 회로도

아두이노 센서 쉴드	부품
PIN 2	RED LED 1
PIN 3	RED LED 2
PIN 4	YELLOW LED1
PIN 5	YELLOW LED2
PIN 6	BLUE LED1
PIN 7	BLUE LED2
PIN 8	푸시 버튼 S
PIN 12	초음파 센서 TRIG
PIN 11	초음파 센서 ECHO
VCC	초음파 센서 VCC
GND	초음파 센서 GND

04 프로젝트 코딩하기

이 코드는 초음파 센서, LED, 액티브 부저를 이용하여 차량이 다가올 때 거리를 측정하여 적절한 거리에 따라 LED를 켜고 부저를 울려 경고음을 내는 프로그램입니다.

각 핀의 입력 또는 출력을 초기화하고, 거리를 출력하기 위해 시리얼 통신도 설정합니다. 초음파 센서의 Trig 핀을 LOW 상태로 초기화한 후 딜레이를 이용하여 2마이크로초 동안 대기합니다. 그 후 Trig 핀을 HIGH 상태로 만들어 초음파를 발사한 다음, 10마이크로초 동안 유지한 후 다시 LOW로 만듭니다. 이후 Echo 핀으로부터 나오는 펄스의 길이를 측정하여 거리를 변수에 저장합니다.

거리에 따른 경고음을 출력합니다. 거리가 15cm 이하인 경우, 빨간색 LED를 모두 켜고 부저를 1000Hz 주파수로 올리고 100ms 동안 울리도록 합니다. 그리고 부저를 끄고 100ms 동안 대기합니다. 거리가 15cm 초과 20cm 이하인 경우, 노란색 LED를 모두 켜고 부저를 500Hz 주파수로 울리며, 300ms 동안 유지합니다. 그 후, 부저를 끄고 300ms 동안 대기합니다. 거리가 20cm 초과인 경우 파란색 LED를 모두 켜고 부저를 끕니다.

1. 전체 코드

```
1   // chap9. car reverse sensor
2
3   // 핀 선언
4   int redLed1 = 2;
5   int redLed2 = 3;
6   int yellowLed1 = 4;
7   int yellowLed2 = 5;
8   int blueLed1 = 6;
9   int blueLed2 = 7;
10  int buzzerPin = 8;
11  int trigPin = 12;
12  int echoPin = 11;
13
14  // 거리 측정 변수
15  long duration;
16  int distance;
17
18  void setup( ){
19    // 핀 초기화
20    pinMode(redLed1, OUTPUT);
21    pinMode(redLed2, OUTPUT);
22    pinMode(yellowLed1, OUTPUT);
23    pinMode(yellowLed2, OUTPUT);
24    pinMode(blueLed1, OUTPUT);
25    pinMode(blueLed2, OUTPUT);
26    pinMode(trigPin, OUTPUT);
27    pinMode(echoPin, INPUT);
28    pinMode(buzzerPin, OUTPUT);
29    Serial.begin(9600);
30  }
31  void loop( ){
32    // 초음파 센서로 거리 측정
33    digitalWrite(trigPin, LOW);
34    delayMicroseconds(2);
35    digitalWrite(trigPin, HIGH);
36    delayMicroseconds(10);
37    digitalWrite(trigPin, LOW);
38    duration = pulseIn(echoPin, HIGH);
39    distance = duration * 0.034 / 2;
40    Serial.print("distance:");
41    Serial.println(distance);
```

```
42    // 거리에 따른 경고음 출력
43    if (distance <= 15){
44      digitalWrite(redLed1, HIGH);
45      digitalWrite(redLed2, HIGH);
46      digitalWrite(yellowLed1, LOW);
47      digitalWrite(yellowLed2, LOW);
48      digitalWrite(blueLed1, LOW);
49      digitalWrite(blueLed2, LOW);
50      tone(buzzerPin, 1000);
51      delay(100);
52      noTone(buzzerPin);
53      delay(100);
54    }else if (distance <= 20){
55      digitalWrite(redLed1, LOW);
56      digitalWrite(redLed2, LOW);
57      digitalWrite(yellowLed1, HIGH);
58      digitalWrite(yellowLed2, HIGH);
59      digitalWrite(blueLed1, LOW);
60      digitalWrite(blueLed2, LOW);
61      tone(buzzerPin, 500);
62      delay(300);
63      noTone(buzzerPin);
64      delay(300);
65    }else {
66      digitalWrite(redLed1, LOW);
67      digitalWrite(redLed2, LOW);
68      digitalWrite(yellowLed1, LOW);
69      digitalWrite(yellowLed2, LOW);
70      digitalWrite(blueLed1, HIGH);
71      digitalWrite(blueLed2, HIGH);
72      noTone(buzzerPin);
73    }
74    // 거리 측정 주기
75    delay(200);
76 }
```

코드 9.2 프로젝트 전체 코드

4~12 빨간색 LED 2개, 노란색 LED 2개, 파란색 LED 2개, 초음파 센서, 액티브 부저를 제어하기 위한 변수를 선언합니다.

15 초음파가 반사되어 돌아오는 시간을 저장하기 위한 변수를 선언합니다.

16 거리를 저장하기 위한 변수를 선언합니다.

18 void setup( ) 함수를 시작합니다.

20~28 LED는 출력, 초음파 센서의 Trig 핀은 출력, Echo 핀은 입력으로 선언합니다. 부저는 출력 핀으로 선언합니다.

29 시리얼 통신을 초기화합니다. 이는 컴퓨터와 Arduino 간 통신을 가능하게 합니다. 9600은 통신 속도를 나타냅니다.

31 void loop( ) 함수를 시작합니다.

33~37 초음파 센서로 측정을 시작하기 전에 trigPin을 LOW로 설정하여 신호를 초기화합니다.

trigPin 신호를 LOW로 설정한 후 2마이크로초 동안 기다립니다.

trigPin 신호를 HIGH로 설정합니다.

trigPin 신호를 HIGH로 설정한 후 10마이크로초 동안 기다립니다.

trigPin 신호를 다시 LOW로 설정합니다.

38 pulseIn( ) 함수를 사용하여 초음파가 다시 센서에 도달하는 시간을 측정합니다. 이 시간은 초음파가 반사되어 돌아오는 데 걸린 시간입니다.

39 측정된 시간값을 이용하여 센서와 물체 간의 거리를 계산합니다.

40~41 거리값을 시리얼 모니터에 출력하기 위한 텍스트를 출력합니다.

측정된 거리값을 시리얼 모니터에 출력합니다.

43~53 만약 거리가 15cm 이하이면, 아래의 코드를 실행합니다.

44~49 빨간색 LED 1번 핀과 2번 핀을 켭니다. 노란색 LED 1번 핀과 노란색 2번 핀을 끕니다. 파란색 LED 1번 핀과 2번 핀을 끕니다.

50~53 부저를 울리기 위해 부저를 1kHz 주파수로 울리고, 100ms초 동안 기다렸다 부저 끕니다. 그리고 100ms 동안 기다립니다.

54 만약 거리가 20cm 이하이면, 아래의 코드를 실행합니다.

55~60 빨간색 LED 1번 핀과 2번 핀을 끕니다. 노란색 LED 1번 핀과 노란색 2번 핀을 켭니다. 파란색 LED 1번 핀과 2번 핀을 끕니다.

61~64 부저를 500Hz 주파수로 울린 후 300ms 동안 기다렸다 부저를 끕니다. 그리고 300ms 동안 기다립니다.

65 거리가 20cm 이상이면, 아래의 코드를 실행합니다.

`66~72` 빨간색 LED 1번 핀과 2번 핀을 끕니다. 노란색 LED 1번 핀과 노란색 2번 핀을 끕니다. 파란색 LED 1번 핀과 2번 핀을 켭니다.
`75` 200ms 기다립니다.

05 프로젝트 작동해 보기

회로와 코드를 완성한 후, 아두이노와 컴퓨터를 연결하여 코드를 업로드합니다. 자동차를 움직여 초음파 센서와 거리를 조정하면서 거리에 따라 순서대로 LED가 켜지는 것과 부저 소리가 발생하는 것을 확인합니다.

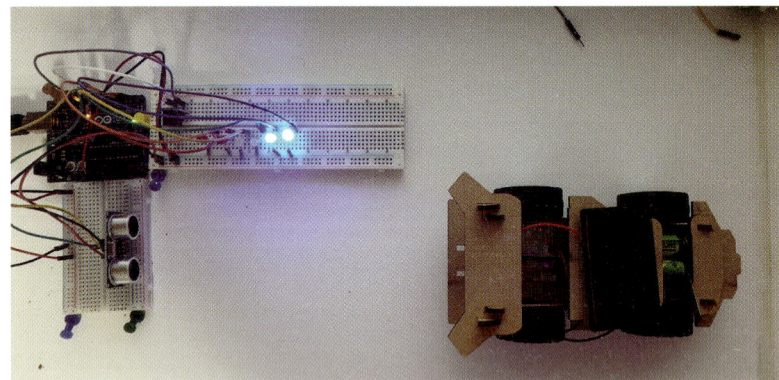

20cm 이상

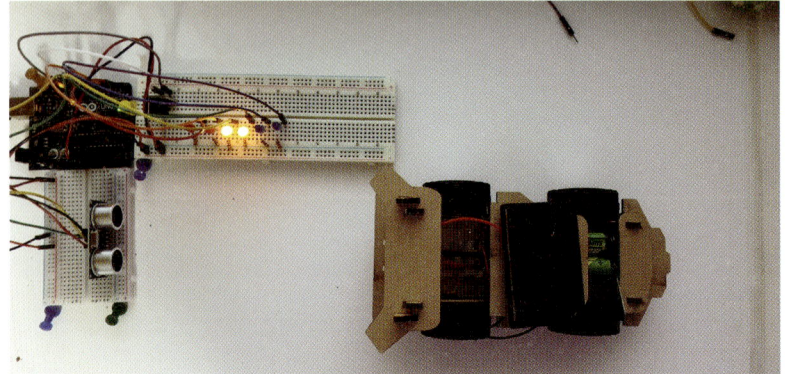

15cm~20cm

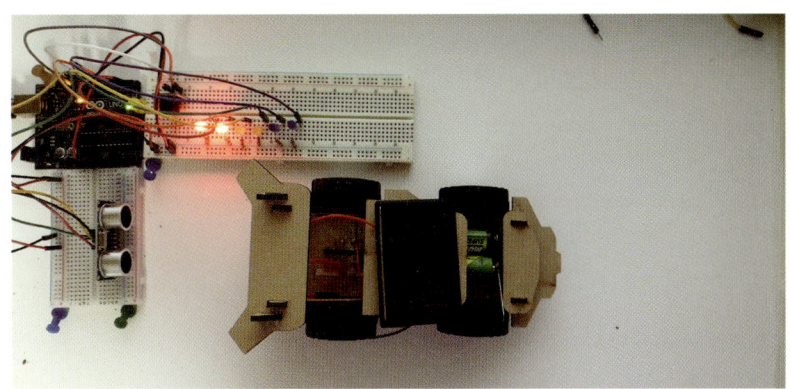

15cm 이하

그림 9.4 프로젝트 작동하기

06 도전 퀴즈

코드를 보완하여 거리의 단위를 더 세분화하고, 거리에 따라 LED가 순차적으로 켜지거나 꺼지도록 하는 기능을 추가합니다. 또한, 부저 음과 속도를 거리에 따라 변화시켜 프로젝트의 다양한 활용성을 높여 봅시다.

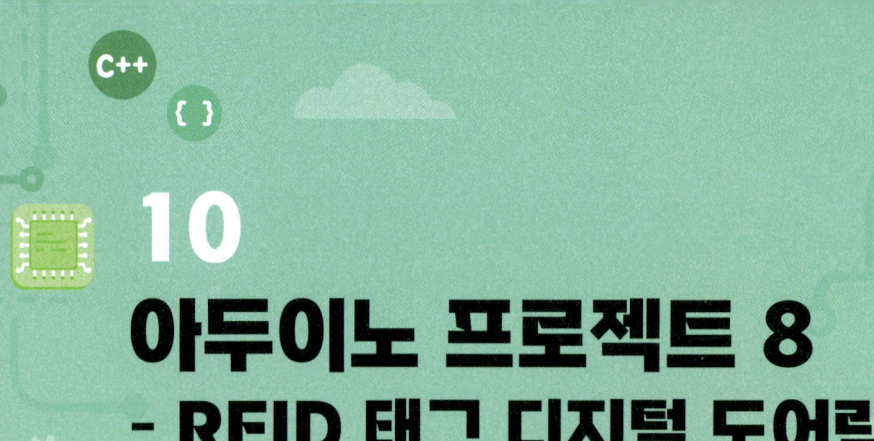

10
아두이노 프로젝트 8
- RFID 태그 디지털 도어락

학습요약	
학습 목표	RFID와 서보모터를 이용하여 디지털 도어락을 만들어 봅니다.
핵심 키워드	아두이노, RFID, 서보모터, 디지털 도어락
준비물	아두이노 우노 브레드 보드 USB2.0 A-B 케이블 점퍼 케이블 RFID (납땜 된 것) 빨간색 LED 파란색 LED 액비트 부저 서보모터
학습 시간	1시간 30분
학습 난이도	★★★★☆

01 프로젝트 미리보기

RFID는 무선 주파수를 이용해 태그에 저장된 정보를 읽어 오는 기술입니다. RFID 시스템은 태그, 리더기 및 호스트 컴퓨터로 구성됩니다. 태그는 고유한 ID를 가지며, 주로 물건 또는 물체에 부착됩니다. 호스트 컴퓨터는 리더와 통신하여 읽어 온 정보를 처리하고 필요한 경우 데이터베이스에 저장합니다.

RFID 기술은 다음과 같은 다양한 분야에서 활용됩니다.

· 물류 및 운송 산업 : 제품 추적 및 인벤토리 관리를 위한 활용
· 도서관 : 책의 대출 및 반납을 자동화하고, 도서 위치 추적에 사용
· 의료 산업 : 환자의 의료 정보를 기록하고 관리하기 위해 사용
· 동물 관리 : 가축, 반려동물 등의 식별을 위해 사용
· 공공 안전 : 출입 통제, 교통 체계 관리, 도시 보안 관리 등 다양한 용도로 활용

그림 10.1 RFID를 이용한 출입 시스템

그 외 교통카드, 모바일카드, 신분증, 여권, 하이패스, 비접촉 결제 서비스 등 실생활에 다양하게 사용되고 있습니다.

여덟 번째 프로젝트는 RFID 태그 인식을 통해 디지털 도어락을 제작하는 프로젝트입니다. 이 프로젝트에서는 RFID 태그를 인식하면 빨간색 LED가 꺼지고 파란색 LED가 켜지며 부저와 서보모터가 작동하여 도어락이 열리게 됩니다. 이를 통해 보안 시스템을 구현할 수 있습니다.

02 프로젝트 준비하기

1. 부품 준비하기

아래의 표에 나와 있는 부품을 개수에 맞춰 준비합니다.

부품 이미지	부품명	개수
	아두이노 우노	1
	브레드보드	1
	빨간색 LED 파란색 LED	1 1
	액티브 부저	1

	부품명	수량
	RFID 태그	1
	RFID 카드	1
	서보모터	1
	220Ω 저항	2
	케이블(수수) 케이블(암수)	20

2. 부품 자세히 알아보기

❶ RFID 태그와 카드

RFID는 "Radio Frequency Identification"의 약어로, 무선 주파수를 이용하여 데이터를 전송하는 기술입니다. 일반적으로 RFID 시스템은 RFID 태그(또는 카드)와 RFID 리더(또는 리더/라이터)로 구성되며, 태그는 작은 칩과 안테나로 구성되어 있습니다.

RFID 기술은 다양한 분야에서 사용되며 물류, 운송, 보안, 출입 제어, 자동화, 생산 관리, 동물 추적 등이 그 예입니다. 식품, 의약품, 옷감, 자동차 부품 등 다양한 물체나 사람의 신분증, 동물 등에 적용될 수 있습니다. 또한 RFID 시스템은 생산 라인, 창고, 물류 센터, 대중 교통 등 다양한 장소에서 사용될 수 있습니다.

❷ 서보모터

서보모터(Servo motor)는 위치 제어 시스템과 모터가 결합된 장치로, 지정된 위치로 회전하거나 움직이도록 설계된 모터입니다. 이를 위해 PWM(Pulse Width Modulation) 신호를 이용하여 각도나 위치를 조절할 수 있으며, 각도는 일반적으로 0~180도 범위 내에서 조절됩니다. 일반적으로 RC 모델, 자동차, 로봇, 드론 등에서 사용되며, 특히 로봇 공학 분야에서 많이 사용됩니다. 서보모터는 정확한 위치 제어가 가능하며, 다양한 산업 분야에서 사용됩니다. 일반적으로 3개의 핀(전원, 그라운드, 제어 핀)으로 구성되어 있으며, 제어 핀을 제어하는 PWM 신호는 일정한 주기와 펄스 폭으로 구성되어 있으며, 펄스 폭의 길이에 따라 서보모터의 각도나 위치가 결정됩니다.

3. 소프트웨어 준비하기

이번 챕터에서는 RFID 라이브러리를 사용할 것입니다. 그래서 아두이노 IDE 2의 라이브러리 매니저에서 "RFID MFRC522"를 검색합니다.

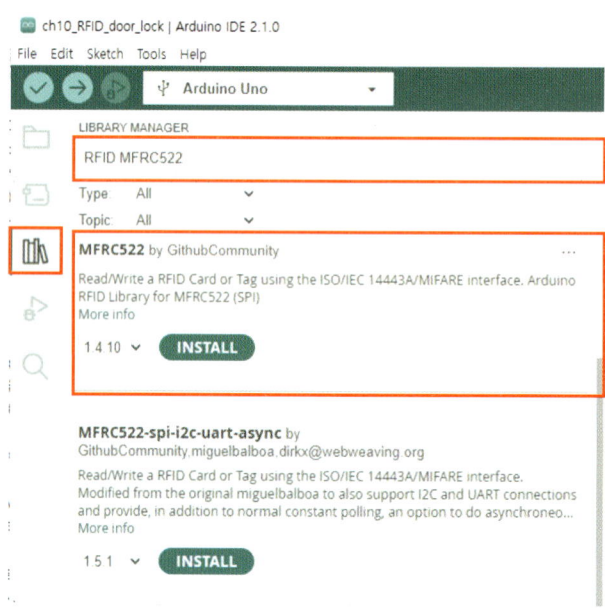

그림 10.2 RFID 라이브러리 설치

RFID 라이브러리를 설치하고 카드의 값을 확인할 수 있는 예시 코드를 수행하겠습니다. RFID 태그의 회로 연결은 그림 10.4와 같습니다.

RFID 모듈	아두이노
3.3V	3.3V
RST	9번
GND	GND
IRQ	-
MISO	12번
MOSI	11번
SCK	13번
SDA	10번

그림 10.3 RFID 모듈 핀과 아두이노 핀 연결

그림 10.4 RFID 모듈 샘플 회로도

```arduino
1  // MFID 태크 Sample code
2  
3  #include <SPI.h>
4  #include <MFRC522.h>
5  
6  #define RST_PIN    9
7  #define SS_PIN     10
8  
9  MFRC522 mfrc522(SS_PIN, RST_PIN);   // MFRC522 인스턴스 생성
10 
11 void setup( ){
12   Serial.begin(9600);              // 시리얼 통신 초기화
13   SPI.begin( );                    // SPI 버스 초기화
14   mfrc522.PCD_Init( );             // MFRC522 초기화
15   Serial.println("Place your card near the reader...");
16   Serial.println( );
17 }
18 
19 void loop( ){
20   // 카드 검색
21   if ( ! mfrc522.PICC_IsNewCardPresent( )){
22     return;
23   }
24   // 카드 선택
25   if ( ! mfrc522.PICC_ReadCardSerial( )){
26     return;
27   }
28   // UID 출력
29   Serial.print("UID tag : ");
30   String uidString = "";
31   for (byte i = 0; i < mfrc522.uid.size; i++){
32     uidString.concat(String(mfrc522.uid.uidByte[i] < 0x10 ? "0" :
33     uidString.concat(String(mfrc522.uid.uidByte[i], HEX));
34     uidString.toUpperCase( );
35   }
36   Serial.println(uidString);
37 
38   // 미리 등록된 카드인지 확인
39   if (uidString == "DA0418B1"){
40     Serial.println("Authorized access");
41   }else {
42     Serial.println("Unauthorized access");
43   }
44 
```

```
45    Serial.println( );
46    delay(2000);
47  }
```

코드 10.1 MFID 태크 예제 코드

3 SPI 통신 라이브러리를 포함합니다.

4 MFRC522 라이브러리를 포함합니다.

6 RST핀의 번호를 9로 정의합니다.

7 SS핀의 번호를 10으로 정의합니다.

9 MFRC522 인스턴스를 생성합니다.

11 void setup( ) 함수를 시작합니다.

12 시리얼 통신을 초기화합니다.

13 SPI 버스를 초기화합니다.

14 MFRC522를 초기화합니다.

15~16 카드를 리더기 근처에 위치시키라는 메시지를 시리얼 모니터에 출력합니다.

19 void loop( ) 함수를 시작합니다.

21~23 새로운 카드가 없으면 loop( ) 함수를 종료합니다.

25~27 카드의 UID를 읽을 수 없으면 loop( ) 함수를 종료합니다.

29 "UID tag : "라는 문자열을 시리얼 모니터에 출력합니다.

30 UID를 저장할 수 있는 uidString 변수를 생성합니다.

31 카드의 UID 크기만큼 반복문을 실행하며

32 0×10보다 작은 경우 "0"을 추가하고, 그렇지 않으면 아무것도 추가하지 않습니다.

33 HEX 형식으로 uidByte[i] 값을 추가합니다.

34 uidString의 모든 문자를 대문자로 변경합니다.

36 uidString을 시리얼 모니터에 출력합니다. 출력된 UID 값을 확인하여 갖고 있는 RFID 카드의 UID를 확인합니다.

39~43 미리 등록된 카드인지 확인을 합니다. uidString이 "DA0418B1"과 같으면 미리 등록된 카드이며 "Authorized access"라는 메시지를 시리얼 모니터에 출력합니다. 그렇지 않으면 "Unauthorized access"라는 메시지를 시리얼 모니터에 출력합니다.

그림 10.5 RFID 모듈 테스트 카드 넘버 확인

03 회로 연결하기

그림 10.6과 같이 아두이노와 RFID 모듈, 서보모터, LED, 부저를 연결합니다. RFID 모듈의 각 핀은 그림 10.3과 같이 연결하고, 빨간색 LED는 7번, 파란색 LED는 6번, 부저는 8번, 서보모터는 5번에 연결합니다.

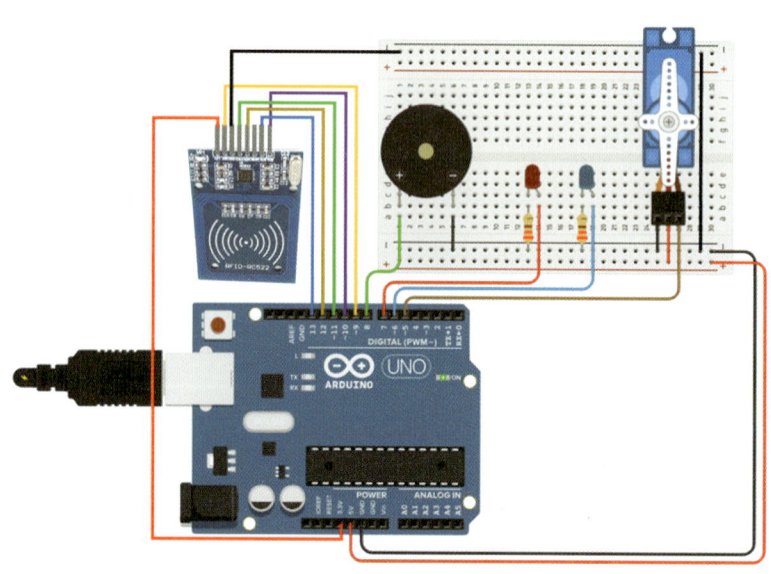

그림 10.6 RFID 태그 디지털 도어락 회로도

아두이노	부품
PIN 5	SERVO
PIN 6	BLUE LED
PIN 7	RED LED
PIN 8	BUZZER
PIN 9	RFID 태그 RST
PIN 10	RFID 태그 SDA
PIN 11	RFID 태그 MOSI
PIN 12	RFID 태그 MISO
PIN 13	RFID 태그 SCK
3.3V	RFID 태그 VCC
GND	RFID 태그 GND

04 프로젝트 코딩하기

1. 전체 코드

```
1  // chap10. RFID 태그 디지털 도어락
2
3  #include <SPI.h>
4  #include <MFRC522.h>
5  #include <Servo.h>
6
7  #define RST_PIN 9
8  #define SS_PIN 10
9  MFRC522 mfrc522(SS_PIN, RST_PIN);   // MFRC522 인스턴스 생성
10
11 int buzzerPin = 8;
12 int redLED    = 7;
13 int blueLED   = 6;
14 int servoPin =5;
15
```

```
16  Servo myservo;  // 서보모터 인스턴스 생성
17  void setup( ){
18    Serial.begin(9600);            // 시리얼 통신 초기화
19    SPI.begin( );                  // SPI 버스 초기화
20    mfrc522.PCD_Init( );           // MFRC522 초기화
21
22    pinMode(buzzerPin,OUTPUT);
23    pinMode(redLED,OUTPUT);
24    pinMode(blueLED,OUTPUT);
25
26    myservo.attach(servoPin);
27    myservo.write(0);
28
29    Serial.println("Place your card near the reader...");
30    Serial.println( );
31  }
32
33  void loop( ){
34    // 카드 검색
35    if ( ! mfrc522.PICC_IsNewCardPresent( )){
36      return;
37    }
38    // 카드 선택
39    if ( ! mfrc522.PICC_ReadCardSerial( )){
40      return;
41    }
42    // UID 출력
43    Serial.print("UID tag : ");
44    String uidString = "";
45    for (byte i = 0; i < mfrc522.uid.size; i++){
46      uidString.concat(String(mfrc522.uid.uidByte[i] < 0x10 ? "0" : ""));
47      uidString.concat(String(mfrc522.uid.uidByte[i], HEX));
48      uidString.toUpperCase( );
49    }
50    Serial.println(uidString);
51
52    // 미리 등록된 카드인지 확인
53    if (uidString == "DA0418B1"){
54      Serial.println("Authorized access");
55      digitalWrite(blueLED,HIGH);
56      myservo.write(90);
57      delay(1000);
58      digitalWrite(blueLED,LOW);
59      myservo.write(0);
```

```
60    }else {
61        Serial.println("Unauthorized access");
62        digitalWrite(redLED,HIGH);
63        tone(buzzerPin,392);
64        delay(1000);
65        digitalWrite(redLED,LOW);
66        noTone(buzzerPin);
67    }
68    Serial.println( );
69    delay(2000);
70 }
```

코드 10.2 프로젝트 전체 코드

`3~5` SPI.h, MFRC522.h, Servo.h 라이브러리를 불러옵니다.

`7~8` RST_PIN과 SS_PIN 상수를 정의합니다.

> • SS_PIN은 Slave Select (SS) 핀을 나타내며, RFID 모듈과 통신할 때 사용하는 SPI 통신에서의 SS 핀입니다. 이 핀은 MFRC522 모듈과 아두이노 사이의 디지털 핀으로 연결합니다.
>
> • RST_PIN은 Reset (RST) 핀을 나타내며, MFRC522 모듈의 리셋 기능을 제어하기 위한 핀입니다. 이 핀도 아두이노와 MFRC522 모듈 사이의 디지털 핀으로 연결합니다.

`9` MFRC522 클래스의 인스턴스 mfrc522를 생성합니다.

`11~14` 부저, 빨간색 LED, 파란색 LED, 서보모터의 핀을 변수로 선언합니다.

`16` Servo 클래스의 myservo 객체를 생성합니다.

`17` void setup( ) 함수를 정의합니다.

`18` 시리얼 통신을 초기화합니다.

`19` SPI 버스를 초기화합니다.

`20` MFRC522 모듈을 초기화합니다.

`22~24` 부저, 빨간색 LED, 파란색 LED 핀을 출력으로 설정합니다.

`26` 서보모터를 servoPin에 연결합니다.

`27` 서보모터의 초기 위치를 0도로 설정합니다.

`29~30` 시리얼 모니터에 메시지를 출력합니다.

33 void loop() 함수를 정의합니다.

35~37 새로운 카드가 태그되었는지를 확인하는 조건문입니다. 새로운 카드가 태그되지 않았을 때는 함수를 종료합니다.

39~41 카드의 UID를 읽어 오는 조건문입니다. 만약 UID를 읽어 오지 못했다면 함수를 종료합니다.

43 "UID tag :" 메시지를 시리얼 모니터에 출력합니다.

44 UID 값을 저장할 문자열을 생성합니다.

45 UID 값을 순회하면서 문자열로 변환하는 반복문입니다.

46~47 각 바이트를 16진수 문자열로 변환하여 uidString에 추가합니다. 만약 변환한 문자열이 한 자리 수라면 앞에 0을 추가합니다.

48 uidString을 대문자로 변환합니다.

50 변환된 UID값을 시리얼 모니터에 출력합니다.

53 UID가 미리 등록되어 있는 카드 넘버와 같은지 확인합니다.

54~59 카드 넘버와 같으면 시리얼 모니터에 메시지를 출력하고 파란색 LED를 켰다 끕니다. 서보모터는 90도로 회전했다 돌아옵니다.

61~66 카드 넘버가 같지 않다면 시리얼 모니터에 메시지를 출력하고 빨간색 LED를 켰다 끄고 부저를 울립니다.

68 시리얼 모니터에 빈 줄을 출력합니다.

69 2초 동안 지연합니다.

05 프로젝트 작동해 보기

회로 연결이 완료되면 코드를 아두이노에 업로드합니다. 이 코드는 등록된 RFID 카드를 인식하면 파란색 LED가 켜지고 서보모터가 동작하여 문이 열리는 동작을 수행합니다. 그러나 등록되지 않은 카드를 감지하면 빨간색 LED가 켜지고 경고음이 울리는 동작을 수행합니다.

그림 10.7 프로젝트 작동하기

06 도전 퀴즈

만약 우리 집의 도어락을 보다 강화된 보안 시스템으로 개선한다면 어떤 장치가 추가될 수 있을까요? 또한, 어떤 기능을 넣으면 더욱 안전한 도어락으로 만들 수 있을까요? 프로젝트가 성공적으로 동작한다면 다른 기능을 추가해 보겠습니다. 현재 프로젝트에서는 메시지가 시리얼 통신을 통해 컴퓨터 화면에 출력되고 있습니다. 이 메시지를 I2C LCD에 출력할 수 있도록 프로그램을 수정해 보겠습니다.

11 아두이노 프로젝트 9
- 키패드 디지털 도어락

학습요약	
학습 목표	키패드와 서보모터를 이용하여 디지털 도어락을 만들어 봅니다.
핵심 키워드	아두이노, 키패드, 서보모터, 디지털 도어락
준비물	아두이노 우노 USB2.0 A-B 케이블 아두이노 센서 쉴드 V5 키패드 3x4 I2C LCD 액비트 부저 서보모터
학습 시간	1시간 30분
학습 난이도	★★★★☆

01 프로젝트 미리보기

키패드는 다양한 응용 분야에서 사용됩니다. 디지털 도어락, 보안 시스템, 전자기기의 사용자 입력 인터페이스, 은행 ATM기기, POS 등 주로 사용자의 입력 인터페이스로 활용됩니다. 각 응용 분야는 다음과 같습니다.

· 디지털 도어락 : 키패드는 도어락의 비밀번호 입력 장치로 사용되어 보안을 강화시킬 수 있습니다.
· 보안 시스템 : 알람 시스템이나 보안 시스템에서 키패드는 비밀번호 입력이나 시스템 설정을 위해 이용됩니다.
· 전자기기의 사용자 입력 인터페이스 : 키패드는 휴대전화, 휴대용 게임기, 리모컨 등 다양한 전자기기에서 사용자 입력을 받는 인터페이스로 사용됩니다.
· 은행 ATM기기 : ATM기기 키패드는 비밀번호 입력이나 거래 종류 선택들에 사용되어 사용자 인증과 거래를 처리합니다.
· POS(Point of Sale) 시스템 : 판매점이나 상점의 POS 시스템에서 키패드는 상품 가격 입력, 할인 정보 입력 등 결제 과정에 필요한 입력을 처리합니다.

그림 11.1 키패드가 사용된 전자기기들

프로젝트 9에서는 키패드를 이용하여 디지털 도어락을 만들어 봅니다. 키패드를 통하여 비밀번호를 입력받으면 입력받은 숫자를 I2C LCD에 "*"로 표기합니다. 키패드가 입력되는 동안 부저를 통하여 소리를 출력합니다. 입력된 비밀번호가 미리 저장된 비밀번호와 일치하면 서보 모터가 구동됩니다.

02 프로젝트 준비하기

1. 부품 준비하기

아래의 표에 나와 있는 부품을 개수에 맞춰 준비합니다.

부품 이미지	부품명	개수
	아두이노 우노	1
	아두이노 센서 쉴드 V5	1
	키패드 3x4	1
	I2C LCD	1

	액티브 부저	1
	서보모터	1
	케이블(수수) 케이블(암수)	20 20

2. 부품 자세히 알아보기

❶ 키패드 3x4

키패드는 여러 개의 버튼으로 구성되어 있습니다. 버튼은 일반적으로 행과 열로 구성된 매트릭스 형태로 배치됩니다. 키패드는 접촉 방식의 터치 센서들이 내장되어 있고 키를 누를 때마다 터치 센터가 인식합니다.

키패드 내부에는 행과 열을 서로 연결해 주는 회로가 있습니다. 이 선들을 각각 R1, R2, R3, R4, C1, C2, C3, C4로 지정합니다. R1~R4(행)은 출력 핀으로 설정하고, C1~C4(열)은 입력 핀으로 설정합니다. 키패드의 각 버튼은 행과 열의 교차점에 위치하며 키를 눌렀을 때 행과 열이 연결되어 입력 번호가 생성됩니다. 키패드 회로에는 풀업 또는 풀다운 저항을 사용하여 안전성을 보장하는 것이 일반적입니다.

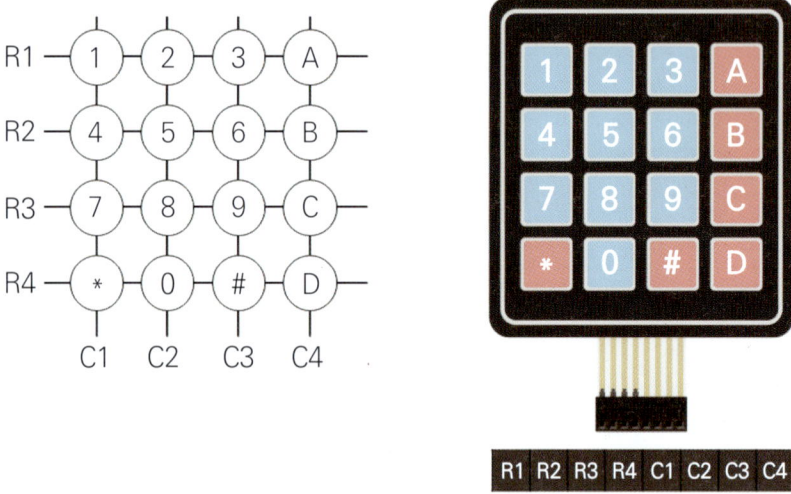

그림 11.2 키패드의 행과 열의 구조

3. 소프트웨어 준비하기

키패드를 사용하기 위해서 키패드 라이브러리를 설치합니다. 라이브러리 설치는 라이브러리 매니저에서 "keypad"를 검색하여 나오는 "Keypad by Mark Stanley, Alexander Brevig" 라이브러리를 설치합니다.

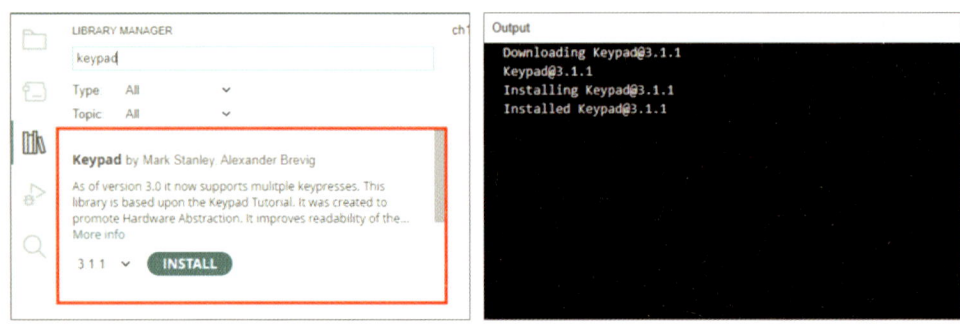

그림 11.3 키패드 라이브러리 설치

Keypad 라이브러리를 설치하고 키패드를 사용하는 예시 코드를 수행하겠습니다. 키패드의 핀은 아래 그림 11.4와 같이 연결합니다.

키패드	아두이노
R1	9번
R2	8번
R3	7번
R4	6번
C1	5번
C2	4번
C3	3번
C4	2번

그림 11.4 키패드 연결 회로

```
1   // Keypad sample 코드
2
3   #include <Keypad.h>
4
5   const byte ROWS = 4;   // 행 개수
6   const byte COLS = 4;   // 열 개수
7
8   char keys[ROWS][COLS] = {
9     {'1','2','3','A'},
10    {'4','5','6','B'},
11    {'7','8','9','C'},
12    {'*','0','#','D'}
13  };
14
15  byte rowPins[ROWS] = {9,8,7,6}; // R1~R4 연결 아두이노 핀 번호
16  byte colPins[COLS] = {5,4,3,2}; // C1~C4 연결 아두이노 핀 번호
17
18  Keypad keypad = Keypad( makeKeymap(keys), rowPins, colPins, ROWS, COLS);
19
20  void setup( )
21  {
22    Serial.begin(9600);
23  }
24
25  void loop( )
26  {
27    char key = keypad.getKey( );
28    if(key){
29      Serial.println(key); // 입력된 키패드의 번호를 모니터에 출력
30    }
31  }
```

코드 11.1 키패드 예제 코드

3 키패드를 사용하기 위해 Keypad 라이브러리를 포함합니다.

5~6 4×4 키패드 매트릭스의 행과 열 개수를 정의합니다.

8~13 키패드의 키 매핑을 정의합니다. 각 문자는 키패드의 특정 키를 나타냅니다. 첫 번째 행에는 '1', '2', '3', 'A'가 있고, 두 번째 행에는 '4', '5', '6', 'B'가 있습니다. 이와 같은 식으로 나머지 행과 열을 정의합니다.

15~16 키패드의 행과 열이 아두이노의 어떤 핀에 연결되어 있는지를 지정합니다.

`18` makeKeymap( ) 함수를 사용하여 지정된 키 매핑, 행 핀, 열 핀, 행 개수, 열 개수를 사용하여 Keypad 객체인 "keypad"를 생성합니다.

`20~23` setup( ) 함수는 아두이노가 시작될 때 한 번 실행됩니다. setup( ) 함수에서 컴퓨터와의 시리얼 통신을 위해 9600 보레이트로 시리얼 통신을 초기화합니다.

`25~31` loop( ) 함수는 반복적으로 실행됩니다. keypad.getKey( ) 함수를 사용하여 키패드 입력을 읽고, 그 값을 key 변수에 할당합니다. 만약 키가 눌렸다면 Serial.println( )을 사용하여 해당 키를 시리얼 모니터에 출력합니다.

03 회로 연결하기

아두이노에 센서를 확장할 수 있는 아두이노 센서 쉴드 V5를 연결합니다. 그림 11.5와 같이 키패드와 패스워드를 출력할 I2C LCD와 소리를 출력하는 액티브 부저, 비밀번호가 맞을 경우 동작을 하는 서보모터를 연결합니다.

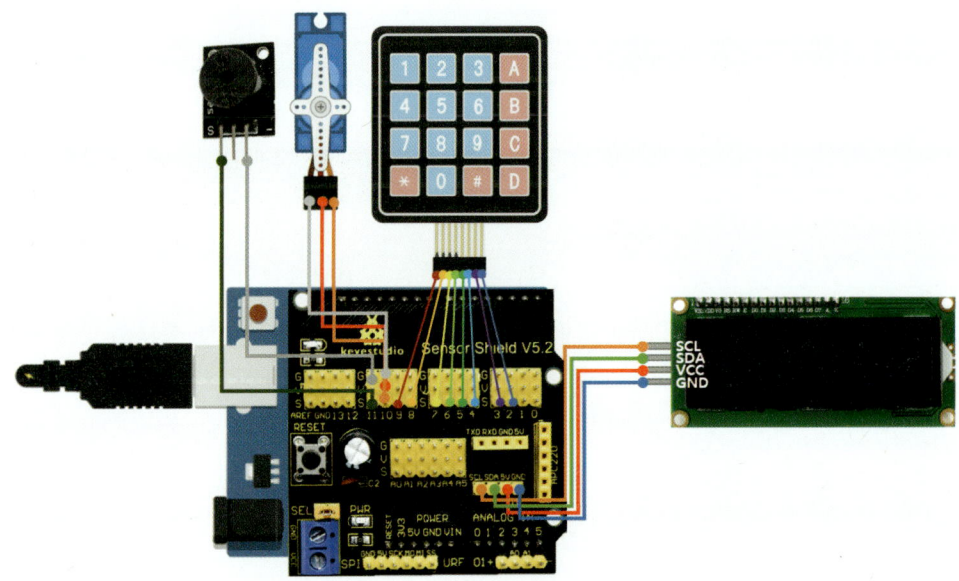

그림 11.5 프로젝트 9 회로도

아두이노 센서 쉴드	부품
PIN 2	키패드 C4
PIN 3	키패드 C3
PIN 4	키패드 C2
PIN 5	키패드 C1
PIN 6	키패드 S4
PIN 7	키패드 S3
PIN 8	키패드 S2
PIN 9	키패드 S1
PIN 10	SERVO MOTOR
PIN 11	BUZZER
I2C SCL	I2C LCD SCL
I2C SDA	I2C LCD SDA
I2C VCC	I2C LCD VCC
I2C GND	I2C LCD GND

04 프로젝트 코딩하기

1. 전체 코드

프로젝트 9는 키패드를 사용하여 디지털 도어락을 만드는 프로젝트입니다. 키패드로 비밀번호를 입력하면 LCD에 "*"로 표시되며, 입력 중에는 부저가 소리를 내도록 설정되어 있습니다. 입력된 비밀번호가 미리 저장된 비밀번호와 일치하면 서보모터가 동작하여 도어락이 열리게 됩니다.

```arduino
// ch11. Keypad digital door lock

#include <Wire.h>
#include <LiquidCrystal_I2C.h>
#include <Keypad.h>
#include <Servo.h>

LiquidCrystal_I2C lcd(0x27, 16, 2); // I2C LCD 주소와 크기에 맞게 설정

const byte ROWS = 4; // 행 개수
const byte COLS = 4; // 열 개수

char keys[ROWS][COLS] = {
  {'1','2','3','A'},
  {'4','5','6','B'},
  {'7','8','9','C'},
  {'*','0','#','D'}
};

byte rowPins[ROWS] = {9, 8, 7, 6}; // R1~R4 연결 아두이노 핀 번호
byte colPins[COLS] = {5, 4, 3, 2}; // C1~C4 연결 아두이노 핀 번호

Keypad keypad = Keypad(makeKeymap(keys), rowPins, colPins, ROWS, COLS);
Servo servo;
int buzzerPin = 11;

const int servoPin = 10; // 서보모터 연결 아두이노 핀 번호
const int openAngle = 90; // 서보모터 열린 상태 각도
const int closeAngle = 0; // 서보모터 닫힌 상태 각도

// 비밀번호 설정
const char password[] = "1234"; // 비밀번호
int cur_x = 0;

void setup( ){
  lcd.init( );
  lcd.backlight( );
  lcd.begin(16, 2);

  servo.attach(servoPin);
  servo.write(closeAngle);

  pinMode(buzzerPin, OUTPUT);
}
```

```
46  void loop( ){
47    lcd.clear( );
48    lcd.setCursor(0,0);
49    lcd.print("Type the password.");
50    lcd.setCursor(cur_x,1);
51
52    char key = keypad.getKey( );
53    if (key){
54      lcd.print("*"); // 입력된 키패드 번호 "*"로 표시
55      lcd.setCursor(cur_x++,1);
56      tone(buzzerPin, 1000, 100); // 부저 소리 출력 (100ms 동안)
57
58      if (checkPassword(key)){ // 입력된 비밀번호와 설정된 비밀번호 비교
59        unlockDoor( ); // 도어락 열기
60      }
61    }
62    delay(200);
63  }
64
65  bool checkPassword(char key){
66    static int position = 0; // 입력 위치
67    static char enteredPassword[5]; // 입력된 비밀번호
68
69    if (key == '#'){ // 입력 종료
70      enteredPassword[position] = '\0'; // 문자열 종료 문자 추가
71      position = 0; // 입력 위치 초기화
72      cur_x = 0;
73
74      if (strcmp(enteredPassword, password) == 0){ // 비밀번호 일치 여부 확인
75        return true;
76      }else {
77        lcd.clear( );
78        lcd.print("Wrong password!");
79        delay(2000);
80        lcd.clear( );
81        return false;
82      }
83    }else { // 비밀번호 입력 중
84      enteredPassword[position] = key; // 비밀번호에 입력된 숫자 추가
85      position++;
86      return false;
87    }
88  }
89
```

```
90  void unlockDoor( ){
91    lcd.clear( );
92    lcd.print("Correct password!");
93    lcd.setCursor(0,1);
94    lcd.print("Door Unlocked!");
95    servo.write(openAngle); // 서보모터 열린 상태로 설정
96    delay(4000); // 4초 동안 도어락 열린 상태 유지
97
98    lcd.clear( );
99    lcd.print("Door Locked");
100   servo.write(closeAngle); // 서보모터 닫힌 상태로 설정
101   delay(2000); // 2초 동안 도어락 닫힌 상태 유지
102
103   lcd.clear( );
104 }
```

코드 11.2 프로젝트 전체 코드

3~6 I2C LCD, 키패드, 서보모터를 사용하기 위한 라이브러리를 포함시킵니다.

8 I2C LCD 객체를 생성합니다. 주소와 크기를 맞게 설정합니다.

10~11 ROWS와 COLS 변수에 각각 행과 열의 개수를 지정합니다.

13~18 2차원 배열 keys를 선언하여 키패드의 키 매핑을 정의합니다.

20 rowPins 배열에 키패드의 행에 해당하는 아두이노 핀 번호를 지정합니다.

21 colPins 배열에 키패드의 열에 해당하는 아두이노 핀 번호를 지정합니다.

23 Keypad 객체를 생성합니다. makeKeymap(keys) 함수로 키 매핑을 설정하고, 행과 열의 핀 번호를 지정합니다.

24 Servo 객체를 생성합니다.

25 buzzerPin 변수에 부저의 아두이노 핀 번호를 지정합니다.

27 servoPin 변수에 서보모터의 아두이노 핀 번호를 지정합니다.

28 openAngle 변수에 서보모터를 열린 상태로 설정하기 위한 각도를 지정합니다.

29 closeAngle 변수에 서보모터를 닫힌 상태로 설정하기 위한 각도를 지정합니다.

32 password 배열에 비밀번호를 설정합니다.

33 cur_x 변수를 0으로 초기화합니다.

35 void setup( ) 함수가 시작됩니다.

36~39 LCD를 초기화하고 백라이트를 켭니다. LCD의 크기를 16×2로 설정합니다.

40~41 서보모터를 아두이노에 연결합니다. 서보모터를 닫힌 상태로 설정합니다.

43 buzzerPin을 출력 모드로 설정합니다.

46 void loop( ) 함수를 시작합니다.

47~50 LCD 화면을 지운 후 커서를 (0, 0) 위치로 이동 후 "Type the password" 메시지를 출력합니다. 커서를 다음 라인으로 위치합니다.

52 keypad.getKey( ) 함수를 사용하여 입력된 키패드 버튼을 가져옵니다.

53 만약 키패드 버튼이 입력되었다면 아래의 코드를 실행합니다.

54~55 LCD에 "*"를 출력하여 입력된 키패드 번호를 표시하고 다음 위치로 이동합니다.

56 tone( ) 함수를 사용하여 부저를 통해 소리를 출력합니다. (주파수 1000Hz, 100ms 동안)

58~60 checkPassword(key) 함수를 호출하여 입력된 비밀번호와 설정된 비밀번호를 비교합니다. 비밀번호가 일치하면 unlockDoor( ) 함수를 호출하여 도어락을 엽니다.

62 200ms의 딜레이를 추가합니다.

65 checkPassword( ) 함수를 시작합니다.

66 position이라는 변수를 선언하고 0으로 초기화합니다. 입력되는 키의 순서를 증가시켜 enteredPassword 배열에 순차적으로 저장할 수 있도록 합니다.

67 enteredPassword라는 크기가 5인 문자 배열을 선언합니다. 이 배열은 입력된 비밀번호를 저장합니다.

69 만약 입력된 키패드 버튼이 '#'인 경우 입력이 종료된 것입니다.

70 enteredPassword 배열에 입력된 비밀번호의 종료 문자('\0')를 추가합니다.

71 position 변수를 0으로 초기화하여 다음 입력을 위해 준비합니다.

72 cur_x 변수를 0으로 설정하여 LCD의 커서 위치를 초기화합니다.

74~75 만약 입력된 비밀번호가 설정된 비밀번호와 일치하는 경우를 확인합니다. 일치하는 경우 true를 반환합니다.

76~82 비밀번호가 일치하지 않는 경우 LCD를 지우고 "Wrong password!" 메시지를 출력합니다. 2초 후에 LCD를 지웁니다.

83~86 위의 조건에 해당하지 않는 경우는 입력된 키를 enteredPassword 배열에 저장합니다.

`90` unlockDoor( ) 함수를 시작합니다.

`91~94` LCD를 지우고 "Correct password!" 메시지를 LCD에 출력합니다. LCD의 커서를 2번째 줄의 첫 번째 열로 이동하여 "Door Unlocked!" 메시지를 LCD에 출력합니다.

`95` servo.write( ) 함수를 사용하여 서보모터를 openAngle값으로 설정하여 도어락을 열린 상태로 만듭니다.

`96` 4초 동안 도어락이 열린 상태로 유지됩니다.

`98~99` LCD를 지우고 "Door Locked" 메시지를 LCD에 출력합니다.

`100` servo.write( ) 함수를 사용하여 서보모터를 closeAngle값으로 설정하여 도어락을 닫힌 상태로 만듭니다.

`101` 2초 동안 도어락이 닫힌 상태로 유지됩니다

`103` LCD를 지웁니다.

05 프로젝트 작동해 보기

프로젝트 회로를 연결하고 코드를 업로드한 후에 실제로 프로젝트를 작동해 보겠습니다. LCD에 "Type the password"라는 메시지가 표시되면 키패드의 숫자를 눌러 보세요. 키패드의 숫자를 누를 때마다 LCD에는 숫자가 표시되지 않고 대신 "*"가 나타납니다. 비밀번호를 모두 입력한 후에는 "#"을 입력합니다. 입력된 키와 코드 내에 지정된 비밀번호(1234)를 비교합니다. 비밀번호가 일치하면 서보모터가 작동합니다.

이제 프로젝트를 실행해 보세요.

그림 11.6 프로젝트 9 작동하기

06 도전 퀴즈

프로젝트 9에서는 비밀번호가 고정된 값인 "1234"로 설정되어 있습니다. 그러나 도전 퀴즈에서는 새로운 번호를 설정할 수 있는 기능을 추가하고자 합니다. 이를 위해 어떤 부품이 필요할까요?

새로운 번호를 설정할 수 있는 기능을 추가하기 위해서는 다음과 같은 부품이 필요합니다.

· 키패드 : 새로운 비밀번호를 입력받기 위한 입력 장치로, 키패드에 숫자와 기호가 포함된 형태의 키패드를 사용할 수 있습니다.

· 추가적인 버튼 또는 스위치 : 새로운 비밀번호를 설정하기 위한 동작을 변경하기 위한 버튼이나 스위치를 추가할 수 있습니다. 이를 통해 사용자가 새로운 비밀번호 설정 모드로 진입하고 비밀번호를 입력할 수 있게 만들어 보겠습니다.

memo

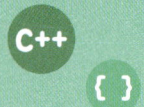

12
아두이노 프로젝트 10
- 디지털 타이머

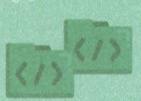

학습요약	
학습 목표	TM1637 4-digital 7-segment display를 이용하여 디지털 타이머를 만들어 봅니다.
핵심 키워드	아두이노, TM1637, 7-segment display, 디지털 타이머
준비물	아두이노 우노 USB2.0 A-B 케이블 아두이노 센서 쉴드 V5 TM1637 4-digit 7-segment display 디지털 택트 푸시 버튼 액티브 부저
학습 시간	2시간
학습 난이도	★★★★★

01 프로젝트 미리보기

열 번째 프로젝트는 디지털 타이머를 만드는 것입니다. 시간을 측정하고 알리는 방법은 인류의 역사와 함께 발전해 왔습니다. 고대 시대에는 해시계, 물시계, 모래시계 등이 사용되었으며, 이후에는 시계 발명으로 인해 아날로그 시계가 개발되었습니다. 그리고 이제는 디지털 타이머가 가장 일반적으로 사용되고 있습니다. 기계식 시계는 기계 장치의 작동으로 시간을 측정하기 때문에 정확도가 떨어지거나 오차가 발생할 수 있으나, 디지털 타이머는 전자 회로를 이용하기 때문에 정확도가 높습니다. 따라서 정확한 시간 측정이 필요한 곳에서는 디지털 타이머가 선호되며, 많은 분야에서 사용되고 있습니다.

디지털 타이머는 일반적으로 마이크로컨트롤러나 타이밍 회로, LED 디스플레이 등을 이용하여 구현됩니다. 이를 이용해 정확한 시간 측정, 카운트다운, 스톱워치 등 다양한 기능을 구현할 수 있습니다. 또한 디지털 타이머는 매우 다양한 활용이 가능합니다. 예를 들어, 운동 시간 측정, 레이스 시작 신호, 음악 공연 타이밍 등에서 사용됩니다.

최근에는 스마트폰 애플리케이션 등으로 디지털 타이머가 대체되는 경우가 많아졌지만, 여전히 디지털 타이머는 매우 유용한 도구입니다. 디지털 타이머의 정확성과 다양한 기능을 통해 우리 일상에서도 자주 사용되고 있습니다.

그림 12.1 다양한 타이머

프로젝트 10은 아두이노 우노, 아두이노 센서 쉴드, TM1637 4-digit 7-segment 디스플레이, 푸시 버튼, 그리고 액티브 부저를 활용하여 디지털 시계를 제작하는 프로젝트입니다. TM1637 모듈은 4개의 7-segment 디스플레이로 구성되어 있어 시간을 표시할 수 있습니다. 사용자는 푸시 버튼을 사용하여 시간을 설정하고 설정이 완료되면 시간은 1초씩 감소하면서 흐르게 됩니다.

02 프로젝트 준비하기

1. 부품 준비하기

아래의 표에 나와 있는 부품을 개수에 맞춰 준비합니다.

부품 이미지	부품명	개수
	아두이노 우노	1
	아두이노 센서 쉴드	1
	TM1637 4-digital 7-segment display	1

	디지털 택트 푸시 버튼	3
	액티브 부저	1
	케이블(수수) 케이블(암수)	20 20

2. 부품 자세히 알아보기

프로젝트에 사용되는 부품을 살펴보겠습니다.

❶ TM1637 4-digital 7-segment display

TM1637 4-digit 7-segment display는 4개의 7-segment 디스플레이, 2개의 점 등 8개의 LED 세그먼트로 구성되어 있습니다. 7-segment 디스플레이의 각각의 세그먼트는 LED로 만들어져 있고 그 세그먼트를 켜고 끄는 것으로 특정 숫자나 문자를 표현할 수 있습니다. 각 세그먼트는 A, B, C, D, E, F, G로 레이블링되어 있고 각 특정 위치에서 LED를 켜는 역할을 합니다.

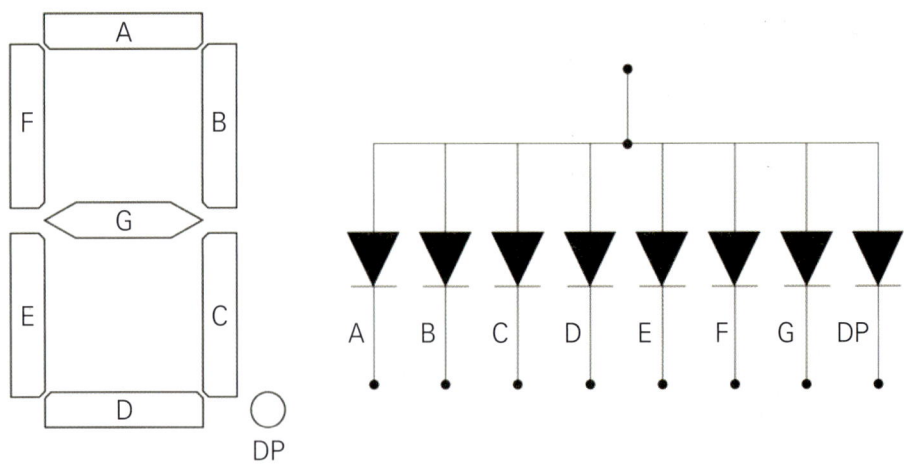

그림 12.2 7-segment display 구조

TM1637 4-digit 7-segment display 모듈은 I2C 통신을 사용하며, 세그먼트와 디지털 핀 사이에 전원 저항이 내장되어 있어 안정적인 전압을 공급합니다. TM1637 4-digit 7-segment display 모듈 아두이노와 연결한 후에는 I2C 주소와 디스플레이 각 자리의 값을 설정하여 디스플레이를 제어할 수 있습니다. 또한 밝기 조절 기능도 내장되어 있어, 주변 환경에 맞게 밝기를 조절할 수 있습니다. 이 모듈은 시계, 온도계, 카운터, 스톱워치 등 다양한 디지털 디스플레이 기능을 구현할 수 있습니다. 특히, 4자리 디스플레이를 사용하므로, 큰 수나 긴 문자열을 표시할 수 있어 매우 유용합니다.

TM1637 4-digital 7-segment display 모듈은 그림 12.3과 같이 회로를 연결하여 사용합니다.

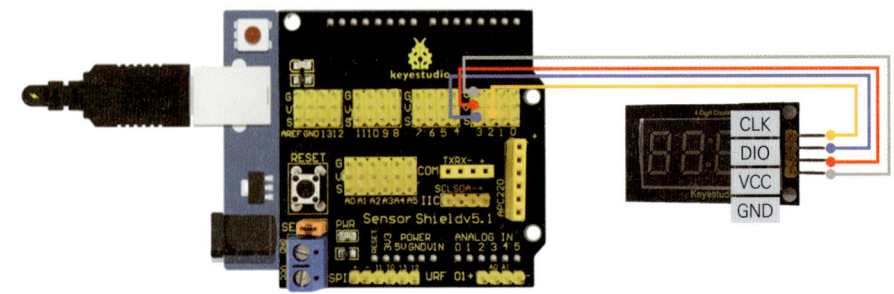

그림 12.3 TM1637 모듈 회로도

TM1637 모듈	아두이노
CLK	2번
DIO	3번
VCC	VCC
GND	GND

3. 소프트웨어 준비하기

TM1637 4-digital 7-segment display 모듈을 사용하기 위해 챕터 12에서는 TM1637Display 라이브러리를 사용합니다. 라이브러리를 사용하기 위해 아두이노 IED 2의 라이브러리 매니저에서 "TM1637" 라이브러리를 설치합니다.

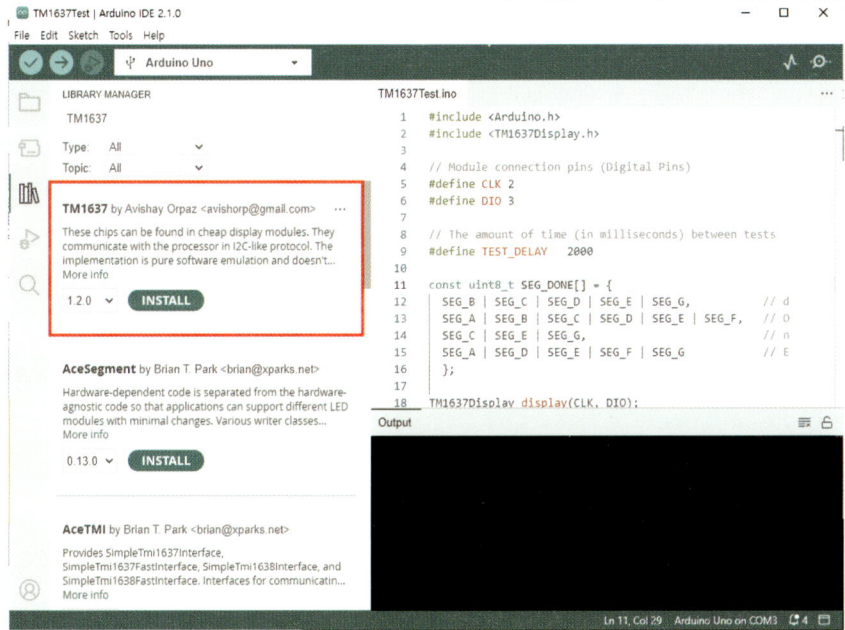

그림 12.4 TM1637 라이브러리 설치

TM1637 4-digital 7-segment display 모듈을 사용하는 간단한 프로그램을 연습해 보겠습니다.

그림 12.5 TM1637 모듈 샘플 실행

```
1  #include <TM1637Display.h>
2
3  // CLK와 DIO 핀을 정의합니다.
4
5  #define CLK_PIN 2
6  #define DIO_PIN 3
7
8  // TM1637Display 객체를 생성합니다.
9  TM1637Display display(CLK_PIN, DIO_PIN);
10
11 void setup( ){
12   // TM1637Display 객체 초기화
13   display.setBrightness(7);
14 }
15 void loop( ){
16   // 0부터 100까지 출력합니다.
17   for (int i = 0; i < 100; i++){
18     display.showNumberDec(i);
19     delay(1000);
20   }
21 }
```

코드 12.1 TM1637 예제 코드

1 TM1637Display 라이브러리를 사용하기 위한 헤더 파일을 include합니다.

5~6 CLK 핀의 번호를 2, DIO 핀의 번호를 3으로 정의합니다.

9 CLK_PIN과 DIO_PIN 핀을 사용하여 TM1637Display 객체를 생성합니다.

11~14 setup() 함수에서 TM1637Display 객체의 밝기를 7로 설정합니다.

15~21 loop() 함수에서 0부터 99까지의 수를 1초 간격으로 TM1637 디스플레이에 표시합니다. showNumberDec() 함수는 인자로 받은 10진수 값을 7세그먼트 형식으로 디스플레이에 출력합니다. delay(1000) 함수는 1초 동안 코드 실행을 지연합니다.

03 회로 연결하기

그림 12.5와 같이 TM1637 모듈의 4개의 핀 중, CLK는 아두이노의 2번 핀, DIO는 아두이노의 3번 핀, VCC는 VCC, GND는 GND에 연결합니다. 빨간색 푸시 버튼의 S핀을 아두이노의 4번 핀, 노란색 푸시 버튼의 S핀은 5번 핀, 파란색 푸시 버튼의 S핀은 6번 핀에 연결하고 각각의 GND는 GND에 연결합니다. 부저의 S핀은 7번 버튼 GND는 GND에 연결합니다.

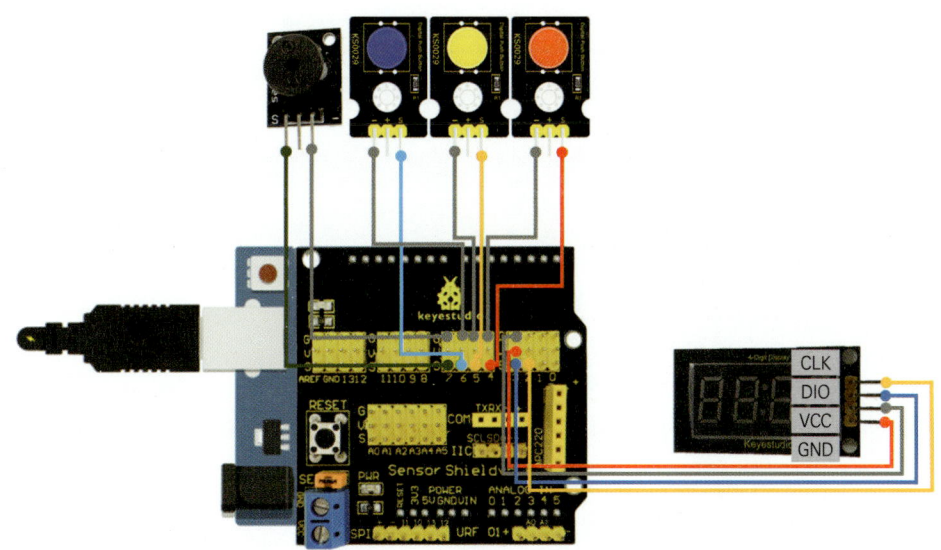

그림 12.6 프로젝트12 회로도

아두이노 센서 쉴드	부품
PIN 2	TM1637 CLK
PIN 3	TM1637 DIO
PIN 4	푸시버튼 1
PIN 5	푸시버튼 2
PIN 6	푸시버튼 3
PIN 7	BUZZER

04 프로젝트 코딩하기

1. 전체 코드

코드 12.2는 버튼과 부저에 연결된 핀 번호, 분과 초를 저장한 시간 변수, 수정 모드를 저장하는 변수를 선언합니다. setup( ) 함수에서는 디스플레이 밝기를 설정하고 핀 모드를 설정합니다. loop( ) 함수는 수정 모드가 아닐 때마다 1초씩 시간을 감소시킵니다. 첫 번째 버튼을 누르면 수정 모드가 변경됩니다. 현재 설정된 수정 모드에 따라 분 또는 초를 조정합니다. 시간 조정은 2번 핀과 3번 핀을 사용합니다.

```cpp
1  // ch12 Digital timer
2  
3  #include <TM1637Display.h>
4  
5  #define CLK_PIN 2
6  #define DIO_PIN 3
7  
8  const int button1Pin = 4;  // 버튼 1, 2, 3의 핀 번호를 설정합니다.
9  const int button2Pin = 5;
10 const int button3Pin = 6;
11 const int buzzerPin = 7;   // 액티브 부저의 핀 번호를 설정합니다.
12 
13 TM1637Display display(CLK_PIN, DIO_PIN); // TM1637 객체를 생성합니다.
14 
15 int minute = 0;   // 분 변수
16 int second = 0;   // 초 변수
17 bool minuteEditMode = false; // 분 수정 모드 여부
18 bool secondEditMode = false; // 초 수정 모드 여부
19 
20 void setup( ){
21   display.setBrightness(7); // 디스플레이 밝기 설정
22   pinMode(button1Pin, INPUT_PULLUP);
23   pinMode(button2Pin, INPUT_PULLUP);
24   pinMode(button3Pin, INPUT_PULLUP);
25 }
26 
27 void loop( ){
28   // 시간 수정 모드가 아닐 때는 시간이 1초씩 증가
29   if (!minuteEditMode && !secondEditMode){
30     delay(1000);
31     if (minute > 0 || second > 0){
32       if (second == 0){
33         second = 59;
34         minute--;
35       }else {
36         second--;
37       }
38     }
39     display.showNumberDecEx(minute * 100 + second, 0b01000000, true);
40   }
41 
42   // 1번 버튼을 눌렀을 때 분 수정 모드로 진입합니다.
43   if (digitalRead(button1Pin) == LOW){
44     delay(10);
```

```
45      if(digitalRead(button1Pin) == LOW){
46        tone(buzzerPin, 1000, 50); // 부저 소리 출력
47        delay(200); // 딜레이를 주어 버튼 이벤트가 중복으로 인식되는 것을 방지합니다.
48        if(minuteEditMode == false && secondEditMode == false){
49          minuteEditMode = true;
50        }else if(minuteEditMode == true && secondEditMode == false){
51          minuteEditMode = false;
52          secondEditMode = true;
53        }else if(minuteEditMode == false && secondEditMode == true){
54          minuteEditMode = false;
55          secondEditMode = false;
56        }
57        display.showNumberDecEx(minute * 100 + second, 0b1000, true);
58      }
59    }
60
61 // 분 수정 모드에서 2번 버튼은 분을 1씩 증가시킵니다.
62    if (minuteEditMode && digitalRead(button2Pin) == LOW){
63        tone(buzzerPin, 1000, 50); // 부저 소리 출력
64        delay(200); // 딜레이를 주어 버튼 이벤트가 중복으로 인식되는 것을 방지합니다.
65        minute++;
66        if (minute > 59){
67          minute = 0;
68        }
69        display.showNumberDecEx(minute * 100 + second, 0b1000, true);
70    }
71
72 // 분 수정 모드에서 3번 버튼은 분을 1씩 감소시킵니다.
73    if (minuteEditMode && digitalRead(button3Pin) == LOW){
74        tone(buzzerPin, 1000, 50); // 부저 소리 출력
75        delay(200); // 딜레이를 주어 버튼 이벤트가 중복으로 인식되는 것을 방지합니다.
76        minute--;
77        if (minute < 0){
78          minute = 59;
79        }
80        display.showNumberDecEx(minute * 100 + second, 0b1000, true);
81    }
82
83 // 초 수정 모드에서 2번 버튼은 초를 1씩 증가시킵니다.
84    if (secondEditMode && digitalRead(button2Pin) == LOW){
85        tone(buzzerPin, 1000, 50); // 부저 소리 출력
86        delay(200); // 딜레이를 주어 버튼 이벤트가 중복으로 인식되는 것을 방지합니다.
87        second++;
88        if (second > 59){
```

```
89            second = 0;
90        }
91        display.showNumberDecEx(minute * 100 + second, 0b0001, true);
92    }
93
94    // 초 수정 모드에서 3번 버튼은 초를 1씩 감소시킵니다.
95    if (secondEditMode && digitalRead(button3Pin) == LOW){
96        tone(buzzerPin, 1000, 50); // 부저 소리 출력
97        delay(200); // 딜레이를 주어 버튼 이벤트가 중복으로 인식되는 것을 방지합니다.
98        second--;
99        if (second < 0){
100           second = 59;
101       }
102       display.showNumberDecEx(minute * 100 + second, 0b0001, true);
103   }
104 }
```

코드 12.2 프로젝트 전체 코드

2. 코드 설명

3 TM1637Display 라이브러리를 사용하기 위해 해당 헤더 파일을 포함시킵니다.

5~6 CLK_PIN과 DIO_PIN에 각각 2와 3을 매크로 상수로 정의합니다.

8~11 버튼 1, 2, 3의 핀 번호와 액티브 부저의 핀 번호를 상수로 정의합니다.

13 TM1637Display 객체를 생성하고 CLK_PIN과 DIO_PIN을 전달하여 초기화합니다.

15~16 분과 초 변수를 정수형으로 선언하고 초깃값을 0으로 설정합니다.

17~18 분 수정 모드와 초 수정 모드 여부를 나타내는 불리언(Boolean) 변수를 선언하고 초깃값을 false로 설정합니다.

20 void setup( ) 함수를 시작합니다.

21 TM1637 모듈의 디스플레이 밝기를 7로 설정합니다.

22~24 버튼 1, 2, 3의 핀을 입력 모드로 설정하고 내부 풀업 저항을 사용합니다.

27 void loop( )를 시작합니다.

29 분 수정 모드와 초 수정 모드가 아닐 때 실행하는 조건문입니다.

30 1초의 딜레이를 생성하여 시간이 1초씩 증가하는 효과를 만듭니다.

| 31 | 분이 0보다 크거나 초가 0보다 큰 경우 실행하는 조건문입니다.
| 32~38 | 초가 0인 경우 초를 59로 설정하고 분을 1 감소시킵니다. 그렇지 않다면 초를 1 감소시킵니다.
| 39 | 현재 시간을 7세그먼트 디스플레이에 표시합니다. "minute * 100 + second"는 분과 초를 합쳐서 표시할 숫자를 만듭니다. 0b01000000은 소수점을 사용하지 않고, true는 leading zero를 표시합니다.
| 43 | 버튼 1의 상태가 눌린 상태인지 확인하는 조건문입니다.
| 44 | 10밀리초의 딜레이를 추가합니다. 버튼 이벤트가 중복으로 인식되는 것을 방지하기 위한 딜레이입니다.
| 45~47 | 버튼 1이 눌러졌다면 1000Hz의 주파수로 50밀리초 동안 소리를 출력하고 200밀리초의 딜레이를 추가합니다.
| 48~49 | 분 수정 모드와 초 수정 모드가 모두 비활성화된 상태에서는 분 수정 모드를 활성화합니다.
| 50~52 | 분 수정 모드는 활성화되어 있고 초 수정 모드는 비활성화된 상태에서는 분 수정 모드를 비활성화하고 초 수정 모드를 활성화합니다.
| 53~55 | 분 수정 모드는 비활성화되어 있고 초 수정 모드는 활성화된 상태에서는 분 수정 모드와 초 수정 모드를 모두 비활성화합니다.
| 57 | 현재 시간을 7세그먼트 디스플레이에 표시합니다. "minute * 100 + second"는 분과 초를 합쳐서 표시할 숫자를 만듭니다. 0b1000은 소수점을 사용하지 않고, true는 leading zero를 표시합니다.
| 62~70 | 분 수정 모드이고 버튼 2의 상태가 눌린 상태라면 1000Hz의 주파수로 50밀리초 동안 소리를 출력하고 200밀리초의 후 분을 1만큼 증가시킵니다. 만약 분이 59보다 크면 0으로 되돌립니다. 수정된 시간을 7세그먼트 디스플레이에 표시합니다.
| 73~81 | 분 수정 모드이고 버튼 3의 상태가 눌린 상태라면 1000Hz의 주파수로 50밀리초 동안 소리를 출력하고 200밀리초 후 1만큼 감소시킵니다. 만약 분이 0보다 작아지면 59로 되돌립니다. 수정된 시간을 7세그먼트 디스플레이에 표시합니다.
| 84~92 | 초 수정 모드이고 버튼 2의 상태가 눌린 상태라면 1000Hz의 주파수로 50밀리초 동안 소리를 출력하고 200밀리초 후 초를 1만큼 증가시킵니다. 만약 초가 59보다 크면 0으로 되돌립니다. 수정된 시간을 7세그먼트 디스플레이에 표시합니다.

`95~103` 초 수정 모드이고 버튼 3의 상태가 눌린 상태라면 1000Hz의 주파수로 50밀리초 동안 소리를 출력하고 200밀리초 후 초를 1만큼 감소시킵니다. 만약 초가 0보다 작아지면 59로 되돌립니다. 수정된 시간을 7세그먼트 디스플레이에 표시합니다.

05 프로젝트 작동해 보기

아두이노와 부품들을 연결한 후, 실행해 보겠습니다. 그림 12.6과 같이 버튼들은 빨간색, 노란색, 파란색으로 구성되어 있습니다. 프로그램이 시작되면 타이머 디스플레이는 "00:00"으로 초기화됩니다. 첫 번째 버튼을 누르면 앞의 "00" 부분을 증가 또는 감소시킬 수 있습니다. 두 번째 버튼을 누르면 값이 증가하고, 세 번째 버튼을 누르면 값이 감소합니다. 그리고 다시 첫 번째 버튼을 누르면 뒤의 "00" 부분을 증가 또는 감소시킬 수 있습니다. 설정을 완료하려면 다시 첫 번째 버튼을 누르면 됩니다. 그 후, 잠시 후에 시간이 감소하게 됩니다.

그림 12.7 프로젝트 실행

06 도전 퀴즈

프로젝트 10을 성공적으로 완료하셨다면 도전 퀴즈를 풀어 봅시다. 이번 도전 과제는 타이머 완료 시 부저를 통해 알람을 울리는 기능을 추가하는 것입니다. 알람 기능을 구현하기 위해 tone( ) 함수를 사용하여 부저를 울릴 수 있습니다. 타이머가 설정된 시간에 도달하면 알람이 울리며, 이때 추가적인 동작을 수행할 수 있습니다. 또한, 알람이 울릴 때 사용자가 알람을 해제할 수 있는 동작을 추가합니다. 예를 들어, 1번 버튼을 누르면 알람이 해제되고 타이머가 다시 시작됩니다. 이렇게 알람 기능을 구현하여 타이머가 완료될 때 부저가 울리는 멋진 프로젝트를 완성해 보십시오.

13
아두이노 프로젝트 11
- 디지털 시계

학습요약	
학습 목표	아두이노와 RTC 모듈을 이용해 실시간 시계를 만들어 봅니다.
핵심 키워드	아두이노, TM1637, DS3231
준비물	아두이노 우노 USB2.0 A-B 케이블 아두이노 센서 쉴드 점퍼 케이블 TM1637 RTC DS3231 디지털 택트 푸시 버튼
학습 시간	1시간
학습 난이도	★★★☆☆

01 프로젝트 미리보기

우리는 매일 다양한 시계와 마주하고 있습니다. 손목, 탁상, 거리의 건물, 버스 정류장 등 다양한 장소에서 알게 모르게 시계를 보고 있습니다. 이 시계들은 다양한 모습을 하고 있지만 사실 구조는 간단합니다.

이런 시계를 만드는 데에는 실시간 시간 계산 모듈, 디스플레이 장치, 제어 모듈만 있으면 됩니다. 이번 챕터에서는 디지털 시계에 버튼을 추가하여, 날짜와 온도를 표시해 주는 기능도 구현해 보겠습니다.

아두이노로 디지털 시계를 만들어 본 후에는 나만의 시계도 구상해 보세요.

그림 13.1 디지털 시계

02 프로젝트 준비하기

1. 부품 준비하기

아래의 표에 나와 있는 부품을 개수에 맞춰 준비합니다.

부품 이미지	부품명	개수
	아두이노 우노	1
	센서 쉴드	1
	TM1637 4-digit 7-segment display	1
	RTC DS3231	1
	디지털 택트 푸시 버튼	2
	케이블(암암)	14

2. 부품 자세히 알아보기

RTC(Real Time Clock) 모듈

아두이노를 시계로 사용하기 위해서 'Time by Michael Margolis' 라이브러리를 활용할 수도 있습니다. 이 라이브러리는 시간을 저장하고 추적할 수 있는 기능을 제공합니다. 그런데 외부모듈 없이 아두이노만 사용할 경우 전원을 차단하면 시간이 멈추기 때문에 다시 켤 때마다 시간을 재설정해 주어야 합니다. 이런 단점을 보완하기 위해서 RTC(Real Time Clock)모듈을 사용합니다. 이 모듈에는 자체 배터리가 포함되어 있기 때문에 아두이노 전원이 꺼져도 시간을 유지할 수 있습니다. 대부분의 디지털 시계에는 이러한 모듈이 있다고 생각하면 됩니다. 저전력으로 시간을 계산하므로 동전 배터리(CR2032)를 사용하여 5여 년 동안 사용할 수 있다고 합니다. RTC모듈의 종류로는 DS1302, DS1307, DS1337, DS3231 등이 있습니다. 이 모듈들의 대부분은 아두이노와 I2C통신으로 데이터를 주고받습니다.

동전 배터리는 아래 '그림 13.2'와 같이 "+"가 위쪽으로 보이도록 장착하여 사용합니다.

그림 13.2 RTC모듈 배터리 장착 모습

3. 소프트웨어 준비하기

이번 챕터에서는 챕터 12에서 사용했던 'TM1637'라이브러리를 사용합니다. DS3231을 제어하기 위하여 'RTClib' 라이브러리도 필요합니다. 라이브러리 매니저에서 'rtclib'를 검색해서 이 중에서 "RTClib by Adafruit"를 사용합니다.

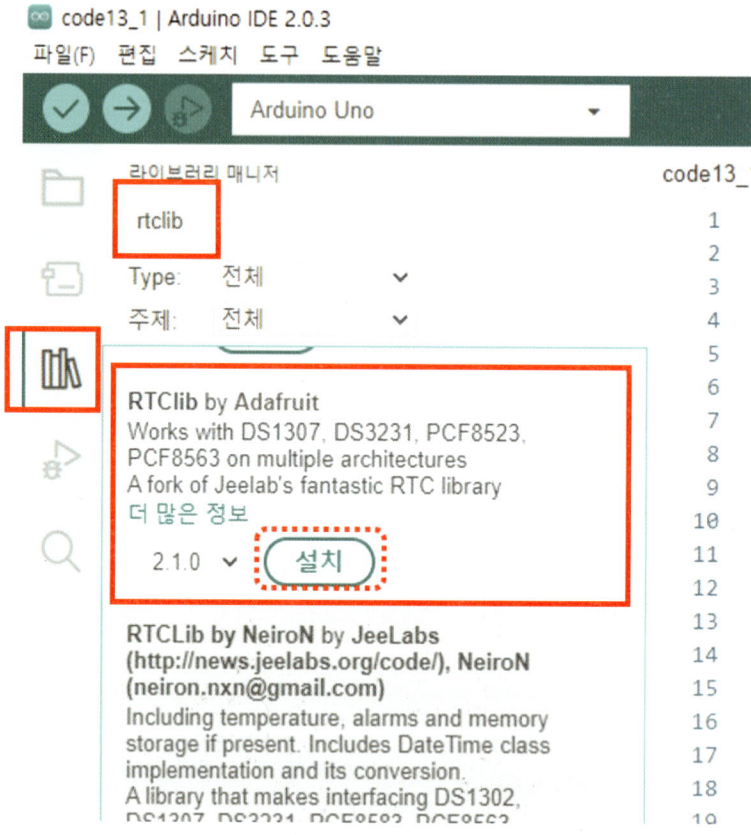

그림 13.3 RTClib 라이브러리 설치

라이브러리 종속성 설치 팝업이 발생하면 모두 설치를 눌러 줍니다.

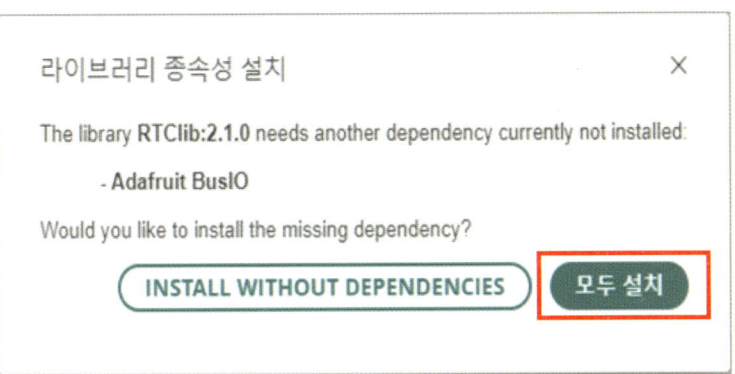

그림 13.4 RTClib 추가 라이브러리 설치

03 회로 연결하기

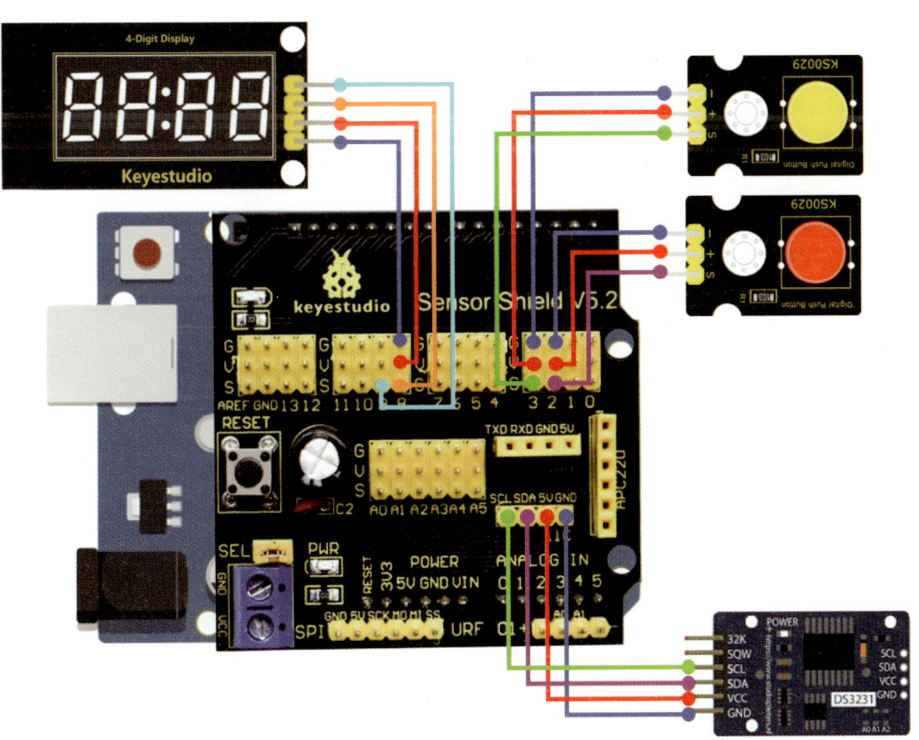

그림 13.5 프로젝트13 회로도

센서 쉴드	버튼 1
S : 2	S
V	+
G	-

센서 쉴드	버튼 2
S : 3	S
V	+
G	-

센서 쉴드	TM1637
S : 8	DIO
S : 9	CLK
V	VCC
G	GND

센서 쉴드에는 I2C 통신 전용 포트가 따로 있으니, DS3231을 여기에 연결합니다. 32k, SQW 는 사용하지 않습니다.

센서 쉴드	DS3231
SCL	SCL
SDA	SDA
5V	VCC
GND	GND

04 프로젝트 코딩하기

1. 전체 코드

디지털 시계를 만들기 위해서는 다음 코드와 같이 RTClib에서 제공하는 함수들을 활용합니다.

```c
1   // 라이브러리 추가: "RTClib by Adafruit" , "TM1637 by Avishay Orpaz"
2   #include <RTClib.h>
3   #include <TM1637Display.h>
4
5   // 'TM1637 4 digit 7 segment display'에 대한 연결핀 정의
6   #define CLK 9
7   #define DIO 8
8
9   // rtc 모듈과 display 제어를 위한 객체를 생성합니다.
10  RTC_DS3231 rtc;
11  TM1637Display display = TM1637Display(CLK, DIO );
12
13  byte center_colon_status = 0 ; // 가운데 콜론 상태 저장
14  int Min, Hour, Day, Month, Year; // 날짜와 시간 변수
15  float temp; // 온도 저장 변수
16
17  // '°C'를 표현하기 위한 변수 정의
18  const uint8_t celsius[] = {
19    SEG_A | SEG_B | SEG_F | SEG_G,   //  Degree symbol °
20    SEG_A | SEG_F | SEG_E | SEG_D,   // C
21  };
22
23  enum DisplayState {
24    DisplayClock ,  // 시계 상태
25    DisplayDate ,  // 날짜 보여 주는 상태
26    DisplayTemp ,  // 온도 보여 주는 상태
27  };
28
29  // 초기 상태는 시계를 보여 주는 상태
30  DisplayState displayState = DisplayClock;
31
32  void setup( ){
33    // 시리얼 통신 속도 지정 9600
34    Serial.begin(9600 );
35    // 시리얼 모니터 창을 열기 위한 3초 지연
36    delay(3000 );
37
38  // 버튼 입력 인터럽트 정의, 버튼을 뗐을 때 동작
39    attachInterrupt(digitalPinToInterrupt(2), Press_A_Button, RISING );
40    attachInterrupt(digitalPinToInterrupt(3), Press_B_Button, RISING );
41
42    // RTC가 올바르게 연결되었는지 확인
43    if(! rtc.begin( )){
44      Serial.println("Couldn't find RTC");
```

```
45      while(1)
46          delay(10); // rtc가 연결되지 않으면 다음으로 진행되지 않습니다.
47      }
48      // RTC의 전원이 끊긴 적이 있는지 확인하고 그렇다면 시간을 설정합니다.
49      if(rtc.lostPower( )){
50       Serial.println("RTC lost power, lets set the time!");
51       // 다음 줄은 RTC를 이 스케치가 컴파일된 날짜 및 시간으로 설정합니다.
52       rtc.adjust(DateTime(F(__DATE__), F(__TIME__)));
53      }
54
55      // 디스플레이 밝기 설정(0-7):
56      display.setBrightness(5 );
57      // 디스플레이 지우기
58      display.clear( );
59 }
60
61 void loop( ){
62      // 현재 날짜 및 시간 가져오기
63      DateTime now = rtc.now( );
64      // 현재 온도 가져오기
65      temp = rtc.getTemperature( );
66      // 현재 날짜 및 시간을 변수에 저장해 둡니다.
67      Min =now.minute( );
68      Hour =now.hour( );
69      Year =now.year( );
70      Day =now.day( );
71      Month = now.month( );
72
73      if(displayState == DisplayClock ) // 시간 표시 상태
74      {
75       // 표시할 시간 형식 만들기:
76       int displaytime =(Hour * 100 ) + Min;
77
78       // 시리얼 모니터에 표시 시간 인쇄
79       Serial.println(displaytime );
80
81       // 앞 0이 활성화되고 가운데 콜론이 있는 24시간 형식으로 현재 시간을 표시합니다.
82       display.showNumberDecEx(displaytime, center_colon_status, true );
83       // 콜론의 상태를 반전시킵니다.
84       center_colon_status ^= 0b11100000 ;
85
86       delay(1000 );
87      }
```

```
88    else if(displayState == DisplayDate ) // 날짜 표시 상태
89    {
90     display.clear( );
91     display.showNumberDecEx(Year );
92     delay(1000 );
93     display.showNumberDecEx(Month*100 + Day );
94     delay(1000 );
95     displayState = DisplayClock; // 1초 뒤 시계 상태로 표시
96    }
97    else if(displayState == DisplayTemp ) // 온도 표시 상태
98    {
99     display.clear( );
100    display.showNumberDec((int )temp, false , 2 , 0 ); // 온도를 정수형으로 표시
101    display.setSegments(celsius, 2 , 2 ); // '°C'를 표시
102    delay(1000 );
103    displayState = DisplayClock; // 1초 뒤 시계 상태로 표시
104   }
105 }
106
107 // 2번 핀에 대한 인터럽트 서비스 함수
108 void Press_A_Button( ){
109   displayState = DisplayDate; // 현재 상태를 날짜 표시 상태로 변경
110 }
111 // 3번 핀에 대한 인터럽트 서비스 함수
112 void Press_B_Button( ){
113   displayState = DisplayTemp; // 현재 상태를 온도 표시 상태로 변경
114 }
```

코드 13.1 프로젝트 전체 코드

2. 코드 설명

6~7 회로도에서 TM1637의 CLK이 아두이노 9번 핀, DIO가 8번 핀에 연결되어 있어 코드에 정의해 줍니다.

13 시간과 분 사이에 콜론을 1초에 한 번씩 반전시키며 display하기 위해서 이전 상태를 저장하기 위한 변수 'center_colon_status'를 선언합니다.

14~15 날짜, 시간, 온도를 저장할 변수를 선언합니다.

18 문자나 다른 기호를 생성하기 위해 개별 세그먼트를 설정해 줍니다.

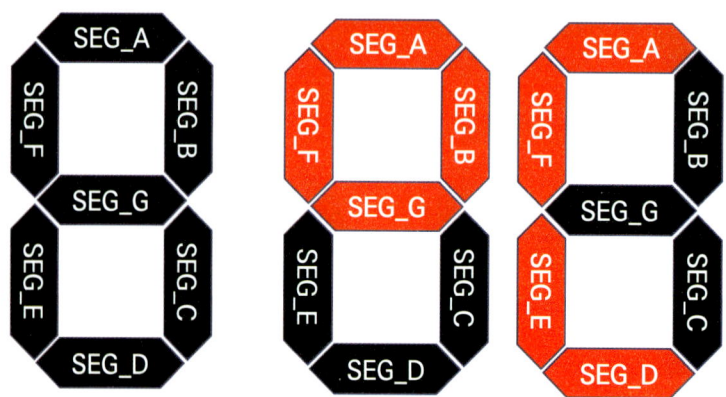

그림 13.6 7세그먼트 °C 표시 방법

23~27 세 가지 display 상태를 열거형(enum)으로 정의해 주었습니다. 열거형(enum) 데이터 타입은 프로그래밍에서 상수(constant)값을 사용할 때 유용합니다. 열거형은 관련된 상수들의 집합을 정의하고, 이러한 상수들이 특정한 의미를 갖도록 명시적으로 표현합니다. 아래와 같이 const 상수나 #define으로 정의할 수도 있습니다.

```
1  const int DisplayClock = 0;
2  const int DisplayDae   = 1;
3  const int DisplayTemp  = 2;
```

```
1  #define DisplayClock 0
2  #define DisplayDae 1
3  #define DisplayTemp 2
```

대신, 열거형으로 정의하면 관련된 상수들이 그룹화되어 있어 가독성이 높은 코드를 작성하는데 더욱 유용한 장점이 있습니다. display 상태에 따라 7segment에 display되는 값이 달라집니다.

30 현재 상태를 저장하기 위한 변수를 선언해 줍니다.

39~40 날짜와 온도를 나타내는 버튼은 인터럽트 핀에 연결해 주었습니다. 2번에 연결된 버튼을 눌렀다 떼면 'Press_A_Button' 함수가 실행됩니다. 3번에 연결된 버튼을 눌렀다 떼면 'Press_B_Button' 함수가 실행됩니다.

73 시계 표시 상태일 때, 시간, 분을 display 해 줍니다.

76, 82 'showNumberDecEx' 함수는 4자리 숫자를 첫 번째 파라미터로 받기 때문에, 시간에 100을 곱하여 4자리 숫자로 만들어 줍니다. 두 번째 파라미터는 중간의 콜론의 display 여부를 정해 줍니다. 0b11100000이면 표시, 0b00000000이면 표시하지 않습니다. 세 번째 파라미터는 4자리 미만 숫자일 때 앞에 0을 채워 줄지 여부를 정해 줍니다. true로 설정하였으므로 만약 시간이 1시 30분이라면 0130으로 표시됩니다.

84 XOR연산자(^)를 사용하여 이전 상태를 반전시킵니다. XOR연산자는 피연산자가 같을 때는 0, 다를 때는 1을 반환합니다. 즉, 두 피연산자 중 하나만이 1인 경우에만 1을 반환하는 특징을 가지고 있습니다.

A	B	A XOR B
0	0	0
0	1	1
1	0	1
1	1	0

center_colon_status 변수는 아래와 같이 값이 변경되면서 콜론 디스플레이가 1초마다 깜박이게 됩니다.

0b00000000 XOR 0b11100000 = 0b11100000
0b11100000 XOR 0b11100000 = 0b00000000

88 날짜 표시 상태일 때, 연도를 1초간 보여 준 후, 월, 날짜를 1초 보여 줍니다.

97 온도 표시 상태일 때, 온도와 단위를 1초간 보여 줍니다.

100 온도를 두 자리 숫자로 변경합니다. 앞에 0을 채우지 않고, 2자리를 0번 위치부터 표시합니다.

101 '°C' 두 문자를 3번째 자리부터 표시합니다.

109 2번 핀에 연결된 버튼을 누르면 날짜를 표시하는 상태로 변경해 줍니다.

113 3번 핀에 연결된 버튼을 누르면 온도를 표시하는 상태로 변경해 줍니다.

05 프로젝트 작동해 보기

코드를 아두이노에 업로드하면 현재 시각이 표시됩니다. 1초에 한 번씩 가운데 콜론(:)이 깜박이며 시계 상태임을 나타냅니다.

그림 13.7 프로젝트 실행

2번 핀에 연결된 버튼을 누르면 연도를 나타내는 2023이 1초간 표시되었다가 날짜를 1초 동안 보여 주고 다시 시계 모드로 돌아갑니다.

그림 13.8 프로젝트 실행

그림 13.9 프로젝트 실행

3번 핀에 연결된 버튼을 누르면 현재 온도를 1초간 표시해 줍니다.

그림 13.10 프로젝트 실행

06 도전 퀴즈

1. 밤 시간대에는 LED가 수면을 방해할 수도 있습니다. 저녁 8시~아침 8시 사이에는 TM1637의 밝기를 낮추도록 만들어 보세요.
2. 시간, 분 설정 버튼을 추가하여, 시간을 수정할 수 있도록 만들어 보세요.

memo

14 아두이노 프로젝트 12
- 물 높이 알람 장치

학습요약	
학습 목표	물 높이 센서값에 따라 LED 출력을 다르게 만들어 봅니다.
핵심 키워드	아두이노, 물 높이 센서, LED, 액티브 부저
준비물	아두이노 우노 USB2.0 A-B 케이블 브레드보드 점퍼 케이블 물 높이 센서 액티브 부저 LED 빨강 LED 노랑 LED 초록
학습 시간	1시간
학습 난이도	★☆☆☆☆

01 프로젝트 미리보기

우리 주변에는 물 높이를 주의 깊게 관찰해야 하는 경우가 많습니다. 저수지의 수위를 모니터링하여 홍수나 가뭄에 대비할 수 있고, 가정이나 공장에서 사용하는 물탱크의 저장량을 실시간으로 관찰하여 적정량을 유지시킬 수도 있습니다. 이 밖에도 수족관이나 어항의 적정 물 높이 관리, 수경 재배 시에 배양액의 관리, 세탁기의 물의 양 조절 등 주변에서 흔히 물을 사용하는 곳에서는 물이 넘치거나 모자라지 않게 관리해 주어야 합니다.

이때 물 높이를 관찰할 수 있게 해주는 것이 물 높이 센서입니다.

이 챕터에서는 물 높이 센서를 이용해서 물통 속의 물이 얼마나 있는지 LED로 보여 주고 적정량 이상 높아지면 부저로 경고해 주도록 만들어 보겠습니다.

그림 14-1 물 넘침 경고 필요

02 프로젝트 준비하기

1. 부품 준비하기

아래의 표에 나와 있는 부품을 개수에 맞춰 준비합니다.

부품 이미지	부품명	개수
	아두이노 우노	1
	브레드보드	1
	물높이 센서	1
	액티브 부저	1
	빨강 LED	1
	노랑 LED	1
	초록 LED	1

	220Ω 저항	3
	케이블(암암)	8
	케이블(암수)	4

2. 부품 자세히 알아보기

물 높이 센서

다음 그림을 보면서 물 높이 센서의 원리를 알아보겠습니다.

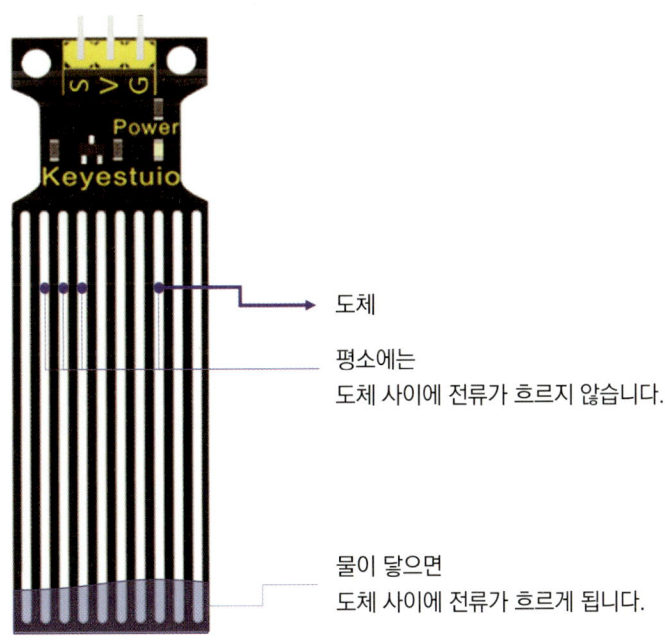

도체

평소에는
도체 사이에 전류가 흐르지 않습니다.

물이 닿으면
도체 사이에 전류가 흐르게 됩니다.

그림 14.2 물 높이 센서 원리

아두이노 프로젝트 12 - 물 높이 알람 장치

키트에 포함된 물 높이 센서는 접촉식 수위 센서로 작동합니다. 센서는 금속 부분과 절연체로 구성되어 있으며, 서로 간격을 두고 배치되어 있습니다. 이렇게 설계된 센서는 도체 사이에 절연체가 있어서 전류가 흐를 수 없는 상태입니다. 그러나 물과 같이 전기를 통할 수 있는 액체가 접촉하면 도체들이 연결되어 전류가 흐를 수 있게 됩니다. 이때 접촉하는 물의 양이 증가함에 따라 전도성이 향상되며 저항이 낮아집니다. 따라서 센서를 수직으로 세우면 물 높이가 높아질수록 저항이 감소하게 됩니다. 이로 인해 발생하는 전압 변화를 측정하여 수위를 결정합니다. 이 책에서 다루지는 않지만 초음파, 적외선, 레이더를 이용한 비접촉식 수위 센서도 있습니다.

3. 소프트웨어 준비하기

이번 챕터에서는 추가 설치할 라이브러리는 없습니다.

03 회로 연결하기

LED의 다리 길이에 유의해서 회로도와 같이 연결해 주세요.

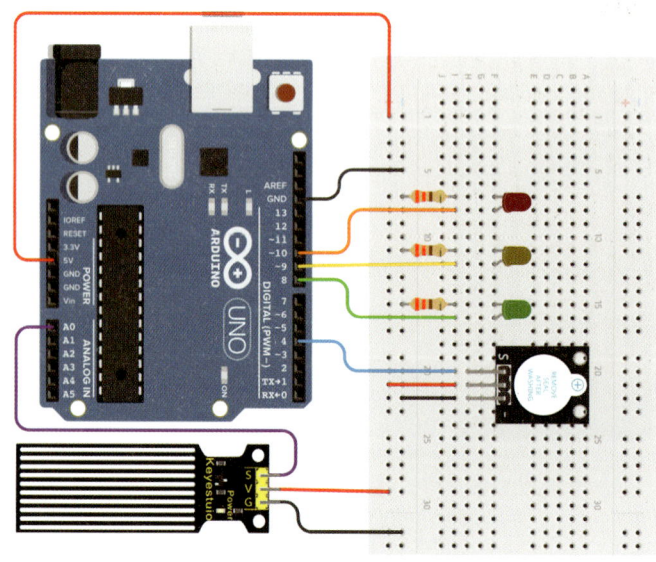

그림 14.3 프로젝트14 회로도

아두이노	물높이 센서
A0	S
5V	V
GND	G

아두이노	부저
4	S
5V	가운데 핀
GND	-

아두이노	초록 LED
8	긴 다리
GND	짧은 다리

아두이노	노랑 LED
9	긴 다리
GND	짧은 다리

아두이노	빨강 LED
10	긴 다리
GND	짧은 다리

04 프로젝트 코딩하기

1. 전체 코드

물 높이 알람 장치의 코딩은 매우 간단합니다. 센서값에 따라 LED와 부저의 출력을 정해 주면 됩니다.

```
1  // 액티브 부저 D4번 핀에 연결
2  #define buzzer 4
3  // LED를 각각 D8, D9, D10에 연결
4  #define green_led 8
5  #define yellow_led 9
6  #define red_led 10
7
8  // 물 높이 센서의 Singal 핀과 아두이노의 A0 연결
9  #define sensorPin A0
10 int sensorValue = 0;
11
12 void setup( ) {
13 // 출력 핀들에 대해 모드 설정
14   pinMode(buzzer,OUTPUT);
15   pinMode(green_led,OUTPUT);
```

아두이노 프로젝트 12 - 물 높이 알람 장치

```
16    pinMode(yellow_led,OUTPUT);
17    pinMode(red_led,OUTPUT);
18    Serial.begin(9600);
19  }
20
21  void loop( ) {
22  // A0핀를 통해 물 높이 센서값 읽어 옵니다.
23    sensorValue = analogRead(sensorPin);
24  // 센서값을 Serial 출력해 줍니다.
25    Serial.print("sensor = ");
26    Serial.println(sensorValue);
27    delay(2);
28  // 1단계 초록색 LED 켜기
29    if((sensorValue>=100)&&(sensorValue<=600)){
30      digitalWrite(buzzer,LOW);
31      digitalWrite(green_led,HIGH);
32      digitalWrite(yellow_led,LOW);
33      digitalWrite(red_led,LOW);
34      }
35  // 2단계 노란색 LED 추가로 켜기
36    else if((sensorValue>=601)&&(sensorValue<=625)){
37      digitalWrite(buzzer,LOW);
38      digitalWrite(green_led,HIGH);
39      digitalWrite(yellow_led,HIGH);
40      digitalWrite(red_led,LOW);
41      }
42  // 3단계 빨간색 LED 추가로 켜고 부저 경고음 울리기
43    else if((sensorValue>=626)&&(sensorValue<=700)){
44      digitalWrite(buzzer,LOW);
45      digitalWrite(green_led,HIGH);
46      digitalWrite(yellow_led,HIGH);
47      digitalWrite(red_led,HIGH);
48      }
49  // 물 높이 수위가 낮으면 모두 끄기
50    else{
51      digitalWrite(buzzer,LOW);
52      digitalWrite(yellow_led,LOW);
53      digitalWrite(green_led,LOW);
54      digitalWrite(red_led,LOW);
55      }
56    delay(100);
57  }
```

코드 14.1 프로젝트 전체 코드

2. 코드 설명

29 물 높이 센서값이 100 이상 600 이하일 때 초록 LED를 켭니다.

36 물 높이 센서값이 601 이상 625 이하일 때 노랑 LED를 추가로 켭니다.

43 물 높이 센서값이 626 이상 700 이하일 때 LED를 모두 켜고, 부저를 울립니다.

LED를 켜는 센서값의 범위는 용기의 크기에 맞게 재설정해 주는 것이 좋습니다.

05 프로젝트 작동해 보기

물 높이가 기준선에 도달 시 초록 LED가 켜집니다.

그림 14.4 프로젝트 실행

물을 조금 더 부으면 노랑 LED도 켜집니다.

그림 14.5 프로젝트 실행

물을 더 많이 부으면 빨강 LED가 켜지고 부저가 울립니다.

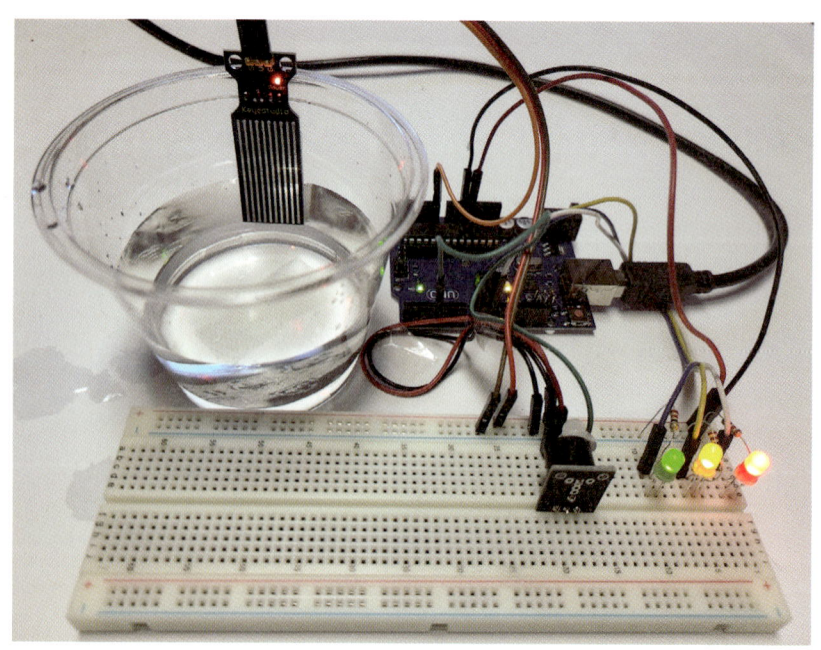

그림 14.6 프로젝트 실행

06 도전 퀴즈

1. TM1637모듈을 연결해서 물 높이 센서값을 표시해 보세요.

☀ 더 해 보기
스마트 수경 재배 시스템 만들기

물 높이 센서값에 따라, 자동으로 물을 급수하도록 만들어 보세요.

이때는 워터펌프 모터, 모터 드라이브가 추가로 필요합니다.

워터펌프 제어에 대한 내용은 아래 블로그를 참고하세요.

https://blog.naver.com/icbanq/221687102021

15
아두이노 프로젝트 13
- 크리스마스 노래 재생기

학습요약	
학습 목표	버튼을 눌러 각기 다른 음악을 연주해 보도록 만들어 봅시다.
핵심 키워드	아두이노, 패시브 부저, tone
준비물	아두이노 우노 USB2.0 A-B 케이블 아두이노 센서 쉴드 점퍼 케이블 디지털 택트 푸시 버튼 패시브 부저 I2C LCD
학습 시간	1시간
학습 난이도	★★★☆☆

01 프로젝트 미리 보기

음악 파일은 일반적으로 WAV, MP3, FLAC, AAC, OGG 등과 같은 디지털 오디오 형식으로 저장됩니다. 이러한 파일 형식은 오디오 데이터를 디지털 신호로 변환하여 인코딩하여 저장하는 역할을 합니다. 음악을 재생할 때는 저장된 디지털 오디오 데이터를 디코딩하여 다시 아날로그 오디오 신호로 변환합니다. 이 변환 작업을 통해 오디오 신호가 스피커나 헤드폰과 같은 장치를 통해 소리로 들릴 수 있게 됩니다.

이번 챕터에서는 크리스마스 캐럴의 악보를 배열 형식으로 저장하고(인코딩), 이를 패시브 부저를 사용하여 연주(디코딩)하는 방법을 다루게 됩니다.

그림 15.1 크리스마스 캐럴

02 프로젝트 준비하기

1. 부품 준비하기

아래의 표에 나와 있는 부품을 개수에 맞춰 준비합니다.

부품 이미지	부품명	개수
	아두이노 우노	1
	아두이노 센서 쉴드 V5	1
	디지털 택트 푸시 버튼	3
	패시브 부저	1
	I2C LCD	1
	케이블(암암)	20

2. 부품 자세히 알아보기

패시브 부저

패시브 부저는 입력으로 전기 신호를 받아 진동을 일으켜 소리를 발생시키는 장치입니다. 전기 신호의 주파수, 전압, 및 패턴에 따라 소리의 높낮이, 길이, 강도 등을 조절할 수 있습니다. 이러한 부저는 외부에서 생성된 전기 신호에 의존하여 진동을 일으켜 소리를 발생시키는 특징이 있습니다.

반면에, 액티브 부저는 자체적으로 소리를 생성하는 장치입니다. 입력으로 전기 신호를 받아 내부의 회로나 소자를 통해 직접 소리를 발생시킵니다.

아래 표는 패시브 부저와 액티브 부저 간의 주요 차이점을 요약한 것입니다.

	패시브 부저	액티브 부저
작동 방식	전기 신호를 입력으로 받아 진동 발생	자체적으로 소리를 생성
구성 요소	피에조, 진동판	진동판, 자석, 코일 등
독립 작동성	외부 전기 신호에 의존	독립적으로 작동 가능
활용 예시	음악, 음향 재생 등	경고음

3. 소프트웨어 준비하기

이전 챕터에서는 사용했던 LCD 라이브러리가 필요합니다. "LiquidCrystal I2C by Frank de Branbander"가 설치되어 있는지 확인해 주세요.

그림 15.2 LCD 라이브러리 설치

03 회로 연결하기

실제 LCD의 SDA, SCL의 위치와 회로도 상의 SDA, SCL 위치가 다를 수 있습니다. LCD 및 아두이노 센서 쉴드에 표기된 글자에 유의하여 연결해 주세요.

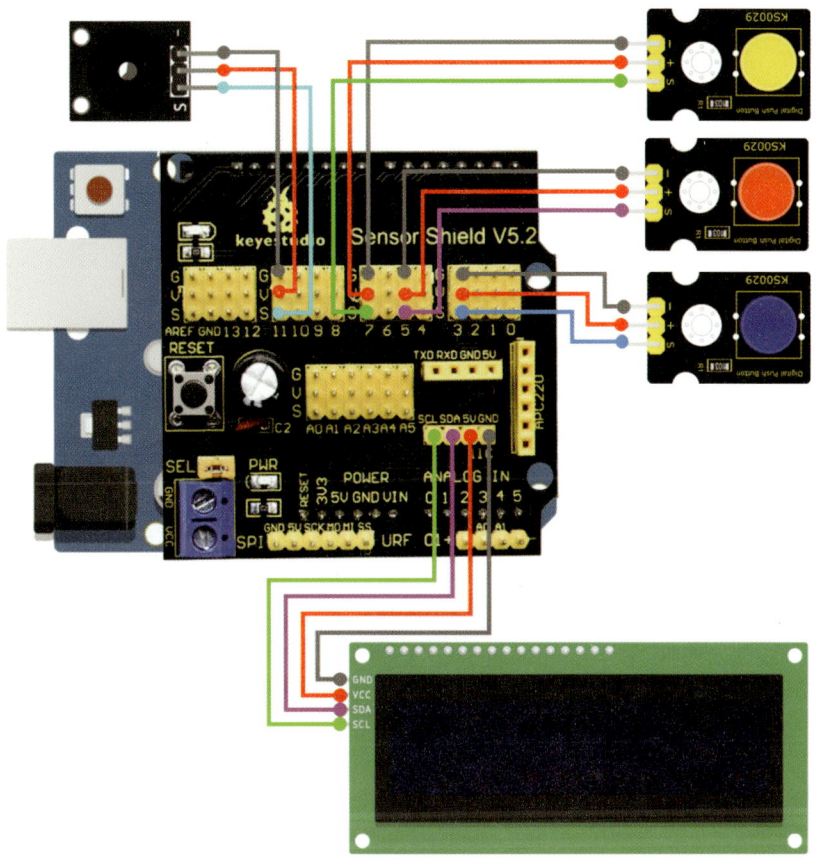

그림 15.3 프로젝트15 회로도

센서 쉴드	패시브 부저
S : 11	S
V	V
G	G

센서 쉴드	버튼1
S : 3	S
V	V
G	G

센서 쉴드	I2C LCD
SCL	SCL
SDA	SDA
5V	VCC
GND	GND

센서 쉴드	버튼2
S : 5	S
V	V
G	G

센서 쉴드	버튼3
S : 7	S
V	V
G	G

04 프로젝트 코딩하기

1. 전체 코드

크리스마스 노래 재생기 프로젝트에서는 3개의 파일로 나누어 코딩할 것입니다.

- pitches.h : 음표와 그 주파수(Hz)를 정의한 파일입니다.
- songs.h : 크리스마스 캐럴들의 음표와 주기를 배열로 정리하여 모아 놓은 파일입니다.
- 음악 재생 코드 : setup( )과 loop( )가 있는 실제 실행되는 코드들이 있는 파일입니다.

이렇게 파일을 분리하는 이유는 코드가 길어지는 것을 방지하여 가독성을 높이고, 같은 기능끼리 정리해 두어 유지보수를 쉽게 하기 위해서입니다.

pitches.h 파일을 코딩하기 위해 탭을 추가해 줍니다.

오른쪽 위 점 세 개를 눌러 새 탭 메뉴를 선택합니다.

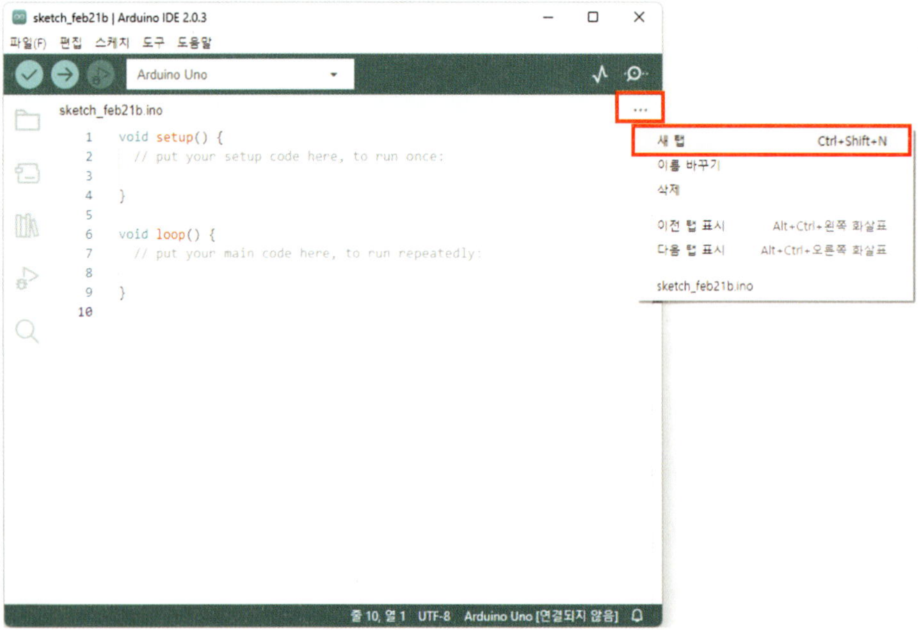

그림 15.4 코드 새 탭 추가하기

파일 이름 입력창이 발생하면 pitches.h 입력해 줍니다.

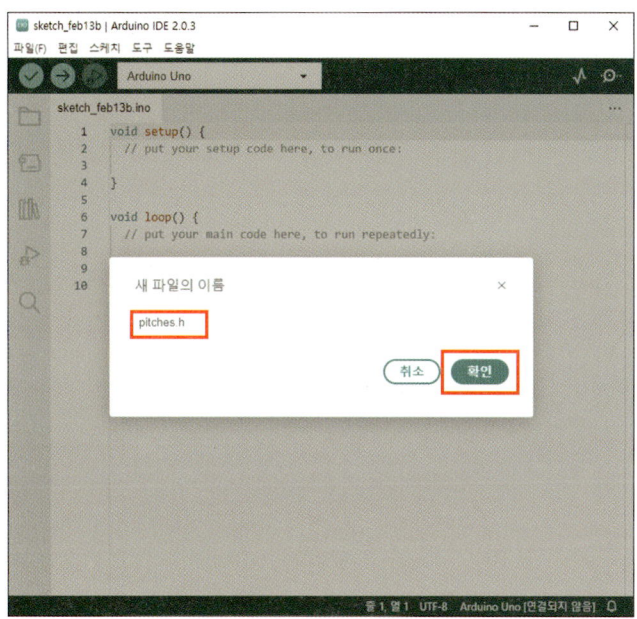

그림 15.5 코드 새 탭 추가하기

.ino파일 옆에 pitches.h 탭이 생긴 것을 볼 수 있습니다.

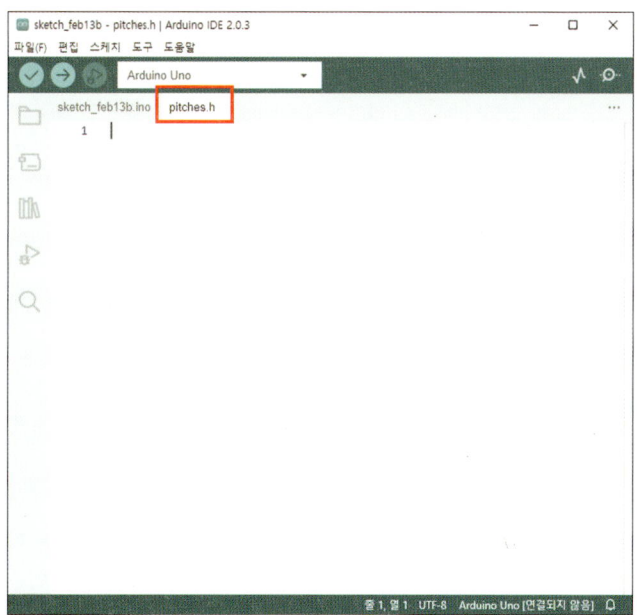

그림 15.6 코드 새 탭 추가하기

같은 방법으로 songs.h 파일탭을 만들어 줍니다.

```
1  #define NOTE_B0   31
2  #define NOTE_C1   33
3  #define NOTE_CS1  35
4  #define NOTE_D1   37
5  #define NOTE_DS1  39
6  #define NOTE_E1   41
7  #define NOTE_F1   44
8  #define NOTE_FS1  46
9  #define NOTE_G1   49
10 #define NOTE_GS1  52
11 #define NOTE_A1   55
12 #define NOTE_AS1  58
13 #define NOTE_B1   62
14 #define NOTE_C2   65
15 #define NOTE_CS2  69
16 #define NOTE_D2   73
17 #define NOTE_DS2  78
18 #define NOTE_E2   82
19 #define NOTE_F2   87
20 #define NOTE_FS2  93
21 #define NOTE_G2   98
22 #define NOTE_GS2  104
23 #define NOTE_A2   110
24 #define NOTE_AS2  117
25 #define NOTE_B2   123
26 #define NOTE_C3   131
27 #define NOTE_CS3  139
28 #define NOTE_D3   147
29 #define NOTE_DS3  156
30 #define NOTE_E3   165
31 #define NOTE_F3   175
32 #define NOTE_FS3  185
33 #define NOTE_G3   196
34 #define NOTE_GS3  208
35 #define NOTE_A3   220
36 #define NOTE_AS3  233
37 #define NOTE_B3   247
38 #define NOTE_C4   262
39 #define NOTE_CS4  277
40 #define NOTE_D4   294
41 #define NOTE_DS4  311
```

```
42  #define NOTE_E4   330
43  #define NOTE_F4   349
44  #define NOTE_FS4  370
45  #define NOTE_G4   392
46  #define NOTE_GS4  415
47  #define NOTE_A4   440
48  #define NOTE_AS4  466
49  #define NOTE_B4   494
50  #define NOTE_C5   523
51  #define NOTE_CS5  554
52  #define NOTE_D5   587
53  #define NOTE_DS5  622
54  #define NOTE_E5   659
55  #define NOTE_F5   698
56  #define NOTE_FS5  740
57  #define NOTE_G5   784
58  #define NOTE_GS5  831
59  #define NOTE_A5   880
60  #define NOTE_AS5  932
61  #define NOTE_B5   988
62  #define NOTE_C6   1047
63  #define NOTE_CS6  1109
64  #define NOTE_D6   1175
65  #define NOTE_DS6  1245
66  #define NOTE_E6   1319
67  #define NOTE_F6   1397
68  #define NOTE_FS6  1480
69  #define NOTE_G6   1568
70  #define NOTE_GS6  1661
71  #define NOTE_A6   1760
72  #define NOTE_AS6  1865
73  #define NOTE_B6   1976
74  #define NOTE_C7   2093
75  #define NOTE_CS7  2217
76  #define NOTE_D7   2349
77  #define NOTE_DS7  2489
78  #define NOTE_E7   2637
79  #define NOTE_F7   2794
80  #define NOTE_FS7  2960
81  #define NOTE_G7   3136
82  #define NOTE_GS7  3322
83  #define NOTE_A7   3520
84  #define NOTE_AS7  3729
85  #define NOTE_B7   3951
```

```
86  #define NOTE_C8   4186
87  #define NOTE_CS8  4435
88  #define NOTE_D8   4699
89  #define NOTE_DS8  4978
90  #define REST      0
```

코드 15.1 pitches.h

각 음표의 주파수는 해당 음의 진동수로 결정됩니다. 음은 공기압의 변화로 발생하며, 음의 높낮이는 그 진동수에 따라 결정됩니다. 예를 들어, 도(C4)는 440Hz의 주파수를 가지며, 초당 440번의 진동으로 음이 발생합니다. 음의 높이가 높아질수록 진동수가 증가하고, 낮아질수록 감소합니다. 악기의 종류나 연주 방법에 따라 음의 주파수는 다양하게 변화할 수 있습니다. pitches.h 파일에는 패시브 부저에 맞게 설정된 주파수 값이 표시되어 있습니다.

```
1   #include "pitches.h"
2
3   int we_wish_xmas[] = {
4   NOTE_D4, 4,
5   NOTE_G4, 4, NOTE_G4, 8, NOTE_A4, 8, NOTE_G4, 8, NOTE_FS4, 8,
6   NOTE_E4, 4, NOTE_E4, 4, NOTE_E4, 4,
7   NOTE_A4, 4, NOTE_A4, 8, NOTE_B4, 8, NOTE_A4, 8, NOTE_G4, 8,
8   NOTE_FS4, 4, NOTE_D4, 4, NOTE_D4, 4,
9   NOTE_B4, 4, NOTE_B4, 8, NOTE_C5, 8, NOTE_B4, 8, NOTE_A4, 8,
10  NOTE_G4, 4, NOTE_E4, 4, NOTE_D4, 8, NOTE_D4, 8,
11  NOTE_E4, 4, NOTE_A4, 4, NOTE_FS4, 4,
12  NOTE_G4, 2, NOTE_D4, 4,
13  NOTE_G4, 4, NOTE_G4, 4, NOTE_G4, 4,
14  NOTE_FS4, 2, NOTE_FS4, 4,
15  NOTE_G4, 4, NOTE_FS4, 4, NOTE_E4, 4,
16  NOTE_D4, 2, NOTE_A4, 4,
17  NOTE_B4, 4, NOTE_A4, 4, NOTE_G4, 4,
18  NOTE_D5, 4, NOTE_D4, 4, NOTE_D4, 8, NOTE_D4, 8,
19  NOTE_E4, 4, NOTE_A4, 4, NOTE_FS4, 4,
20  NOTE_G4, 2, REST, 4,
21  };
22
23  int the_first_nowell[] = {
24  REST, 2, NOTE_FS4, 8, NOTE_E4, 8,
25  NOTE_D4, -4, NOTE_E4, 8, NOTE_FS4, 8, NOTE_G4, 8,
26  NOTE_A4, 2, NOTE_B4, 8, NOTE_CS5, 8,
27  NOTE_D5, 4, NOTE_CS5, 4, NOTE_B4, 4,
```

```
28  NOTE_A4, 2, NOTE_B4, 8, NOTE_CS5, 8,
29  NOTE_D5, 4, NOTE_CS5, 4, NOTE_B4, 4,
30  NOTE_A4, 4, NOTE_B4, 4, NOTE_CS5, 4,
31  NOTE_D5, 4, NOTE_A4, 4, NOTE_G4, 4,
32  NOTE_FS4, 2, NOTE_FS4, 8, NOTE_E4, 8,
33  NOTE_D4, -4, NOTE_E4, 8, NOTE_FS4, 8,
34  NOTE_G4, 8, NOTE_A4, 2, NOTE_B4, 8, NOTE_CS5, 8,
35  NOTE_D5, 4, NOTE_CS5, 4, NOTE_B4, 4,
36  NOTE_A4, 2, NOTE_B4, 8, NOTE_CS5, 8,
37  NOTE_D5, 4, NOTE_CS5, 4, NOTE_B4, 4,
38  NOTE_A4, 4, NOTE_B4, 4, NOTE_CS5, 4,
39  NOTE_D5, 4, NOTE_A4, 4, NOTE_G4, 4,
40  NOTE_FS4, 2, NOTE_FS4, 8, NOTE_E4, 8,
41  NOTE_D4, -4, NOTE_E4, 8, NOTE_FS4, 8, NOTE_G4, 8,
42  NOTE_A4, 2, NOTE_D5, 8, NOTE_CS5, 8,
43  NOTE_B4, 2, NOTE_B4, 4,
44  NOTE_A4, -4, NOTE_D5, 4, NOTE_CS5, 4, NOTE_B4, 4,
45  NOTE_A4, 4, NOTE_B4, 4, NOTE_CS5, 4,
46  NOTE_D5, 4, NOTE_A4, 4, NOTE_G4, 4, NOTE_FS4, -4,
47  };
48
49  int silent_night[] = {
50  NOTE_G4, -4, NOTE_A4, 8, NOTE_G4, 4,
51  NOTE_E4, -4, NOTE_G4, -4, NOTE_A4, 8, NOTE_G4, 4,
52  NOTE_E4, -4, NOTE_D5, 2, NOTE_D5, 4,
53  NOTE_B4, -4, NOTE_C5, 2, NOTE_C5, 4, NOTE_G4, -4,
54  NOTE_A4, 2, NOTE_A4, 4,
55  NOTE_C5, -4, NOTE_B4, 8, NOTE_A4, 4,
56  NOTE_G4, -4, NOTE_A4, 8, NOTE_G4, 4,
57  NOTE_E4, -4, NOTE_A4, 2, NOTE_A4, 4,
58  NOTE_C5, -4, NOTE_B4, 8, NOTE_A4, 4,
59  NOTE_G4, -4, NOTE_A4, 8, NOTE_G4, 4,
60  NOTE_E4, -4, NOTE_D5, 2, NOTE_D5, 4,
61  NOTE_F5, -4, NOTE_D5, 8, NOTE_B4, 4,
62  NOTE_C5, -4, NOTE_E5, -4,
63  NOTE_C5, 4, NOTE_G4, 4, NOTE_E4, 4,
64  NOTE_G4, -4, NOTE_F4, 8, NOTE_D4, 4,
65  NOTE_C4, -2,
66  };
67
68  int jingle_bells[] = {
69  NOTE_E5, 4, NOTE_E5, 4, NOTE_E5, 2,
70  NOTE_E5, 4, NOTE_E5, 4, NOTE_E5, 2,
71  NOTE_E5, 4, NOTE_G5, 4, NOTE_C5, 4, NOTE_D5, 4,  NOTE_E5,1,
```

```
72  NOTE_F5, 4, NOTE_F5, 4,   NOTE_F5, 4,
73  NOTE_F5, 4, NOTE_F5, 4, NOTE_E5,4,
74  NOTE_E5, 4, NOTE_E5, 2, NOTE_E5, 4,
75  NOTE_D5, 4, NOTE_D5, 4, NOTE_E5, 4, NOTE_D5, 2, NOTE_G5,2,
76  NOTE_E5, 4, NOTE_E5, 4, NOTE_E5, 2, NOTE_E5, 4,
77  NOTE_E5, 4, NOTE_E5, 2, NOTE_E5, 4,
78  NOTE_G5, 4, NOTE_C5, 4, NOTE_D5, 4, NOTE_E5, 1,
79  NOTE_F5, 4, NOTE_F5, 4, NOTE_F5, 4,
80  NOTE_F5, 4, NOTE_F5, 4, NOTE_E5, 4,
81  NOTE_E5, 4, NOTE_E5, 2, NOTE_G5, 4,
82  NOTE_G5, 4,  NOTE_F5, 4, NOTE_D5,4,  NOTE_C5, 1,
83  };
84
85  int santa_claus_is_coming_to_town[] = {
86  NOTE_G4, 8,
87  NOTE_E4, 8, NOTE_F4, 8, NOTE_G4, 4, NOTE_G4, 4, NOTE_G4,4,
88  NOTE_A4, 8, NOTE_B4,8, NOTE_C5, 4, NOTE_C5, 4, NOTE_C5,4,
89  NOTE_E4, 8, NOTE_F4, 8, NOTE_G4, 4, NOTE_G4, 4, NOTE_G4,4,
90  NOTE_A4, 8, NOTE_G4, 8, NOTE_F4, 4, NOTE_F4,2,
91  NOTE_E4, 4, NOTE_G4, 4, NOTE_C4, 4, NOTE_E4,4,
92  NOTE_D4, 4, NOTE_F4, 2, NOTE_B3,4,
93  NOTE_C4, 1
94  };
```

코드 15.2 songs.h

```
1  #include <LiquidCrystal_I2C.h>
2  #include "songs.h"
3
4  #define speaker   11// 스피커/버저용 디지털 핀 번호
5
6  #define button1  3
7  #define button2  5
8  #define button3  7
9  // 16자 및 2줄 디스플레이를 위해 LCD 주소를 0x27로 설정
10 LiquidCrystal_I2C lcd(0x27,16,2);
11
12 // 음악 속도 : 이것을 변경하여 노래를 더 느리게 또는 더 빠르게 설정할 수 있습니다.
13 int tempo = 120;
14 // 이것은 음표의 지속 시간을 ms 단위로 계산합니다.
15 int wholenote = (60000*4)/ tempo;
16
17 /* LCD 제목 표시 함수 :
18 제목의 문자열을 인자로 받습니다. */
19 void displayTitle(String title)
20 {
21 /* LCD의 한 줄의 길이가 16이므로
22 제목의 길이가 16보다 크면 두 줄로 나누어 표시해 줍니다. */
23     if(title.length( ) > 16)
24     {
25       lcd.setCursor(0,0);// 첫째 줄로 커서 이동
26       lcd.print(title.substring(0, 16));
27       lcd.setCursor(0,1);// 둘째 줄로 커서 이동
28       lcd.print(title.substring(16));
29     }
30     else {
31       lcd.setCursor(0,0);// 첫째 줄로 커서 이동
32       lcd.print(title);
33     }
34 };
35
36 /* 음악 연주 함수  :
37 음악 데이터가 있는 배열 주소와 크기를 인자로 받습니다.*/
38 void playMusic(int melody[], int notes)
39 {
40     int divider = 0, noteDuration = 0;
41
42     Serial.println("start song");
43     for (int thisNote = 0; thisNote < notes; thisNote = thisNote + 2){
44         // 각 음표의 길이를 계산합니다.
```

```
45            divider = melody[thisNote + 1];
46        if (divider > 0) {
47            // 일반 속도 음표, 그냥 나누어 줍니다.
48            noteDuration = (wholenote)/ divider;
49        } else if (divider < 0) {
50            // 점음표는 속도를 음수로 표시해 두었습니다.
51            noteDuration = (wholenote)/abs(divider);
52            noteDuration *= 1.5;// 점음표의 지속 시간을 1.5배로 늘립니다.
53        }
54
55 // 지속 시간의 90% 동안만 음표를 연주하고 10%는 일시 중지로 둡니다.
56        tone(speaker, melody[thisNote], noteDuration * 0.9);
57
58 // 다음 음을 연주하기 전에 지정된 시간 동안 기다립니다.
59        delay(noteDuration);
60
61 // 다음 음표 재생 전에 주파수 생성을 중지합니다.
62        noTone(speaker);
63    }
64    Serial.println("end song");
65 };
66
67 void setup( ) {
68   Serial.begin(9600);
69 // 부저 설정
70   pinMode(speaker, OUTPUT);
71 // LCD 초기화
72   lcd.init( );
73   lcd.backlight( );
74 // 버튼 핀 모드 설정
75   pinMode(button1, INPUT);
76   pinMode(button2, INPUT);
77   pinMode(button3, INPUT);
78 }
79
80 void loop( ) {
81 // 음악의 전체 길이를 저장하는 변수
82   int notes = 0;
83 // 각 버튼 핀의 상태를 저장하는 변수
84   int ibutton1 = digitalRead(button1);
85   int ibutton2 = digitalRead(button2);
86   int ibutton3 = digitalRead(button3);
87
```

```
88    Serial.print(digitalRead(button1));
89    Serial.print(" ");
90    Serial.print(digitalRead(button2));
91    Serial.print(" ");
92    Serial.print(digitalRead(button3));
93    Serial.println(" ");
94
95    if(ibutton1 == LOW)// 3번 핀과 연결된 버튼이 눌렸을 때,
96    {
97      displayTitle("We wish you a merry christmas");
98      notes = sizeof(we_wish_xmas)/ sizeof(int);
99      playMusic(we_wish_xmas, notes);
100   }
101   else if(ibutton2 == LOW)// 5번 핀과 연결된 버튼이 눌렸을 때,
102   {
103     displayTitle("Silent night");
104     notes = sizeof(silent_night)/ sizeof(int);
105     playMusic(silent_night, notes);
106   }
107   else if(ibutton3 == LOW)// 8번 핀과 연결된 버튼이 눌렸을 때,
108   {
109     displayTitle("Jingle bells");
110     notes = sizeof(jingle_bells)/ sizeof(int);
111     playMusic(jingle_bells, notes);
112   }
113   else {
114     notes = 0;
115     lcd.clear( );
116   }
117 }
```

코드 15.3 음악 재생 코드

2. 코드 설명

· pitches.h

각 라인은 음표 이름과 그 주파수 값을 정의한 것입니다.

· songs.h

1 음표를 정의한 "pitches.h"를 include합니다.

3 "We wish you a merry christmas" 음악이 정의된 배열입니다.

4 NOTE_D4는 레, 4는 4분음표를 표기 한 것입니다, 이처럼 음악을 정의한 배열에는 각 음표와 그 길이가 함께 짝을 이루어 나열되었습니다.

23 "The first nowell" 음악이 정의된 배열입니다.

25 점음표는 정음표와 구분하기 위하여 음수로 표시했습니다.

49 "Silent night" 음악이 정의된 배열입니다.

68 "Jingle bells" 음악이 정의된 배열입니다.

85 "Santa clause is coming to town" 음악이 정의된 배열입니다.

· 음악 재생 코드

38 음악의 멜로디는 배열로 전달되기 때문에 int melody[ ]로 매개 변수를 선언했습니다.

43 음악 배열은 음계+길이의 쌍으로 나열되어 있으므로 for문에서 thisNode를 2씩 증가시켰습니다.

46 정음표의 음악 길이는 그대로 나누어 줍니다.

52 점음표는 표시된 음악 길이에 1.5를 곱하여 줍니다.

97 음악의 제목을 LCD에 표시하기 위해서 displayTitle 함수를 호출해 줍니다.

98 음악의 길이를 계산해 줍니다. sizeof 함수는 변수가 메모리상에 차지하는 크기를 리턴해 줍니다. 즉, sizeof의 결과값은 '자료형의 크기 × 변수의 길이'가 됩니다. 우리는 변수의 길이가 필요하므로 다시 자료형의 크기로 나누어 주었습니다.

99 음악을 재생하기 위하여 playMusic을 호출해 줍니다. 이때, 매개 변수로는 음악의 배열과 길이를 넘겨 줍니다.

114~115 버튼이 눌려지지 않았을 때는 notes값을 초기화하고, LCD를 지워 줍니다.

05 프로젝트 작동해 보기

버튼을 누르면 음악이 재생되고 그 음악의 제목이 LCD에 나타나는 것을 볼 수 있습니다.

3번 핀과 연결된 버튼이 눌렸을 때 "We wish you a merry Christmas"를 display하고 곡을 연주합니다.

그림 15.7 프로젝트 실행

5번 핀과 연결된 버튼이 눌렸을 때 "Silent night"를 display하고 곡을 연주합니다.

그림 15.8 프로젝트 실행

8번 핀과 연결된 버튼이 눌렸을 때 "Jingle bells"를 display하고 곡을 연주합니다.

그림 15.9 프로젝트 실행

06 도전 퀴즈

songs.h 파일에 2개의 노래가 더 선언되어 있습니다.
'Santa_claus_is_coming_to_town', 'the_first_nowell' 버튼을 추가하여 나머지 2개의 노래도 play할 수 있게 만들어 보세요.

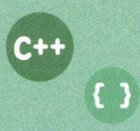

16
아두이노 프로젝트 14
- 회전하며 노래하는 오르골

학습요약	
학습 목표	음악을 연주하는 동시에 모터를 움직이는 오르골을 만들어 봅시다.
핵심 키워드	아두이노, 패시브 부저, tone, 서보모터
준비물	아두이노 우노 USB2.0 A-B 케이블 아두이노 센서 쉴드 디지털 택트 푸시 버튼 패시브 부저 서보모터
학습 시간	1시간
학습 난이도	★★★★☆

01 프로젝트 미리보기

작은 인형이나 장식, 크리스마스트리 같은 것들이 움직이며 청량한 소리를 내는 오르골을 들여다본 적이 있을 겁니다. 오르골의 좋은 소리와 반복적인 멜로디는 가벼운 기분을 불러일으키고 그 소리를 들으며 편안하게 쉴 수 있는 시간을 만들어 줍니다.

그때의 편안한 추억을 되살려 아두이노로 인형을 움직이며 곡을 연주하는 오르골을 만들어 봅시다.

그림 16.1 오르골

02 프로젝트 준비하기

1. 부품 준비하기

아래의 표에 나와 있는 부품을 개수에 맞춰 준비합니다.

부품 이미지	부품명	개수
	아두이노 우노	1
	아두이노 센서 쉴드 V5	1
	디지털 택트 푸시 버튼	3
	패시브 부저	1
	서보모터	1
	케이블(암암)	9

2. 소프트웨어 준비하기

이번 챕터에서는 추가 설치할 라이브러리는 없습니다.

03 회로 연결하기

서보모터의 선 색깔에 유의하여 회로를 연결해 주세요.

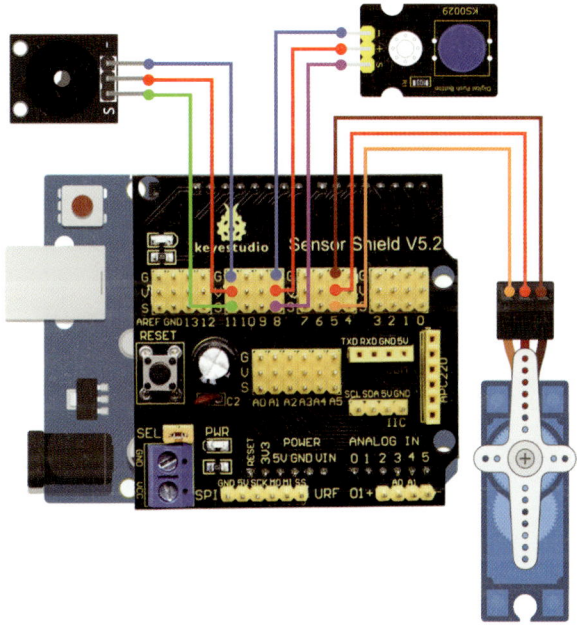

그림 16.2 프로젝트 16 회로도

아두이노 & 센서 쉴드	패시브 부저
S : 11	S
V	V
G	G

아두이노 & 센서 쉴드	버튼
S : 8	S
V	V
G	G

아두이노 & 센서 쉴드	서보모터
S : 5	주황선
V	빨간선
G	갈색선

04 프로젝트 코딩하기

1. 예제 코드 delay( ) 함수 없이 LED 깜박이기

이 챕터에서는 한 번에 두 가지 일을 해야 합니다. 곡을 연주하면서 동시에 서보모터를 움직여야 합니다. 이 경우에 delay( )를 사용하면 안 됩니다.

챕터 15에서 음악의 tone을 재생시키고 연주 시간을 확보하기 위해 delay( )를 사용했습니다. 그런데 delay( )가 동작하는 동안 Arduino는 프로그램을 일시 중지하기 때문에 서보는 멈추어 있게 됩니다. delay( )를 쓴다면, 한음이 연주되는 동안 서보는 동작할 수 없습니다.

이 상황은, 전자레인지로 피자를 데우면서 중요한 이메일을 보내는 것에 비유할 수 있습니다. 피자를 전자레인지에 넣고 10분간 돌렸다고 가정해 봅시다. delay( )를 사용하는 것은 전자레인지 앞에 앉아 타이머가 10분에서 0이 될 때까지 카운트다운을 지켜보는 것입니다. 이 시간 동안 중요한 이메일을 보낼 수 없습니다.

실생활에서 우리는 전자레인지를 켜고 이메일을 보낸 다음 다른 일도 할 것입니다. 그리고 가끔 전자레인지 앞에 와서 타이머가 0이 되었는지 확인할 것입니다.

이처럼 곡을 연주시킨 후, 서보모터를 움직이고 계속 타이머를 체크하여 다음 음을 연주하도록 코딩해 보겠습니다.

예제 프로그램을 통해 delay( )를 쓰지 않고 대기 시간이 지났음을 확인하는 법을 익히도록 하겠습니다.

파일 → 예제 → 02.Digital → BlinkWithoutDelay를 실행합니다.

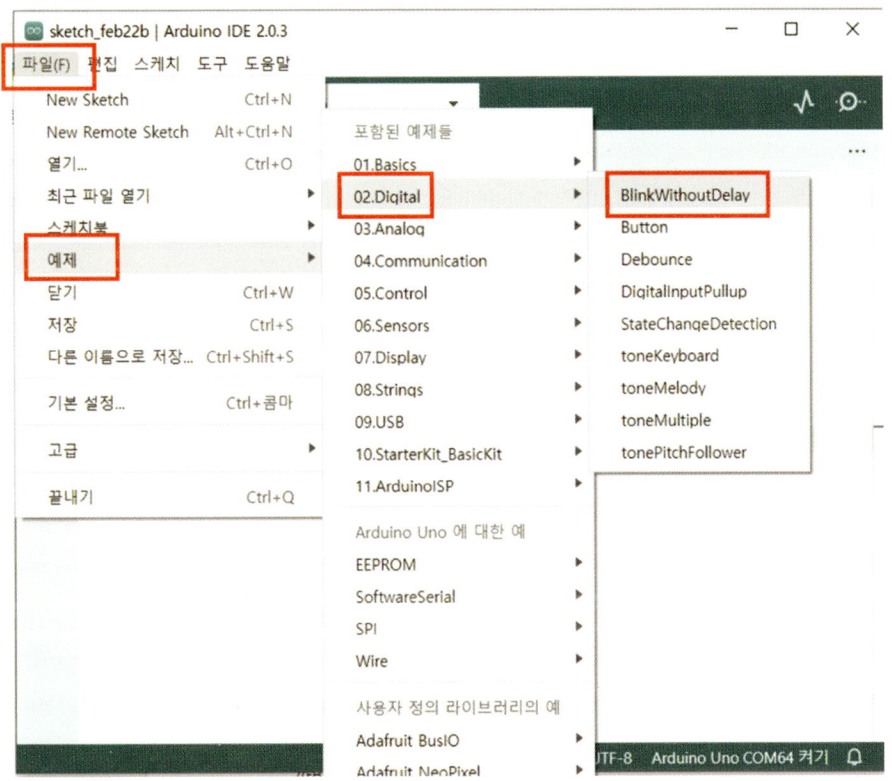

그림 16.3 BlinkWithoutDelay 예제

코드를 업로드하면 아두이노에 내장된 LED가 1초마다 깜박이는 것을 확인할 수 있습니다. 예제 코드를 살펴보면 delay( ) 함수를 사용하지 않는 것을 알 수 있습니다.

예제 코드는 다음과 같은 동작을 합니다. 먼저 LED를 켜고 시간을 기록합니다. 그리고 매번 loop( ) 함수가 호출될 때마다, 지난 시간으로부터 1초(1000ms)가 지났는지 확인합니다. 만약 1초가 지났다면 LED의 상태를 변경하고 새로운 시간을 기록합니다. 그리고 시간을 체크한 후에는 다른 코드를 수행할 수 있습니다. 이렇게 함으로써 LED가 1초 동안 상태가 변경되는 것을 기다리는 동안에도 다른 작업을 처리할 수 있습니다.

```
/*
Blink without Delay

Turns on and off a light emitting diode (LED) connected to a digital pin,
without using the delay() function. This means that other code can run at the
same time without being interrupted by the LED code.

The circuit:
- Use the onboard LED.
- Note: Most Arduinos have an on-board LED you can control. On the UNO, MEGA
and ZERO it is attached to digital pin 13, on MKR1000 on pin 6. LED_BUILTIN
is set to the correct LED pin independent of which board is used.
If you want to know what pin the on-board LED is connected to on your
Arduino model, check the Technical Specs of your board at:
https://www.arduino.cc/en/Main/Products

created 2005
by David A. Mellis
modified 8 Feb 2010
by Paul Stoffregen
modified 11 Nov 2013
by Scott Fitzgerald
modified 9 Jan 2017
by Arturo Guadalupi

This example code is in the public domain.

https://www.arduino.cc/en/Tutorial/BuiltInExamples/BlinkWithoutDelay
*/

// constants won't change. Used here to set a pin number:
const int ledPin = LED_BUILTIN;// the number of the LED pin

// Variables will change:
int ledState = LOW;// ledState used to set the LED

// Generally, you should use "unsigned long" for variables that hold time
// The value will quickly become too large for an int to store
unsigned long previousMillis = 0;// will store last time LED was updated

// constants won't change:
const long interval = 1000;// interval at which to blink (milliseconds)

void setup( ) {
```

```
45  // set the digital pin as output:
46    pinMode(ledPin, OUTPUT);
47  }
48
49  void loop( ) {
50  // here is where you'd put code that needs to be running all the time.
51
52  // check to see if it's time to blink the LED; that is, if the difference
53  // between the current time and last time you blinked the LED is bigger than
54  // the interval at which you want to blink the LED.
55    unsigned long currentMillis = millis( );
56
57    if (currentMillis - previousMillis >= interval) {
58  // save the last time you blinked the LED
59      previousMillis = currentMillis;
60  // if the LED is off turn it on and vice-versa:
61      if (ledState == LOW) {
62        ledState = HIGH;
63      } else {
64        ledState = LOW;
65      }
66
67  // set the LED with the ledState of the variable:
68      digitalWrite(ledPin, ledState);
69    }
70  }
```

코드 16.1 BlinkWithoutDelay 예제

39 previousMillis는 LED 상태가 마지막으로 바뀐 시간을 기록할 변수입니다.

42 LED가 깜박이는 간격은 1초입니다.

55 현재의 시간을 기록합니다.

57 "마지막 변경된 시간 - 현재 시간" 값이 깜박임 간격보다 큰지 확인합니다. 조건문이 true이면 1초가 지난 것이므로 LED를 바꿔 줘야 합니다.

59 마지막 변경된 시간을 현재 시간으로 update합니다.

61~65 LED 상태를 나타내는 변수를 업데이트합니다.

2. 전체 코드

이 챕터에서는 2개의 파일로 나누어 코딩할 것입니다.

- pitches.h : 음표와 그 주파수(Hz)를 정의한 파일입니다. 챕터 15에서 사용한 파일을 재사용하면 됩니다.
- 오르골 동작 코드 : setup( )과 loop( )가 있는 실제 실행되는 코드들이 있는 파일입니다.

챕터 15와 같이 pitches.h 파일 탭을 추가하여 편집할 수도 있고, 아두이노 ino 파일을 저장한 뒤 해당 폴더에 이전에 사용했던 pitches.h 파일을 복사해 주어도 됩니다.

그림 16.4 pitches.h 파일 복사하기

```
1  #define NOTE_B0   31
2  #define NOTE_C1   33
3  #define NOTE_CS1  35
4  #define NOTE_D1   37
5  #define NOTE_DS1  39
6  #define NOTE_E1   41
7  #define NOTE_F1   44
8  #define NOTE_FS1  46
9  #define NOTE_G1   49
10 #define NOTE_GS1  52
11 #define NOTE_A1   55
12 #define NOTE_AS1  58
13 #define NOTE_B1   62
14 #define NOTE_C2   65
15 #define NOTE_CS2  69
16 #define NOTE_D2   73
17 #define NOTE_DS2  78
18 #define NOTE_E2   82
```

```
19  #define NOTE_F2   87
20  #define NOTE_FS2  93
21  #define NOTE_G2   98
22  #define NOTE_GS2  104
23  #define NOTE_A2   110
24  #define NOTE_AS2  117
25  #define NOTE_B2   123
26  #define NOTE_C3   131
27  #define NOTE_CS3  139
28  #define NOTE_D3   147
29  #define NOTE_DS3  156
30  #define NOTE_E3   165
31  #define NOTE_F3   175
32  #define NOTE_FS3  185
33  #define NOTE_G3   196
34  #define NOTE_GS3  208
35  #define NOTE_A3   220
36  #define NOTE_AS3  233
37  #define NOTE_B3   247
38  #define NOTE_C4   262
39  #define NOTE_CS4  277
40  #define NOTE_D4   294
41  #define NOTE_DS4  311
42  #define NOTE_E4   330
43  #define NOTE_F4   349
44  #define NOTE_FS4  370
45  #define NOTE_G4   392
46  #define NOTE_GS4  415
47  #define NOTE_A4   440
48  #define NOTE_AS4  466
49  #define NOTE_B4   494
50  #define NOTE_C5   523
51  #define NOTE_CS5  554
52  #define NOTE_D5   587
53  #define NOTE_DS5  622
54  #define NOTE_E5   659
55  #define NOTE_F5   698
56  #define NOTE_FS5  740
57  #define NOTE_G5   784
58  #define NOTE_GS5  831
59  #define NOTE_A5   880
60  #define NOTE_AS5  932
61  #define NOTE_B5   988
62  #define NOTE_C6   1047
```

```
63  #define NOTE_CS6  1109
64  #define NOTE_D6   1175
65  #define NOTE_DS6  1245
66  #define NOTE_E6   1319
67  #define NOTE_F6   1397
68  #define NOTE_FS6  1480
69  #define NOTE_G6   1568
70  #define NOTE_GS6  1661
71  #define NOTE_A6   1760
72  #define NOTE_AS6  1865
73  #define NOTE_B6   1976
74  #define NOTE_C7   2093
75  #define NOTE_CS7  2217
76  #define NOTE_D7   2349
77  #define NOTE_DS7  2489
78  #define NOTE_E7   2637
79  #define NOTE_F7   2794
80  #define NOTE_FS7  2960
81  #define NOTE_G7   3136
82  #define NOTE_GS7  3322
83  #define NOTE_A7   3520
84  #define NOTE_AS7  3729
85  #define NOTE_B7   3951
86  #define NOTE_C8   4186
87  #define NOTE_CS8  4435
88  #define NOTE_D8   4699
89  #define NOTE_DS8  4978
90  #define REST      0
```

코드 16.2 pitches.h

```c
1  #include <Servo.h>
2  #include "pitches.h"
3
4  // 노래를 더 느리게 또는 더 빠르게 바꾸어 줍니다.
5  const int tempo = 140;
6
7  // 각 모듈에 사용할 핀 번호를 정의해 줍니다.
8  const int pintBuzzer = 11;
9  const int pinServo = 5;
10 const int pinButton = 8;
11
12 // 멜로디의 음표와 지속 시간.
13 // 4는 4분음표, 8은 8분음표, 16은 16분음표 등을 의미합니다.
14 // !!음수는 점으로 구분된 음표를 나타내는 데 사용됩니다.
15 // 따라서 -4는 점4분음표, 즉 4분의 1에 8분의 1을 더한 것을 의미합니다.
16 int melody[] = {
17   NOTE_C4, 4, NOTE_C4, 8,
18   NOTE_D4, -4, NOTE_C4, -4, NOTE_F4, -4,
19   NOTE_E4, -2, NOTE_C4, 4, NOTE_C4, 8,
20   NOTE_D4, -4, NOTE_C4, -4, NOTE_G4, -4,
21   NOTE_F4, -2, NOTE_C4, 4, NOTE_C4, 8,
22
23   NOTE_C5, -4, NOTE_A4, -4, NOTE_F4, -4,
24   NOTE_E4, -4, NOTE_D4, -4, NOTE_AS4, 4, NOTE_AS4, 8,
25   NOTE_A4, -4, NOTE_F4, -4, NOTE_G4, -4,
26   NOTE_F4, -2,
27 };
28
29 // sizeof는 바이트 수를 제공하며 각 int값은 2바이트(16비트)로 구성됩니다.
30 int songLength = sizeof(melody) / sizeof(int);
31
32 // 전체 음표의 길이를 ms 단위로 계산합니다.
33 int wholenote = (60000 * 4) / tempo;
34
35 // 서보모터를 제어할 객체를 선언해 줍니다.
36 Servo servo;
37 // 음악 제어 상태를 3가지로 정의해 줍니다.
38 typedef enum music_play_state {
39   GET_NOTE = 0, // 음표와 길이를 가져와 tone을 실행해 주는 상태
40   PLAY_NOTE, // 음표의 길이 만큼 대기하는 상태, delay( )역할
41   SONG_STOP, // 음악이 연주되지 않고 있는 상태
42 };
43
```

```
44  music_play_state statePlay = SONG_STOP; // 현재 상태 저장하는 변수
45  int noteNumber = 0; // 현재 play되고 있는 음의 index
46  unsigned long noteDuration = 0, noteTime = 0;// play되고 있는 음의 길이와 시작 시각
47  // 함수 선언 : 함수의 정의는 파일의 loop( ) 뒤쪽으로 위치시켜 가독성을 높입니다.
48  void PlaySong(void);
49  void MoveServo(void);
50
51  void setup( ) {
52    Serial.begin(9600);
53    pinMode(pintBuzzer, OUTPUT);
54    pinMode(pinButton, INPUT);
55
56    servo.attach(pinServo);
57    servo.write(0);
58  }
59
60
61  void loop( ) {
62
63    // 음악 연주 상태이면
64    if (statePlay != SONG_STOP)
65    {
66      PlaySong( );
67      MoveServo( );
68    }
69    else // 음악 연주 상태가 아니면
70    {
71      Serial.println(digitalRead(pinButton));
72      if (digitalRead(pinButton) == LOW) // 버튼이 눌렸는지 확인합니다.
73      {
74        statePlay = GET_NOTE; // 음악 연주 상태로 상태를 변경합니다.
75      }
76      else
77      {
78        // nothing todo
79      }
80    }
81  }
82  // PlaySong 함수 정의
83  void PlaySong(void)
84  {
85    unsigned long timeNow;
86    int divider = 0;
87
```

```
 88    switch (statePlay)
 89    {
 90    case GET_NOTE:
 91      // 각 음표의 길이를 계산합니다.
 92      divider = melody[noteNumber + 1];
 93      if (divider > 0) {
 94        // 온음표, 그대로 나누어 줍니다.
 95        noteDuration = (wholenote) / divider;
 96      }
 97      else if (divider < 0) {
 98        // 점음표는 음수로 표시됩니다!!
 99        noteDuration = (wholenote) / abs(divider);
100        noteDuration *= 1.5;// 점선 음표의 길이를 1.5배 늘립니다.
101      }
102      // 음표가 연주되기 시작한 시간을 저장합니다.
103      noteTime = millis( );
104
105      if (melody[noteNumber] != REST)
106      {
107        tone(pintBuzzer, melody[noteNumber], noteDuration * 0.9);
108      }
109      else
110      {
111        noTone(pintBuzzer);
112      }
113      statePlay = PLAY_NOTE;
114
115      break;
116
117    case PLAY_NOTE:
118      // 현재 시간에서 음표 연주 시작 시간을 뺀 값으로 음표 주기를 체크합니다.
119      if ((millis( ) - noteTime) < noteDuration)
120        return;
121      // 음표 연주 기간이 지났으면 다음 음표 연주를 준비합니다.
122      noTone(pintBuzzer);
123      if (noteNumber < songLength) // 음악이 끝났는지 확인합니다.
124      {// 다음 음표를 가져오도록 인덱스를 변경합니다.
125        noteNumber += 2;
126        statePlay = GET_NOTE;
127      }
128      else
129      {// 음악이 모두 끝났으므로 음악은 더 이상 연주되지 않습니다.
130        noteNumber = 0;
131        noteTime = millis( );
```

```
132        statePlay = SONG_STOP;
133      }
134
135      break;
136
137    case SONG_STOP:
138      // nothin todo
139      break;
140
141    }
142
143 }
144
145 int servo_degree = 0; // 현재 서보모터 각도
146 int amount_change = 10; // 서보모터가 움직일 방향 (+, -)와 각도
147 unsigned long timeServo = 0; // 서보모터 각도가 마지막으로 변경된 시간
148 //MoveServo 함수 정의
149 void MoveServo(void)
150 {
151   unsigned long timeNow;
152
153   timeNow = millis( ); // 현재 시간 저장
154   if ((timeNow - timeServo) < 300) // 서보모터가 움직인지 0.3초가 지났는지 확인
155     return;
156   timeServo = timeNow; // 0.3초가 지났으면 현재 시간을 마지막 변경 시간으로 저장
157
158   servo_degree += amount_change; // 서보모터 각도 변경
159
160   if (servo_degree > 180) // 변경한 각도가 180보다 크면
161   {
162     servo_degree = 180;
163     amount_change = -10; // 움직이는 방향 변경
164   }
165   else if (servo_degree < 0) // 변경한 각도가 0보다 작으면
166   {
167     servo_degree = 0;
168     amount_change = 10; // 움직이는 방향 변경
169   }
170   servo.write(servo_degree);
171 }
```

코드 16.3 오르골 동작 코드

3. 코드 설명

· pitches.h

각 라인은 음표 이름과 그 주파수 값을 정의한 것입니다.

· 오르골 동작 코드

38 음악 연주 상태를 열거형(enum)으로 정의해 주었습니다.

음악 연주상태는 다음과 같이 변동됩니다.

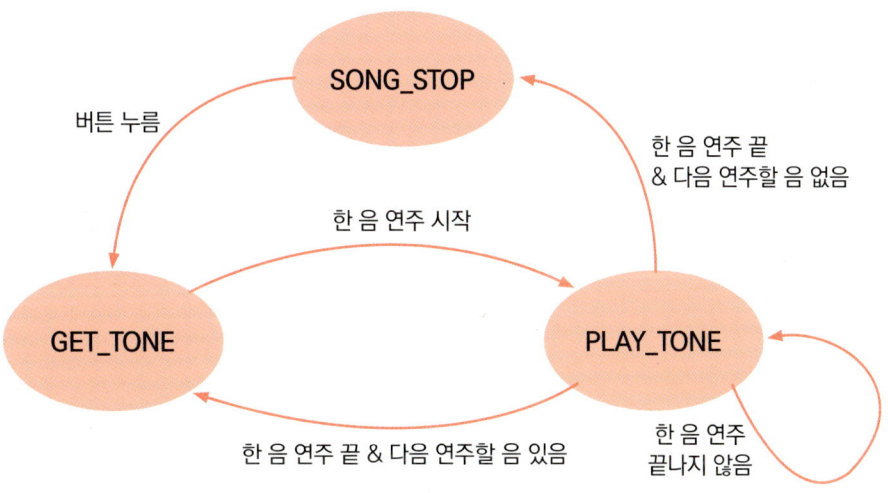

그림 16.5 음악 연주 상태 변화

46 delay() 사용하지 않고 대기 시간을 기다려 주기 위한 변수들입니다.

· noteDuration : 대기 간격

· noteTime : 마지막으로 음이 바뀐 시간

103 음표를 연주하고 변경된 시간을 저장합니다.

119~120 "현재 시간 - 마지막으로 변경된 시간"을 체크하여 음표 간격보다 작으면 'PLAY_NOTE' 상태로 남습니다.

123 음악 인덱스가 전체 음악보다 크면 연주를 종료하고 아니면 다음 음표를 연주하도록 상태를 바꿉니다.

`153~156` 서보모터 동작 중에도 음악을 연주할 수 있도록 delay( )를 쓰지 않습니다.
`162~163` 0에서 10도씩 증가시키다가 180보다 커지면 180도로 놓고 움직이는 방향을 -10도로 변경합니다.
`167~168` 180도에서 10도씩 감소시키다가 0보다 작아지면 0도로 놓고 움직이는 방향을 10도로 변경합니다.

05 프로젝트 작동해 보기

버튼을 누르면 음악이 재생되고 서보모터가 움직이는 것을 볼 수 있습니다.
서보모터가 잘 작동하지 않으면 9V 배럴잭을 이용해 9V 건전지를 아두이노에 연결해 주세요.

그림 16.6 프로젝트 실행

06 도전 퀴즈

아래 사이트에는 다양한 음악이 배열로 만들어져 공유되어 있습니다. 연주되는 음악을 바꿔서 동작시켜 보세요.

https://github.com/robsoncouto/arduino-songs

17

아두이노 프로젝트 15
- 4단 스마트 무드등

학습요약	
학습 목표	사람을 인식하면 켜지고 밝기가 4단계로 제어되는 무드등을 만들어 봅시다.
핵심 키워드	아두이노, 초음파 센서, RGB LED, 스마트 무드등
준비물	아두이노 우노 USB2.0 A-B 케이블 아두이노 센서 쉴드 점퍼 케이블 디지털 택트 푸시 버튼 초음파 센서 RGB LED
학습 시간	1시간
학습 난이도	★★☆☆☆

01 프로젝트 미리보기

인터넷에 무드등을 검색해 보면 그 디자인도 다양하지만, 기능도 무궁무진한 것 같습니다. 앱으로 켜고 끄거나, 색깔을 바꾸는 기능, 주변 밝기에 따라 자동으로 밝기가 변하는 기능 등 무드등의 발전은 끝이 없는 것 같습니다.

사람을 감지하면 자동으로 켜지고, 버튼을 눌러 밝기 단계를 조절할 수 있는 똑똑한 무드등을 만들어 봅시다.

그림 17.1 스마트 조명등

02 프로젝트 준비하기

1. 부품 준비하기

아래의 표에 나와 있는 부품을 개수에 맞춰 준비합니다.

부품 이미지	부품명	개수
	아두이노 우노	1
	아두이노 센서 쉴드 V5	1
	디지털 택트 푸시 버튼	1
	액티브 부저	1
	RGB LED	1
	초음파 센서	1
	케이블(암암)	20

2. 부품 자세히 알아보기

RGB LED

RGB LED는 세 가지 색상(RGB : Red, Green, Blue)의 LED가 하나의 패키지에 통합된 LED입니다. 이 LED는 작고 밝은 광원을 제공합니다. 하나의 공통 GND가 있고 색상을 제어하는 3개의 pin이 있습니다. 각 pin에 신호를 제어하면 세 가지 색상(Red, Green, Blue)이 혼합되어 다양한 색상을 표현할 수 있습니다. 이 챕터에서는 LED의 밝기를 제어해야 하므로 PWM(9, 10, 11)에 각 pin을 연결합니다.

3. 소프트웨어 준비하기

이 챕터에서는 필요한 라이브러리가 없습니다.

03 회로 연결하기

RGB LED의 RGB 핀의 연결에 주의하여 회로를 완성하세요.

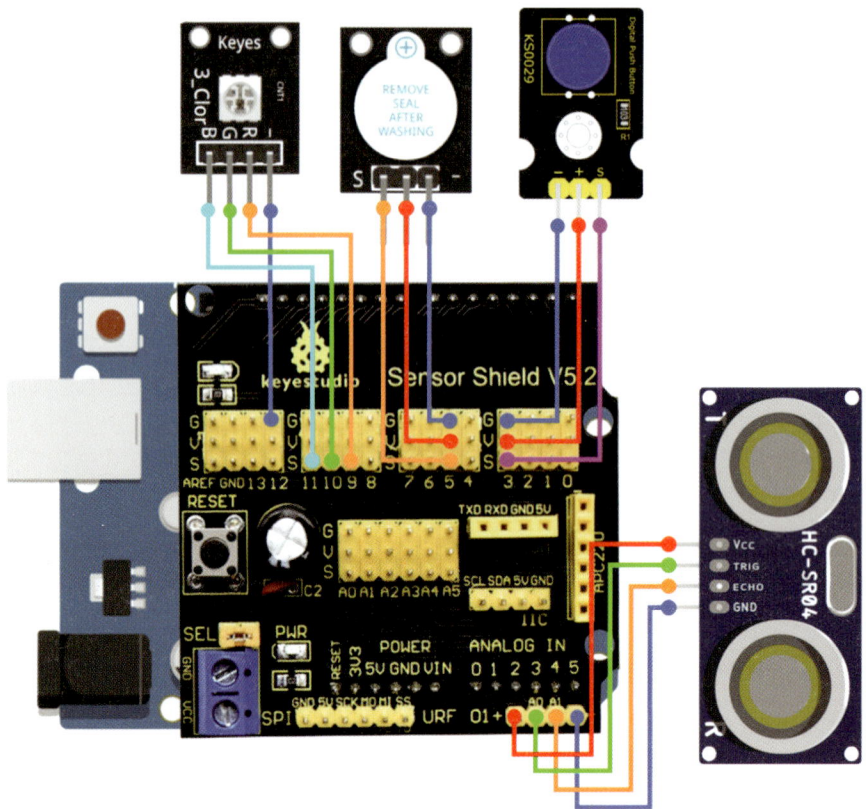

그림 17.2 프로젝트 17 회로도

센서 쉴드	버튼
S : 3	S
V	V
G	G

센서 쉴드	액티브 부저
S : 5	S
V	가운데 핀
G	-

센서 쉴드	RGB LED
S : 9	R
S : 10	G
S : 11	B
G	-

센서 쉴드	초음파 센서
+	VCC
A0	TRIG
A1	ECHO
-	GND

04 프로젝트 코딩하기

1. 전체 코드

LED는 꺼져 있을 때, 초음파로 사람이 감지되면 켜집니다.

버튼을 누르면 4단계의 밝기로 밝아지다가 한 번 더 누르면 꺼집니다.

```
1  #define MAX_DISTANCE 10 // 10cm 이내에 사람이 감지되면 LED 켜짐
2
3  const int buttonPin = 3;
4  const int buzzerPin = 5;
5
6  const int redPin = 9;
7  const int greenPin = 10;
8  const int bluePin = 11;
9
10 const int echoPin = A1;
11 const int triggerPin = A0;
12
13 typedef enum brightness_level {
14   LEVEL0 = 0,
15   LEVEL1 = (int)(255/4 )*1,// 63
16   LEVEL2 = (int)(255/4 )*2,// 126
17   LEVEL3 = (int)(255/4 )*3,// 189
18   LEVEL4 = (int)(255/4 )*4,// 252
19 };
20
21 brightness_level brightness = LEVEL0;// 초기 밝기 LEVEL 0 꺼짐
22 int buttonCount = 0; // 버튼 누름 횟수 저장 변수, 0에서 4까지 순환하며 저장됨
23
24 void setup( ) {
25   Serial.begin(9600);
26
27   pinMode(buzzerPin, OUTPUT);
28
29   pinMode(buttonPin, INPUT);
30
31   pinMode(triggerPin, OUTPUT);
32   pinMode(echoPin, INPUT);
33
```

```
34  // 3색 led
35    pinMode(redPin, OUTPUT);
36    pinMode(greenPin, OUTPUT);
37    pinMode(bluePin, OUTPUT);
38  // LED 밝기 0으로 설정
39    analogWrite(redPin, brightness);
40    analogWrite(greenPin, brightness);
41    analogWrite(bluePin, brightness);
42  }
43
44  void loop( ) {
45
46    if (brightness == LEVEL0)// 무드등이 꺼져 있을 때
47    {
48  // 초음파 센서 측정
49      long duration, distance;
50      digitalWrite(triggerPin, LOW);
51      delayMicroseconds(2);
52      digitalWrite(triggerPin, HIGH);
53      delayMicroseconds(10);
54      digitalWrite(triggerPin, LOW);
55      duration = pulseIn(echoPin, HIGH);
56      distance = duration / 58.2; // ((float)(340 * duration) / 10000) / 2
57      Serial.print("distance : ");
58      Serial.println(distance);
59
60
61      if (distance <= MAX_DISTANCE) {// 사람 감지 시
62        Serial.print("Person is detected");
63
64        brightness = LEVEL4;
65        buttonCount = 4;
66        // LED 밝기 설정
67        analogWrite(redPin, brightness);
68        analogWrite(greenPin, brightness);
69        analogWrite(bluePin, brightness);
70        // 부저 울림
71        digitalWrite(buzzerPin, HIGH);
72        delay(300);
73        digitalWrite(buzzerPin, LOW);
74        delay(500);
75      }
76    }
77
```

```
78  // 버튼 누를 때마다 밝기 LEVEL 변경
79    if (digitalRead(buttonPin)== LOW) {
80      buttonCount = (buttonCount + 1) % 5;// 4단계 밝기 조절 + 꺼짐
81      Serial.print("Button Count is :");
82      Serial.println(buttonCount);
83
84      switch (buttonCount) {
85        case 0:
86          brightness = LEVEL0;// LEVEL 0은 꺼짐
87          break;
88        case 1:
89          brightness = LEVEL1;// LEVEL 1
90          break;
91        case 2:
92          brightness = LEVEL2;// LEVEL 2
93          break;
94        case 3:
95          brightness = LEVEL3;// LEVEL 3
96          break;
97        case 4:
98          brightness = LEVEL4;// LEVEL 4
99          break;
100     }
101       // LED 밝기 설정
102       analogWrite(redPin, brightness);
103       analogWrite(greenPin, brightness);
104       analogWrite(bluePin, brightness);
105       // 부저 울림
106       digitalWrite(buzzerPin, HIGH);
107       delay(300);
108       digitalWrite(buzzerPin, LOW);
109       delay(500);
110   }
111 }
```

코드 17.1 프로젝트 전체 코드

2. 코드 설명

46 LED가 꺼져 있을 때, 초음파 센서로 사람이 감지되었는지 확인합니다.

61 10cm 이내에 사람이나 물체가 감지 되면 LED가 켜집니다.

`65` LEVEL 4에 맞게 버튼 카운트를 4로 설정하였습니다.

`80` %는 나머지 연산자입니다. 5로 나눈 나머지를 리턴합니다. 현재 버튼 카운트에서 1 증가시켜 5로 나눈 나머지가 다음 LED 밝기 LEVEL이 됩니다. 현재 버튼 카운트가 4일 때 1을 증가시키면 5가 되어 나머지가 0이 됩니다. 이때 다시 밝기 LEVEL 0이 되어 LED가 꺼지게 됩니다.

05 프로젝트 작동해 보기

LED가 꺼졌을 때 초음파 센서 가까이 손을 대면 LED가 켜집니다.

그림 17.3 프로젝트 실행

버튼을 누르면 밝기가 조금씩 변하는 것을 볼 수 있습니다.

그림 17.4 프로젝트 실행

06 도전 퀴즈

버튼을 추가하여, RGB색이 무지개색으로 순환하도록 만들어 보세요.
아래 colors 배열을 활용해 보세요.

```
int colors[][3] = {
  {255, 0, 0},       // 빨강
  {255, 165, 0},     // 주황
  {255, 255, 0},     // 노랑
  {0, 255, 0},       // 초록
  {0, 0, 255},       // 파랑
  {75, 0, 130},      // 남색
  {238, 130, 238}    // 보라
};

  // 노랑색 설정
  analogWrite(redPin, colors[2][0]);   // 빨강 성분 설정
  analogWrite(greenPin, colors[2][1]); // 녹색 성분 설정
  analogWrite(bluePin, colors[2][2]);  // 파랑 성분 설정
```

18 아두이노 프로젝트 16
- 디지털 수평계

학습요약	
학습 목표	기울어진 방향에 따라 led가 켜지는 수평계를 만들어 봅시다.
핵심 키워드	아두이노, 가속도 센서, LED, 수평, 기울기
준비물	아두이노 우노 USB2.0 A-B 케이블 브레드 보드 점퍼 케이블 LED 빨강 LED 노랑 LED 초록 저항 220옴 ADXL345
학습 시간	1시간
학습 난이도	★★★☆☆

01 프로젝트 미리보기

수평계는 일상생활에서 다양한 상황에서 필요할 수 있습니다.

몇 가지 예시를 들면 가구나 선반을 조립할 때, 액자를 걸 때, 바닥이나 벽을 타일로 꾸밀 때, 창문을 설치할 때 등입니다.

전자기기에도 수평을 측정하는 기능이 있는 경우가 있습니다. 예를 들어, 스마트폰의 경우에는 가속도계와 자이로스코프 센서를 이용하여 수평을 측정할 수 있습니다. 이를 이용하여 수평을 맞출 수 있는 어플리케이션이나 기능이 제공될 수 있습니다. 컴퓨터 부품 중, 하드디스크는 수평을 유지해야 정상적으로 작동할 수 있습니다. 세탁기는 진동과 소음을 최소화하기 위해서 수평을 맞추는 것이 중요합니다.

수평을 감지하는 기술은 기울어진 각도에 따라 액체나 공기의 위치가 변하는 것을 이용하여 수평 여부를 측정하는 수평계부터 전기식 방식, 광학식 방식, 초음파 방식까지 다양한 방식으로 개발되고 있습니다. 선택하는 방법은 측정 대상과 활용 목적에 따라 달라지며, 상황에 따라 보다 정확하고 신뢰성 높은 방법을 선택하는 것이 중요합니다.

우리는 전기식 방식 중 하나인 가속도계 센서를 이용해서 수평일 때는 가운데 빨간 LED가 켜지고 아닐 때는 기울어진 방향에 있는 LED를 켜주는 수평계를 만들어 봅시다.

그림 18.1 일상에서 수평 맞추는 예

02 프로젝트 준비하기

1. 부품 준비하기

아래의 표에 나와 있는 부품을 개수에 맞춰 준비합니다.

부품 이미지	부품명	개수
	아두이노 우노	1
	브레드 보드	1

	빨간색 LED	1
	노란색 LED	2
	초록색 LED	2
	220Ω 저항	5
	ADXL345	1
	케이블(암수) 케이블(수수)	4 7

2. 부품 자세히 알아보기

ADXL345 가속도 모듈

ADXL345는 가속도계 모듈입니다. 가속도계는 중력(즉, g) 단위로 가속도를 측정합니다. 가속도계는 움직임, 충격 또는 진동으로 인한 동적 가속뿐만 아니라 기울기 감지 응용 프로그램에 사용할 수 있습니다. ADXL345는 x, y, z의 3축 가속도 측정을 제공합니다. 최대 ±12g의 범위를 측정할 수 있습니다.

아두이노 프로젝트 16 - 디지털 수평계

ADXL345는 마이크로 전자기계 시스템(MEMS[1]) 기술을 이용한 압전식 가속도계입니다. 이 센서는 측정할 축을 중심으로 작은 질량의 고정 플레이트와 이동 플레이트, 그리고 고정 플레이트와 이동 플레이트를 서로 연결하는 스프링으로 구성되어 있습니다.

가속도가 작용하면 이동 플레이트가 이동하게 되며, 이때 스프링이 변형되면서 전기적인 신호가 발생합니다. 이 신호는 내부적으로 전압 신호로 변환되어 출력되며, 이 출력 전압 신호의 크기는 가속도의 크기에 비례합니다. 즉, 이 센서는 가속도의 크기를 측정하여 이를 전압 신호로 출력합니다.

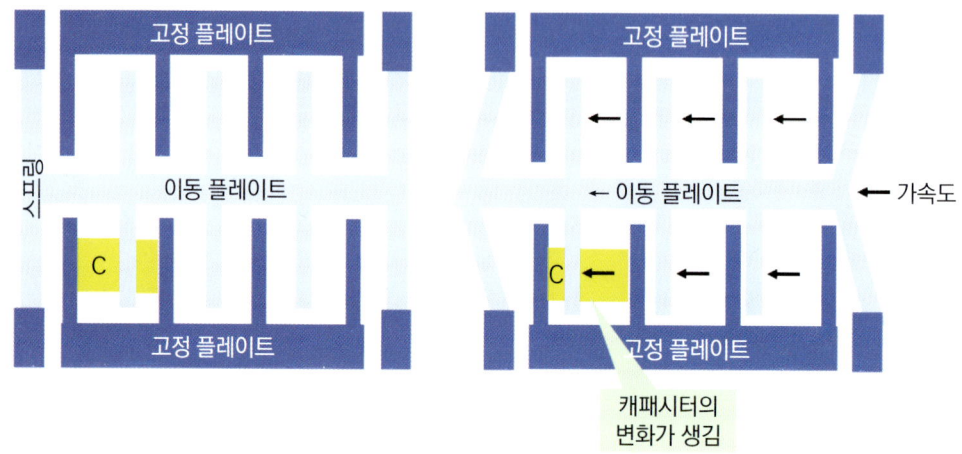

그림 18.2 MEMS 동작 원리

3. 소프트웨어 준비하기

이 챕터에서는 센서에 나온 값을 가속도값으로 쉽게 변환시키기 위하여 Adafruit에서 제공하는 library를 활용합니다. "Adafruit ADXL345 by Adafruit" 라이브러리를 설치하세요.

---

[1] Micro Electro Mechanical Systems

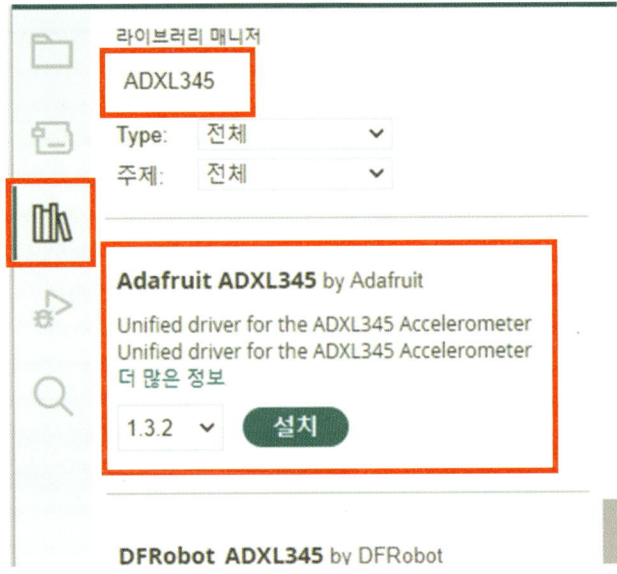

그림 18.3 ADXL345 라이브러리 설치

관련된 라이브러리도 모두 설치합니다.

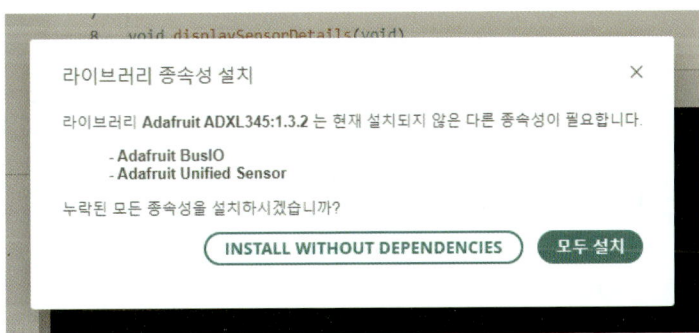

그림 18.4 ADXL345 추가 라이브러리 설치

03 회로 연결하기

LED의 긴 다리와 짧은 다리 방향에 주의하여 회로를 완성하세요. 짧은 다리 쪽에 저항이 연결됩니다.

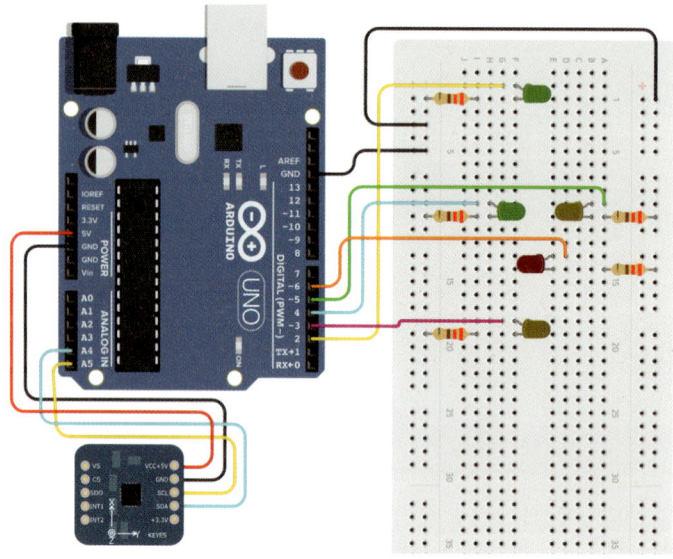

그림 18.5

아두이노	ADXL345
5V	VCC+5V
GND	GND
A4	SDA
A5	SCL

아두이노	X방향 초록 LED
2	긴 다리
GND	짧은 다리

아두이노	X방향 노랑 LED
3	긴 다리
GND	짧은 다리

아두이노	Y방향 초록 LED
4	긴 다리
GND	짧은 다리

아두이노	Y방향 노랑 LED
5	긴 다리
GND	짧은 다리

아두이노	빨간 LED
6	긴 다리
GND	짧은 다리

04 프로젝트 코딩하기

1. 전체 코드

이번 실습 예제에서는 ADXL345에서 Z축은 사용하지 않습니다. 이 코드는 가속도계 센서로부터 X축과 Y축의 가속도값을 읽어 와 그에 따라 LED를 제어하여 수평 및 기울어진 방향을 나타냅니다.

```
1  #include <Wire.h>   // Wire
2  #include <Adafruit_Sensor.h>   // Adafruit Unified Sensor
3  #include <Adafruit_ADXL345_U.h> // Adafruit ADXL345
4  // instantiate a ADXL345 object
5  Adafruit_ADXL345_Unified accel = Adafruit_ADXL345_Unified(12345);
6  sensors_event_t event; // instantiate a sensor event object
7
8  // LED 핀 설정
9  const int led1 = 2;
10 const int led2 = 3;
11 const int led3 = 4;
12 const int led4 = 5;
13 const int led5 = 6;
14
15 const float range = 2;// 수평 판단 범위
16
17 void setup( ) {
18 // 시리얼 통신 시작
19   Serial.begin(9600);
20 // LED 핀 출력으로 설정
21   pinMode(led1, OUTPUT);
22   pinMode(led2, OUTPUT);
23   pinMode(led3, OUTPUT);
24   pinMode(led4, OUTPUT);
25   pinMode(led5, OUTPUT);
26 // 초기에는 모든 LED를 끈다.
27   digitalWrite(led1, LOW);
28   digitalWrite(led2, LOW);
29   digitalWrite(led3, LOW);
30   digitalWrite(led4, LOW);
31   digitalWrite(led5, LOW);
32
```

```
33     /* 센서를 초기화합니다. */
34    if(!accel.begin( ))
35    {
36       /* ADXL345를 감지하는 데 문제가 발생했습니다... 연결 상태를 확인해 주세요. */
37       Serial.println("Ooops, no ADXL345 detected ... Check your wiring!");
38       while(1);
39    }
40 }
41 void loop( ) {
42 // X축 및 Y축 값 읽기
43    /* 새로운 센서 이벤트를 가져옵니다.*/
44    sensors_event_t event;
45    accel.getEvent(&event);
46    float xAcc = event.acceleration.x; // X축 가속도 데이터
47    float yAcc = event.acceleration.y; // Y축 가속도 데이터
48 //  값 시리얼 모니터로 출력
49  Serial.print("X: ");
50  Serial.print(xAcc);
51  Serial.print("g, Y: ");
52  Serial.print(yAcc);
53  Serial.println("g");
54 // X축 값에 따라 LED 1 또는 LED 2를 켠다.
55  if (xAcc < -range ) {
56   digitalWrite(led1, LOW);
57   digitalWrite(led2, HIGH);
58 }
59   else if (xAcc > range) {
60   digitalWrite(led1, HIGH);
61   digitalWrite(led2, LOW);
62 }
63  else {
64   digitalWrite(led1, LOW);
65   digitalWrite(led2, LOW);
66 }
67 // Y축 값에 따라 LED 3 또는 LED 4를 켠다.
68  if (yAcc < -range) {
69   digitalWrite(led3, LOW);
70   digitalWrite(led4, HIGH);
71 }
72   else if (yAcc > range) {
73   digitalWrite(led3, HIGH);
74   digitalWrite(led4, LOW);
75 }
76  else {
```

```
77      digitalWrite(led3, LOW);
78      digitalWrite(led4, LOW);
79    }
80    // X축, Y축 값이 -2g~2g일 때는 LED 5를 켠다.
81    if ((xAcc>= -range && xAcc <= range) && (yAcc >= -range && yAcc <= range)) {
82      digitalWrite(led5, HIGH);
83    }
84    else {
85      digitalWrite(led5, LOW);
86    }
87  }
```

코드 18.1 프로젝트 전체 코드

2. 코드 설명

1~3 라이브러리를 포함합니다. Wire 라이브러리는 I2C 통신을 위해 사용되며, Adafruit 라이브러리는 가속도계 센서를 사용하기 위한 라이브러리입니다.

5 ADXL345 클래스의 인스턴스 "accel"을 생성하고 I2C 주소 12345를 할당합니다. 이 인스턴스는 ADXL345 가속도계 센서를 제어하기 위해 사용됩니다.

6 센서 이벤트 객체를 생성합니다. 이 객체는 가속도계에서 발생하는 이벤트 정보를 저장합니다.

15 상수 부동 소수점 변수 "range"를 선언하고 값 2를 할당합니다. -2g~2g 값은 수평으로 판단하기 위해서 정의합니다.

34~39 ADXL345 센서의 초기화를 수행하고 감지 여부를 확인합니다. 만약 센서가 감지되지 않았다면 오류 메시지를 시리얼 모니터에 출력합니다.

45~47 가속도계의 값을 읽어와 X축과 Y축 가속도값을 변수에 저장합니다. getEvent( ) 함수를 사용하여 센서에서 이벤트 정보를 가져옵니다. xAcc 변수에는 X축 가속도값이, yAcc 변수에는 Y축 가속도값이 저장됩니다.

55~62 X축 가속도에 따라 LED 1 또는 LED 2를 켜거나 끕니다. xAcc값이 음수이면 LED 2를 켜고 xAcc값이 양수이면 LED 1를 켭니다.

68~75 Y축 가속도에 따라 LED 3 또는 LED 4를 켜거나 끕니다. yAcc값이 양수이면 LED 3을 켜고 yAcc값이 음수이면 LED 4를 켭니다.

`81~86` X축과 Y축 가속도 값이 허용 범위 내에 있을 때 LED 5를 켜거나 끕니다. 즉, xAcc와 yAcc값이 모두 -range와 range 사이에 있으면 LED 5를 켭니다. 그렇지 않으면 LED 5를 끕니다.

05 프로젝트 작동해 보기

수평 상태로 두고 아두이노를 켭니다. 수평 상태를 인식하면 가운데 빨강 LED가 켜집니다.

그림 18.6 프로젝트 실행

X축 기울이는 방향에 따라 LED가 켜집니다.

그림 18.7 프로젝트 실행

그림 18.8 프로젝트 실행

Y축 기울이는 방향에 따라 LED가 켜집니다.

그림 18.9 프로젝트 실행

그림 18.10 프로젝트 실행

06 도전 퀴즈

부저를 추가하여 기울기가 일정 범위를 벗어날 때 울리도록 만들어 보세요.

19 아두이노 프로젝트 17
- 가속도 센서를 이용한 만보기 장치

학습요약	
학습 목표	가속도 센서를 이용하여 만보기를 만들어 봅시다.
핵심 키워드	아두이노, 가속도 센서, LCD, 만보기
준비물	아두이노 우노 USB2.0 A-B 케이블 브레드 보드 점퍼 케이블 ADXL345 LCD
학습 시간	1시간
학습 난이도	★★☆☆☆

01 프로젝트 미리보기

일반적으로 만보기는 손목이나 허리에 착용하며, 걷는 동안 가속도 센서가 측정한 가속도 값들을 누적하여 보행량을 계산합니다. 이러한 측정 결과를 바탕으로 걸음 수, 이동 거리, 소모 칼로리 등의 정보를 표시할 수 있습니다.

최근에는 스마트폰이나 스마트워치와 같은 웨어러블 기기에서도 만보기 기능을 제공하고 있으며, 이 경우에도 가속도 센서를 사용하여 보행량을 측정합니다.

가속도 센서(ADXL345)를 이용해서 걸음 수를 측정하는 만보기를 만들어 봅시다.

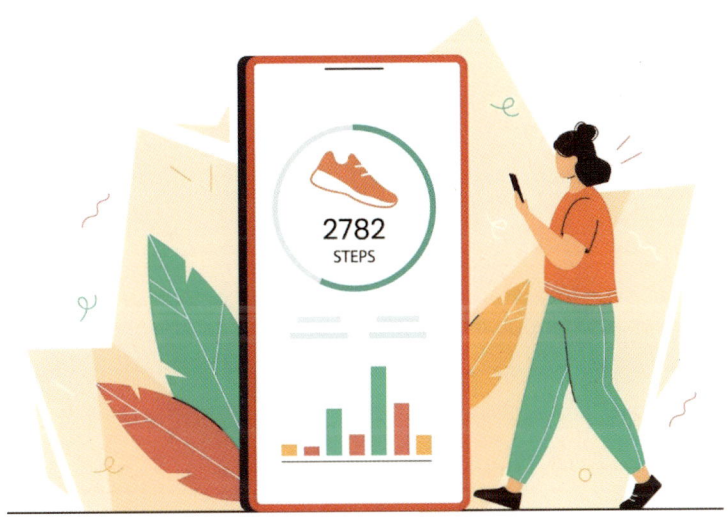

그림 19.1[2] 만보기 앱

---

2 freepik
   (https://www.freepik.com/free-vector/flat-woman-using-smartphone-with-pedometer-counting-steps_26195134.htm)

02 프로젝트 준비하기

1. 부품 준비하기

아래의 표에 나와 있는 부품을 개수에 맞춰 준비합니다.

부품 이미지	부품명	개수
	아두이노 우노	1
	브레드 보드	1
	ADXL345	1
	I2C LCD	1
	케이블(암수) 케이블(수수)	8 4

2. 소프트웨어 준비하기

이 챕터에서는 'LiquidCrystal_I2C', 'Adafruit ADXL345' 라이브러리가 필요합니다. 설치되어 있는지 확인해 주세요.

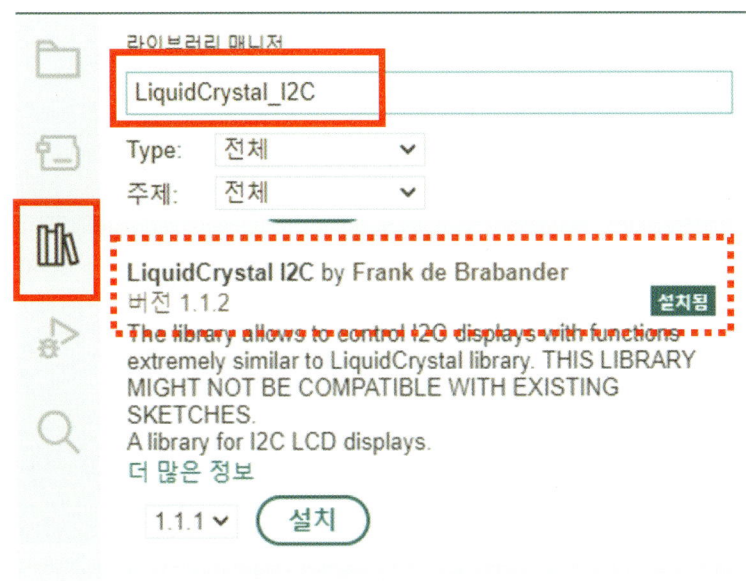

그림 19.2 LCD 라이브러리 설치

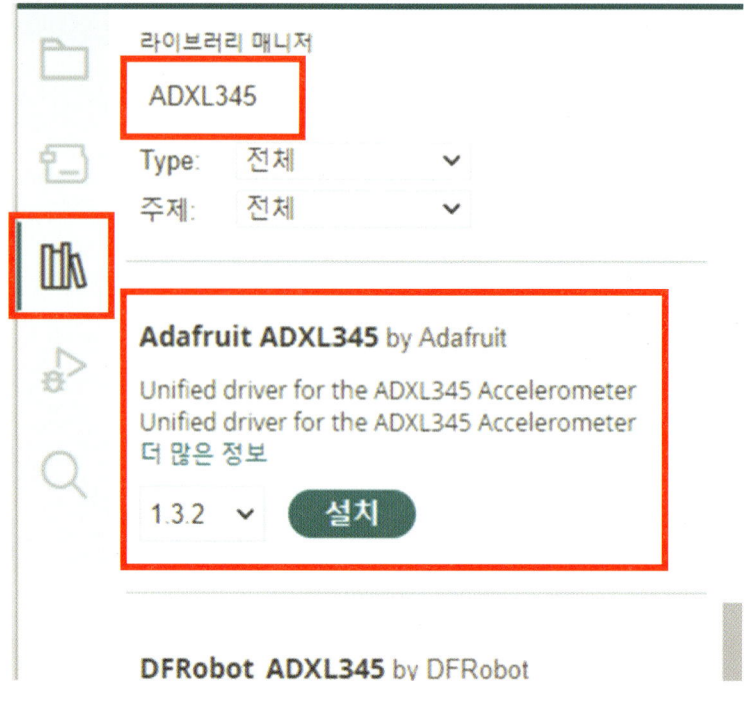

그림 19.3 ADXL 라이브러리 설치

03 회로 연결하기

이 챕터의 실습 예제에서 사용할 ADXL345와 I2C LCD는 모두 I2C통신을 합니다. ADXL345는 SPI통신을 지원하므로 다른 핀을 사용하여 충돌을 피할 수도 있습니다. 그러나 I2C 통신은 여러 개의 마스터 장치와 슬레이브 장치가 동시에 I2C 버스에 연결될 수 있으므로 같은 핀을 사용할 수 있습니다. 각 장치는 고유한 I2C 주소를 가지며, 마스터 장치는 슬레이브 장치들과 통신하여 데이터를 송수신할 수 있습니다.

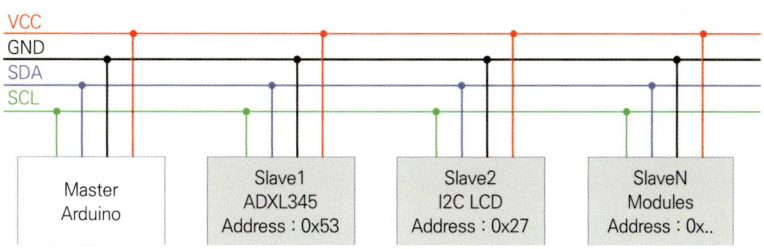

그림 19.4 여러 개의 I2C 모듈 연결하기

실제 LCD의 SDA, SCL의 위치와 회로도 상의 SDA, SCL 위치가 다를 수 있습니다. LCD 및 아두이노 센서 쉴드에 표기된 글자에 유의하여 연결해 주세요.

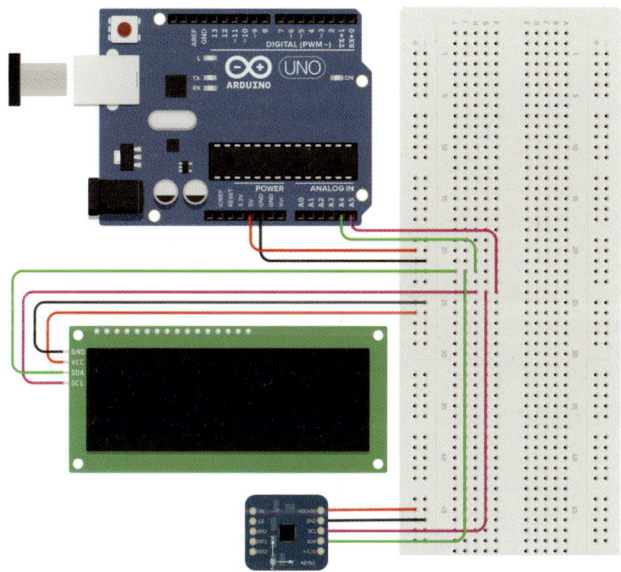

그림 19.5 프로젝트19 회로도

아두이노	ADXL345
5V	VCC+5V
GND	GND
A4	SDA
A5	SCL

아두이노	I2C LCD
5V	VCC
GND	GND
A4	SDA
A5	SCL

04 프로젝트 코딩하기

1. 전체 코드

```
1  #include <Wire.h>
2  #include <Adafruit_Sensor.h>
3  #include <Adafruit_ADXL345_U.h>
4  #include <LiquidCrystal_I2C.h>
5
6  Adafruit_ADXL345_Unified accel = Adafruit_ADXL345_Unified(0x53);
7  LiquidCrystal_I2C lcd(0x27, 16, 2); // LCD address: 0x27, 16 columns, 2 rows
8
9  float accelerationThreshold = 0.8; // 가속도 변화량 감지 임계값
10 float previousMagnitude = 0.0; // 이전 가속도 벡터 크기
11 int stepCount = 0; // 걸음 수 변수
12 unsigned long lastStepTime = 0; // 마지막 걸음이 감지된 시간
13
14 void displaySensorDetails(void)
15 {
16   sensor_t sensor;
17   accel.getSensor(&sensor);
18   Serial.println("------------------------------------");
19   Serial.print("Sensor:         "); Serial.println(sensor.name);
20   Serial.print("Driver Ver:     "); Serial.println(sensor.version);
21   Serial.print("Unique ID:      "); Serial.println(sensor.sensor_id);
22   Serial.print("Max Value:      "); Serial.print(sensor.max_value);
23   Serial.println(" m/s^2");
24   Serial.print("Min Value:      "); Serial.print(sensor.min_value);
25   Serial.println(" m/s^2");
26   Serial.print("Resolution:     "); Serial.print(sensor.resolution);
27   Serial.println(" m/s^2");
28   Serial.println("------------------------------------");
29   Serial.println("");
30   delay(500);
31 }
32
33 void setup( )
34 {
35   Serial.begin(9600);
36   Serial.println("Accelerometer Test");
37   Serial.println("");
38
```

```
39   if (!accel.begin( ))
40   {
41     Serial.println("Ooops, no ADXL345 detected... Check your wiring!");
42     while (1);
43   }
44
45   accel.setRange(ADXL345_RANGE_2_G);   // ±2g의 범위로 설정
46   accel.setDataRate(ADXL345_DATARATE_100_HZ) ;// 데이터 속도를 100Hz로 설정
47   displaySensorDetails( );
48
49   lcd.init( );   // LCD 초기화
50   lcd.backlight( );
51   lcd.setCursor(0, 0);
52   lcd.print("Step Counter");
53   lcd.setCursor(0, 1);
54   lcd.print("Steps:0");
55
56   sensors_event_t event;
57   accel.getEvent(&event);
58   previousMagnitude = sqrt(pow(event.acceleration.x, 2) + \
59                       pow(event.acceleration.y, 2) + \
60                       pow(event.acceleration.z, 2));
61   lastStepTime = millis( );
62 }
63
64 void loop( )
65 {
66   sensors_event_t event;
67   accel.getEvent(&event);
68
69   float accelerationMagnitude = sqrt(pow(event.acceleration.x, 2) + \
70                              pow(event.acceleration.y, 2) + \
71                              pow(event.acceleration.z, 2));
72   float accelerationChange = accelerationMagnitude - previousMagnitude;
73
74   if (accelerationChange > accelerationThreshold && \
75          millis( ) - lastStepTime > 300)
76   {
77     stepCount++;
78     lastStepTime = millis( );
79
80     lcd.setCursor(6, 1);
81     lcd.print(stepCount);
82   }
83
```

```
84      previousMagnitude = accelerationMagnitude;
85
86      delay(10); // 안정성 및 과도한 카운팅을 방지하기 위한 딜레이
87   }
```

코드 19.1 프로젝트 전체 코드

2. 코드 설명

6 ADXL345 가속도계 센서 객체를 생성하고, I2C 주소를 0x53으로 설정하여 초기화하는 부분입니다. 이 코드는 accel 변수를 사용하여 가속도계 센서를 제어하고 센서와의 통신을 수행할 수 있게 합니다.

7 I2C 통신을 사용하여 LCD를 제어하기 위해 lcd 객체를 생성하는 부분입니다. 0x27은 LCD의 I2C 주소이며, 16은 LCD의 열 수를 나타내고, 2는 LCD의 행 수를 나타냅니다. 이 코드를 통해 lcd 변수를 사용하여 LCD를 초기화하고 제어할 수 있습니다.

14~31 displaySensorDetails 함수는 센서의 상세 정보를 표시하는 역할을 합니다. accel 객체를 사용하여 센서 정보를 가져와 시리얼 모니터에 출력합니다.

39~43 accel.begin() 함수를 호출하여 ADXL345 센서를 초기화합니다. 만약 센서를 감지하지 못한 경우, 오류 메시지를 시리얼 모니터에 출력하고, 무한 루프에 진입하여 프로그램 실행을 멈춥니다.

45 센서의 측정 범위를 ±2g로 설정합니다. 이는 센서가 측정할 수 있는 최대 가속도 범위를 설정하는 것입니다.

46 센서가 가속도 데이터를 읽어 오는 주기를 100Hz로 설정하는 것입니다.

57 현재 가속도 센서의 값을 가져옵니다.

58~60 초기 가속도 벡터의 크기인 previousMagnitude를 계산합니다.

· 코드를 수식으로 표현하면 아래와 같습니다.

$$\sqrt{(event.acceleration.x)^2 + (event.acceleration.y)^2 + (event.acceleration.z)^2}$$

61 lastStepTime 변수에 millis() 함수를 사용하여 현재 시간을 저장합니다. 이는 마지막으로 걸음이 감지된 시간을 기록하는 것입니다.

69 현재 가속도 벡터의 크기를 계산하고, accelerationMagnitude 변수에 저장합니다.

`74~75` 가속도 변화량이 임계값을 초과하고 마지막 걸음 감지 후 일정 시간(300ms)이 지난 경우에만 걸음 수를 증가시킵니다.

`77, 78` 걸음 수를 증가시키고, lastStepTime 변수에 현재 시간을 저장하여 마지막 걸음 감지 시간을 업데이트합니다.

`80, 81` LCD 디스플레이에 걸음 수를 출력하기 위해 lcd.setCursor(6, 1)로 커서 위치를 설정하고, lcd.print(stepCount)로 걸음 수를 출력합니다.

`84` previousMagnitude 변수를 현재 가속도 벡터의 크기로 업데이트합니다.

`86` 안정성 및 과도한 카운팅을 방지하기 위해 delay(10)을 사용하여 10ms 동안의 딜레이를 줍니다.

05 프로젝트 작동해 보기

아두이노가 켜지면 LCD에 'Steps: 0'이 뜹니다. 이후에는 가속도 센서가 움직임이 감지될 때마다 Step count를 1씩 늘립니다.

USB 케이블에 연결한 상태로 자신의 걸음을 측정해 보세요.

사람에 따라 accelerationChange 변화량이 다를 수 있으므로 관찰해 보고 accelerationThreshold 값을 바꿔 보세요. 너무 민감하게 바뀌면 크기를 늘리고, 카운트가 잘 되지 않으면 크기를 줄여 보세요.

accelerationThreshold 값이 정해지면 걸어 다니며 측정할 수 있도록 브레드보드에 부품들을 붙이고 전원을 9V 배터리로 변경해 보세요.

그림 19.6 프로젝트 실행

06 도전 퀴즈

가속도 센서만을 사용하여 이동 거리를 추정하는 방법은 대개 걸음의 길이를 기준으로 합니다. 사용자의 걸음 수를 측정하고, 걸음 길이를 미리 입력해 놓은 후 이를 바탕으로 이동 거리를 계산합니다. 예를 들어, 사용자가 100걸음을 걸었고, 걸음 길이가 70cm라고 가정하면, 이동 거리는 100걸음×70cm=7,000cm=70m가 됩니다.

자신의 걸음 길이를 재어 보고, 위 공식에 따라 이동 거리를 계산해서 LCD에 표시해 보세요.

memo

20 아두이노 프로젝트 18
- 스마트 주차 시스템

학습요약	
학습 목표	적외선 장애물 감지 센서 2개로 주차와 출차를 구분하는 주차 시스템을 만들어 봅시다.
핵심 키워드	아두이노, 적외선 센서, 스마트, 주차
준비물	아두이노 우노 USB2.0 A-B 케이블 아두이노 센서 쉴드 점퍼 케이블 서보모터 I2C LCD 적외선 장애물 감지 센서 모듈
학습 시간	1시간
학습 난이도	★★★☆☆

01 프로젝트 미리 보기

스마트 주차장은 주차공간 관리의 효율성과 실시간 차량 모니터링과 같은 기능을 제공하여 관심을 받는 분야입니다. 이를 위해 차량 감지 센서, 이미지 인식 기술, IoT 기술, 빅데이터 분석 기술 등 다양한 기술이 사용됩니다. 차량 감지 센서는 입출차 감지와 주차 상태 모니터링을 수행하며, 이미지 인식 기술은 번호판 인식과 불법 주차 차량 식별에 활용됩니다. IoT 기술은 모바일 앱을 통한 실시간 모니터링 및 예약, 결제 기능을 제공하며, 빅데이터 분석 기술은 주차 패턴 분석을 통해 효율적인 주차공간 활용 방안을 제시합니다. 최근에는 자율주행자동차와의 연동하는 스마트 주차장 운영에 대한 연구도 진행되고 있습니다.

이번 챕터에서는 적외선 장애물 감지 센서를 활용하여 자동차를 감지하고 출차, 입차를 구분하는 스마트 주차 시스템을 만들어 봅시다.

그림 20.1 스마트 주차장

02 프로젝트 준비하기

1. 부품 준비하기

아래의 표에 나와 있는 부품을 개수에 맞춰 준비합니다.

부품 이미지	부품명	개수
	아두이노 우노	1
	아두이노 센서 쉴드	1
	서보모터	1
	I2C LCD	1
	적외선 장애물 감지 센서 모듈	2
	케이블(수수)	10

2. 부품 자세히 알아보기

적외선(IR) 장애물 감지 센서

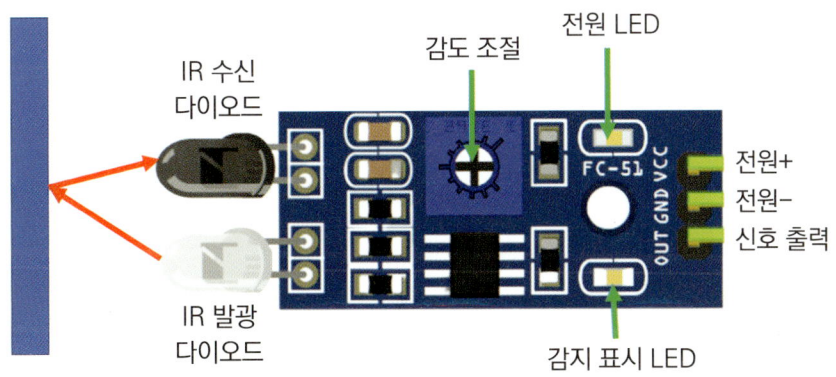

그림 20.2 적외선 장애물 감지 센서의 구성 요소

적외선(IR) 장애물 감지 센서는 다양한 유형이 있으며, 센서의 종류에 따라 구성 요소가 조금씩 다를 수 있습니다. 하지만 대체로 적외선(IR) 발광 다이오드(LED)와 IR 수신 다이오드, 그리고 이들을 제어하는 회로로 구성됩니다.

적외선(IR) 발광 다이오드(LED)는 일정 주파수의 적외선을 발생시키는 데 사용되며, 수신 다이오드는 주변에 있는 물체로부터 반사된 적외선을 감지합니다.

적외선(IR) 장애물 감지 센서는 일반적으로 디지털 출력 또는 아날로그 출력을 가지고 있습니다. 키트에 포함된 센서의 경우 장애물이 감지되면 LOW, 감지되지 않으면 HIGH가 출력됩니다. 반면, 아날로그 출력을 가진 센서의 경우, 센서에서 출력되는 장애물과의 거리와 비례하는 전압값이 출력됩니다.

적외선(IR) 감지 센서의 감도를 조절하려면 보통 센서에 내장된 가변저항을 조정하면 됩니다. 이 가변저항을 조절함으로써, 센서의 감도를 높이거나 낮출 수 있습니다.

감도를 높이려면 가변저항을 시계 방향으로 회전시키고, 감도를 낮추려면 반시계 방향으로 회전시킵니다.

적외선감지 센서는 외부 환경인 빛의 세기, 온도, 습도, 장애물의 표면 특성에 영향을 많이 받습니다. 그러므로 이러한 요인들을 고려하여 센서를 조정하는 것이 좋습니다.

3. 소프트웨어 준비하기

이 챕터에서는 'LiquidCrystal_I2C' 라이브러리가 필요합니다. 설치되어 있는지 확인해 주세요.

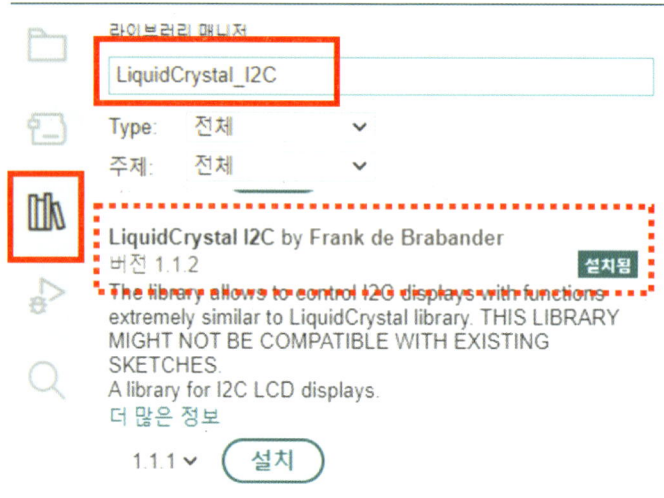

그림 20.3 LCD 라이브러리 설치

03 회로 연결하기

실제 LCD의 SDA, SCL의 위치와 회로도 상의 SDA, SCL 위치가 다를 수 있습니다. LCD와 아두이노 센서 쉴드에 표기된 글자에 유의하여 연결해 주세요.

적외선 장애물 감지 센서의 VCC, GND 핀과 센서 모듈의 VCC, GND 핀 순서가 다르니 유의해 주세요.

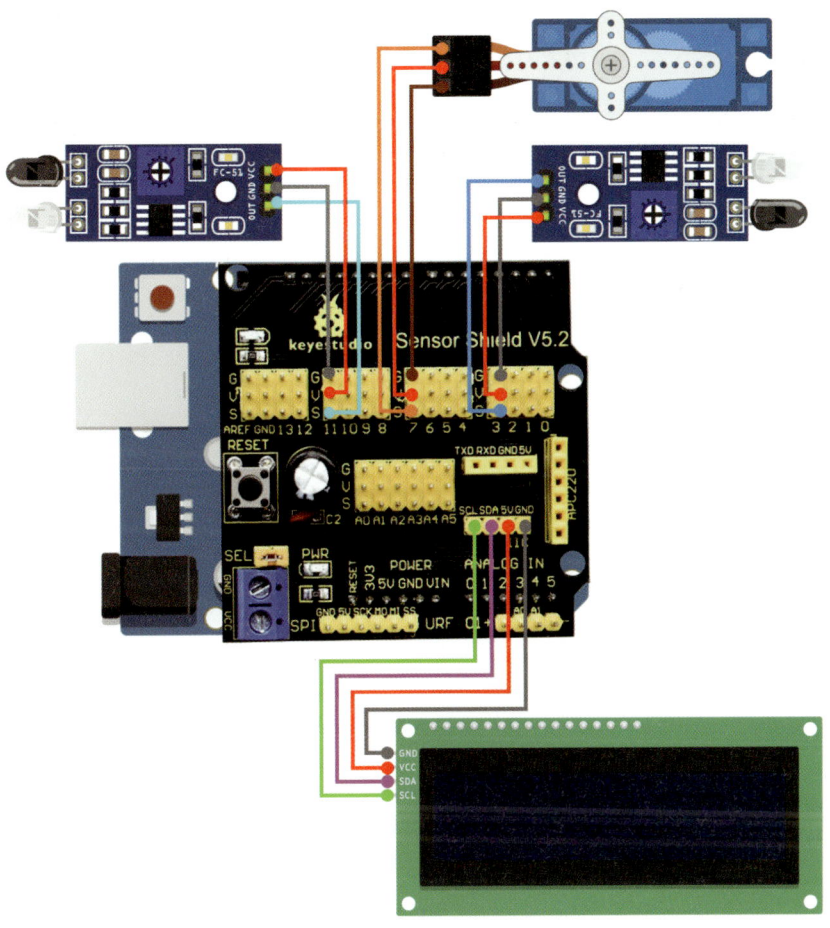

그림 20.4 프로젝트20 회로도

센서 쉴드	LCD
SCL	SCL
SDA	SDA
5V	VCC
GND	GND

센서 쉴드	서보모터
S : 7	주황색 선
V	빨강색 선
G	갈색 선

센서 쉴드	적외선 장애물 감지 센서 1
S : 11	OUT
V	VCC
G	GND

센서 쉴드	적외선 장애물 감지 센서 2
S : 3	OUT
V	VCC
G	GND

아두이노 프로젝트 18 – 스마트 주차 시스템

04 프로젝트 코딩하기

1. 전체 코드

두 개의 센서를 이용하여, 입차와 출차를 구분할 수 있습니다.

적외선 장애물 감지 센서1에 자동차가 감지되면 flag1에 1을 세팅해 줍니다. 같은 방법으로 flag2에 1을 세팅해 줍니다. flag1과 flag2의 상태에 따라 주차 시스템 내 자동차 위치를 판단하게 됩니다.

상태	flag1	flag2	판단
1	1	0	입차
2	0	1	출차
3	1	1	자동차가 차단기를 지남
4	0	0	주차 게이트 시스템 내 자동차 없음

```
1  #include <LiquidCrystal_I2C.h>
2  #include <Servo.h>
3
4  LiquidCrystal_I2C lcd(0x27,16,2);
5  Servo myservo;
6
7  const int IR1 = 3;
8  const int IR2 = 11;
9  const int servoPin = 7;
10
11 int Slot = 4;           // 주차 가능한 공간 수
12
13 int flag1 = 0;
14 int flag2 = 0;
15
16 void setup( ) {
17   lcd.init( );
18   lcd.backlight( );
19   pinMode(IR1, INPUT);
20   pinMode(IR2, INPUT);
21
```

```
22    myservo.attach(servoPin);
23    myservo.write(100);
24
25    lcd.setCursor (0,0);
26    lcd.print("    ARDUINO    ");
27    lcd.setCursor (0,1);
28    lcd.print(" PARKING SYSTEM ");
29    delay (2000);
30    lcd.clear( );
31  }
32
33  void loop( ){
34    // 적외선 센서1 감지되고 전에 감지된 적 없으면
35    if(digitalRead (IR1) == LOW && flag1==0){
36      if(Slot>0) // 주차공간이 남아 있을 때
37      {
38        flag1=1; // '센서1 감지된 적 있음'으로 저장
39        // 센서2가 감지된 적 없으면, 즉 센서1이 먼저 감지되었으면 입차
40        if(flag2==0)
41        {
42          myservo.write(0);  // 차단기를 올린다.
43          Slot = Slot-1; // 주차 가능 대수 1개 줄임
44        }
45      }
46      else // 주차 공간이 없으면, 안내 메시지
47      {
48        lcd.setCursor (0,0);
49        lcd.print("    SORRY :(    ");
50        lcd.setCursor (0,1);
51        lcd.print("  Parking Full  ");
52        delay (3000);
53        lcd.clear( );
54      }
55    }
56    // 적외선 센서2 감지 되고 전에 감지된 적 없으면
57    if(digitalRead (IR2) == LOW && flag2==0)
58    {
59      flag2=1; // '센서2 감지된 적 있음'으로 저장
60      // 센서 1가 감지된 적 없으면, 즉 센서2가 먼저 감지되었으면 출차
61      if(flag1==0)
62      {
63        myservo.write(0); // 차단기를 올린다.
64        Slot = Slot+1; // 주차 가능 대수 1개 늘림
65      }
```

```
66      }
67      // 센서 두 개가 모두 감지된 적 있으면, 즉 입차 혹은 출차가 완료됨
68      if(flag1==1 && flag2==1){
69        // 차가 감지되지 않으면
70        if((digitalRead (IR1) == HIGH) && (digitalRead (IR2) == HIGH))
71        {
72          delay (1000);
73          myservo.write(100); // 차단기를 내린다.
74          flag1=0, flag2=0;
75          delay(1000); // 1초 뒤에 다시 자동차 인식을 시작함.
76        }
77      }
78
79      lcd.setCursor (0,0);
80      lcd.print("   WELCOME!   ");
81      lcd.setCursor (0,1);
82      lcd.print("Slot Left: ");
83      lcd.print(Slot);
84    }
```

코드 20.1 프로젝트 전체 코드

2. 코드 설명

35 적외선 감지 센서1에 자동차가 감지되었을 때, flag1이 0이면 새로운 차가 감지된 것으로 판단합니다.

40 센서1 감지됨, 센서2 감지되지 않은 상태의 입차로 판단됩니다.

57 적외선 감지 센서2에 자동차가 감지되었을 때, flag2가 0이면 새로운 차가 감지된 것으로 판단합니다.

61 센서2 감지됨, 센서1 감지되지 않은 상태의 출차로 판단됩니다.

68 센서 두 개가 모두 감지된 적이 있으므로 자동차가 차단기를 지난 것으로 판단할 수 있습니다.

70 두 센서 모두에 자동차가 감지되지 않고 있으므로 차단기를 내립니다.

05 프로젝트 작동해 보기

전원을 켜면, 주차 가능한 대 수를 LCD에 표시해 줍니다.

그림 20.5 프로젝트 실행

센서 1에 자동차가 인식되면 차단기가 올라갑니다. 차단기가 올라가지 않으면 아래 두 가지를 점검해 보세요.

1. 자동차가 앞에 있을 때, 적외선 센서의 감지 LED가 켜지는가?
   · 켜지지 않는다면 감도 조절 장치를 시계 방향으로 돌려 감도를 높여 줍니다.
2. 서보모터가 소리만 나고 움직이지 않는가? 혹은 아두이노가 꺼지는가?
   · 9V 베럴잭을 이용해 9V 건전지를 아두이노에 연결해 주세요.

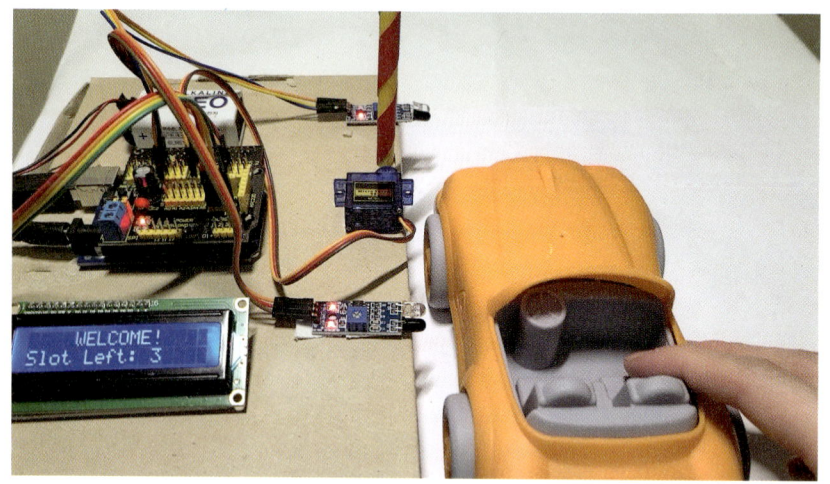

그림 20.6 프로젝트 실행

주차장에 자동차가 4대가 있으면 더 주차할 수 없습니다.

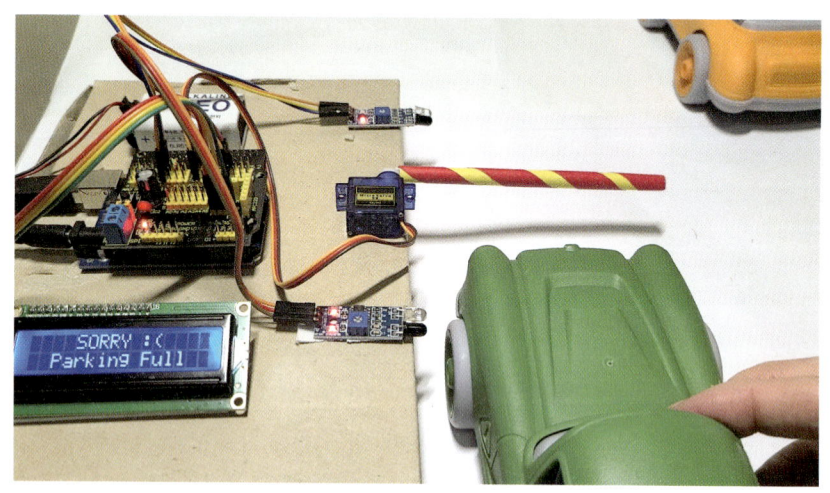

그림 20.7 프로젝트 실행

센서2에 자동차가 감지되면 출차로 인식합니다. 차단기가 올라가고 주차 가능 대수가 1 증가합니다.

그림 20.8 프로젝트 실행

06 도전 퀴즈

입차 및 출차 시 안전을 위해서 led를 켜거나 부저를 울려 주위를 환기할 수 있게 만들어 봅시다. 회로도에 led와 액티브 부저를 추가하고 자동차가 주차 차단기 진입 시작부터 빠져나갈 때까지 led를 켜고 액티브 부저를 울리도록 만들어 보세요.

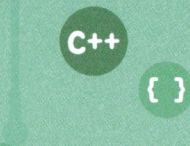

21
아두이노 프로젝트 19
- 물체 회전 카운터

학습요약	
학습 목표	적외선 장애물 감지 센서로 물체의 움직임 횟수를 셀 수 있습니다.
핵심 키워드	아두이노, 적외선 센서, 회전수
준비물	아두이노 우노 USB2.0 A-B 케이블 아두이노 센서 쉴드 점퍼 케이블 I2C LCD 적외선 장애물 감지 센서 모듈 액티브 부저
학습 시간	1시간
학습 난이도	★★★☆☆

01 프로젝트 미리 보기

회전수 카운터는 회전 운동을 하는 장치에서 회전수를 측정하고 모니터링하는 데 사용됩니다. 자동차의 엔진, 팬, 모터, 기어박스, 기계 공구 등에서 주로 사용되며, 회전 속도를 측정하여 운전자가 상태를 파악할 수 있습니다. 회전수 카운터는 자동차의 표준 장비로 제공되며, 성능 최적화나 경제성 향상을 위해 활용될 수도 있습니다. 또한, 전자기기 분야에서도 사용되며, 세탁기, 건조기 등에서 회전 속도를 측정하여 작동을 조절하거나 모터의 과부하를 방지하는 역할을 합니다.

회전 감지 방식에는 여러 종류가 있으며, 대표적인 것으로는 자기 감지(Magnetic Sensing) 방식, 광학 감지(Optical Sensing) 방식, 초음파 감지(Ultrasonic Sensing) 방식 등이 있습니다. 이러한 센서들은 회전하는 물체의 특징에 따라 선택되며, 회전하는 물체의 크기, 속도, 환경 등에 따라 적절한 감지 센서를 선택하여 사용하는 것이 중요합니다.

이번 챕터에서는 적외선 장애물 감지 센서를 이용해서 모터 날개의 회전을 감지하여 회전수를 카운트해 보겠습니다.

그림 21.1 RPM 게이지

02 프로젝트 준비하기

1. 부품 준비하기

아래의 표에 나와 있는 부품을 개수에 맞춰 준비합니다.

부품 이미지	부품명	개수
	아두이노 우노	1
	아두이노 센서 쉴드	1
	I2C LCD	1
	액티브 부저	1
	적외선 장애물 감지 센서 모듈	1

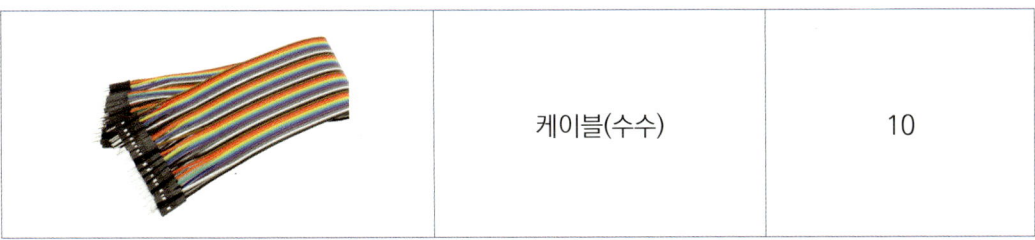	케이블(수수)	10

2. 소프트웨어 준비하기

이 챕터에서는 'LiquidCrystal_I2C' 라이브러리가 필요합니다. 설치되어 있는지 확인해 주세요.

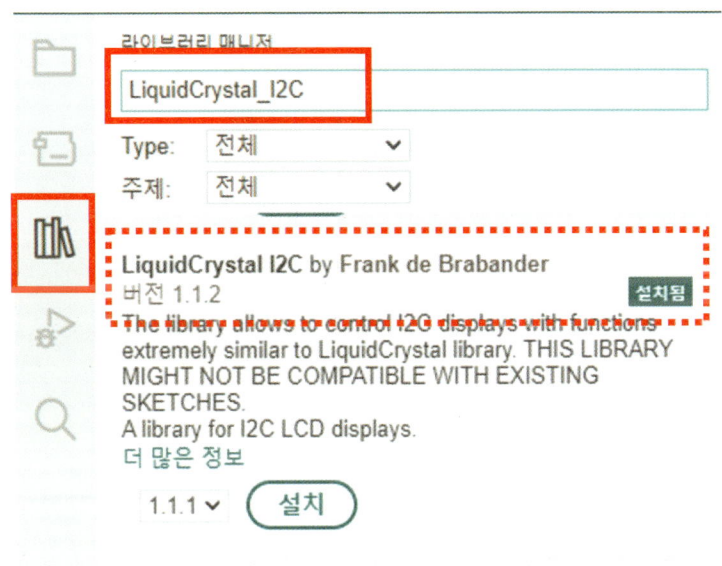

그림 21.2 LCD 라이브러리 설치

03 회로 연결하기

실제 LCD의 SDA, SCL의 위치와 회로도 상의 SDA, SCL 위치가 다를 수 있습니다. LCD와 아두이노 센서 쉴드에 표기된 글자에 유의하여 연결해 주세요.

적외선 장애물감지 센서의 OUT, GND, VCC 핀과 아두이노 센서 쉴드의 G, V, S핀 위치에 유의하여 주세요.

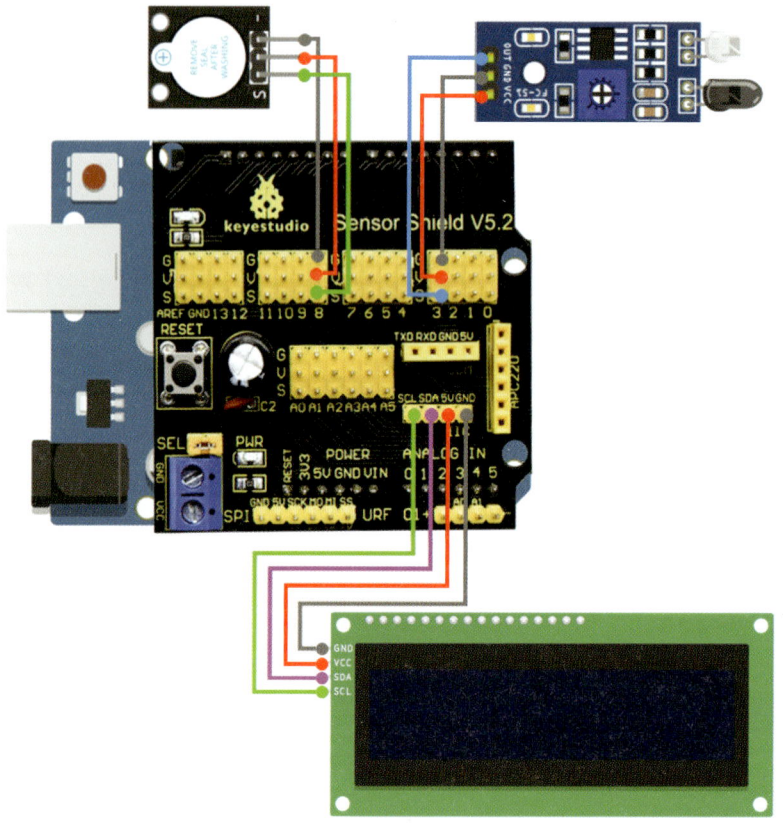

그림 21.3 프로젝트21 회로도

센서 쉴드	LCD
SCL	SCL
SDA	SDA
5V	VCC
GND	GND

센서 쉴드	적외선 장애물 감지 센서
S : 3	OUT
V	VCC
G	GND

센서 쉴드	액티브 부저
S : 8	S
V	가운데 핀
G	–

04 프로젝트 코딩하기

1. 전체 코드

```
1  #include <LiquidCrystal_I2C.h>
2
3  const int irPin = 3; // 적외선 감지 센서의 핀 번호
4  const int buzzerPin = 8;
5
6  int preState = HIGH; // 이전 적외선 감지 센서 상태 저장
7  int detectCount = 0; // 누적 회전 감지 횟수
8  int detectCountPS = 0; // 초당 회전 감지 횟수
9  unsigned long startTime = 0; // 측정 시작 시각
10 unsigned long buzzerStartTime = 0; // 부저 울리기 시작한 시간 저장
11 int buzzerState = 0; // 부저가 울리고 있으면 1, 부저가 울리지 않고 있으면 0
12
13 // set the LCD address to 0x27 for a 16 chars and 2 line display
14 LiquidCrystal_I2C lcd(0x27, 16, 2);
15
16 void setup( )
17 {
18   Serial.begin(9600);
19
20   pinMode(irPin, INPUT);
21   pinMode(buzzerPin, OUTPUT);
22
23   lcd.init( );
24   lcd.backlight( );
25   lcd.setCursor(0, 0);
26   lcd.print(detectCount);
27   lcd.print(" turn");
28   lcd.setCursor(0,1);
29
30   startTime = millis( ); // 초당 회전수 측정하기 위한, 시작 시각 초기화
31 }
32
33 void loop( )
34 {
35   int counter = digitalRead(irPin);
36
37   if (preState == HIGH) // 장애물이 감지 되지 않고 있는 상태
38   {
```

```
39      if(counter == LOW) // 장애물이 감지 되면
40      {
41        preState = LOW; // '감지됨' 상태로 변경
42        detectCount = detectCount + 1; // 회전수를 1 증가시킴
43        detectCountPS = detectCountPS + 1; // 초당 회전수 변수 1 증가시킴
44        lcd.setCursor(0,0);
45        lcd.print(detectCount);
46        lcd.print(" turn");
47
48        if(detectCount% 10 == 0) // 10번 회전 시마다 부저 울리기
49        {
50          digitalWrite(buzzerPin, HIGH);
51          buzzerState = 1; // 부저 울리고 있음으로 상태 변경
52          buzzerStartTime = millis( ); // 부저 울리기 시작한 시간 저장
53        }
54      }
55
56      unsigned long currentTime = millis( ); // 현재 시각 측정
57      unsigned long elapsedTime = currentTime - startTime; // 측정 시간 계산
58      float detectFreq = 0 ; // 초당 회전수 hz
59      if (elapsedTime >= 1000) // 1초가 지난 경우
60      {
61      // 초당 감지 횟수 계산
62        detectFreq = (float)detectCountPS / (float)elapsedTime * 1000;
63        Serial.print("Detect count: "); // 전체 감지 횟수 출력
64        Serial.print(detectCount);
65        Serial.print(", Detect frequency: "); // 초당 감지 횟수 출력
66        Serial.print(detectFreq);
67        Serial.println(" Hz");
68
69        lcd.setCursor(0,1);
70        lcd.print(detectFreq);
71        lcd.print(" Hz");
72
73        detectCountPS = 0; // 초당 물체 인식 횟수 초기화
74        startTime = currentTime; // 측정 시작 시각 업데이트
75      }
76    }
77    else //이전에 장애물이 감지되어 있던 상태
78    {
79      if(counter == HIGH)
80      {
81      preState = HIGH; // '감지 안 됨' 상태
82      }
```

```
83      }
84
85      if(buzzerState == 1)
86      {
87        unsigned long currentTime = millis( ); // 현재 시각 측정
88        unsigned long elapsedTime = currentTime - buzzerStartTime; // 측정 시간 계산
89        if (elapsedTime >= 300)
90        { // 0.3초가 지난 경우
91          digitalWrite(buzzerPin, LOW);
92          buzzerState = 0; // 부저 상태 초기화
93          buzzerStartTime = currentTime; // 부저 시작 시각 업데이트
94        }
95      }
96    }
```

코드 21.1 code21_1.ino

2. 코드 설명

6 적외선 장애물 감지 센서가 LOW일 때마다 카운트를 증가시키게 되면 회전 날개가 적외선 센서 앞에 계속 멈추어 있을 때도 증가하게 됩니다. 따라서 preState 변수를 두어 적외선 감지 센서가 HIGH → LOW로 변경될 때만 회전수를 증가시키도록 합니다.

이전 상태	현재 상태	동작
LOW	LOW	카운트 증가하지 않음
LOW	HIGH	카운트 증가하지 않음
HIGH	LOW	카운트 1 증가시킴
HIGH	HIGH	카운트 증가하지 않음

30 초당 회전수 즉, Hz를 측정하기 위해서 1초 timer가 필요합니다. 측정 시작 시각을 저장해 둡니다.

39 HIGH → LOW로 변경되었을 때, 회전수를 증가시킵니다.

48 회전수 10회마다 부저를 울립니다.

`51~52` 부저는 0.3초 동안 울립니다. delay( ) 함수를 쓰면 해당 시간 동안 회전수를 카운트할 수 없으므로 상태를 버저울림으로 변경하고 부저 울림 시작 시각을 저장해 둡니다.

`62` detectCountPS를 elapsedTime으로 나누어 주면, 초당 감지된 물체의 수를 계산할 수 있습니다. 그러나 elapsedTime의 단위가 밀리초(ms)이므로, 계산된 값을 1000으로 곱해 주어야 초당 감지된 물체의 수가 됩니다.

✸ 초당 감지 횟수 측정 및 부저 0.3초 울림 코드에 대해서 조금 더 이해하고 싶으면, 챕터 16.4.1을 참고하시기 바랍니다.

05 프로젝트 작동해 보기

아두이노가 켜지면 적외선 장애물 감지 센서를 읽기 시작합니다.
모터에 날개를 달아서 회전수 측정을 시작합니다.
회전수를 증가시키고, 1초마다 Hz를 계산합니다.

그림 21.4 프로젝트 실행

06 도전 퀴즈

10번 회전 시마다 부저가 울리는 것이 아닌, 일정 rpm, 즉, 초당 회전수가 특정값을 넘길 때마다 부저가 울리도록 만들어 보세요.

22 아두이노 프로젝트 20
- 박수 횟수 카운터

학습요약	
학습 목표	소리 감지 센서로 물체의 박수 횟수를 셀 수 있습니다.
핵심 키워드	아두이노, 소리 감지 센서, 박수 횟수
준비물	아두이노 우노 USB2.0 A-B 케이블 아두이노 센서 쉴드 점퍼 케이블 I2C LCD 소리 감지 센서 디지털 택트 푸시 버튼
학습 시간	1시간
학습 난이도	★★★☆☆

01 프로젝트 미리 보기

기네스북에 등재된 박수 횟수 세계 기록은 9살 소년이 기록한 두 손 박수로, 1분에 1080번(1초에 18번), 한 손 박수가 1분에 403번(1초에 6.7번)이라고 합니다. 여러분은 1분에 몇 번 정도 박수를 칠 수 있나요?

5초 이내에 몇 번의 박수를 칠 수 있는지 박수 횟수를 세는 박수 카운터를 만들어 세어 봅시다. 박수는 소리 감지 센서로 감지합니다.

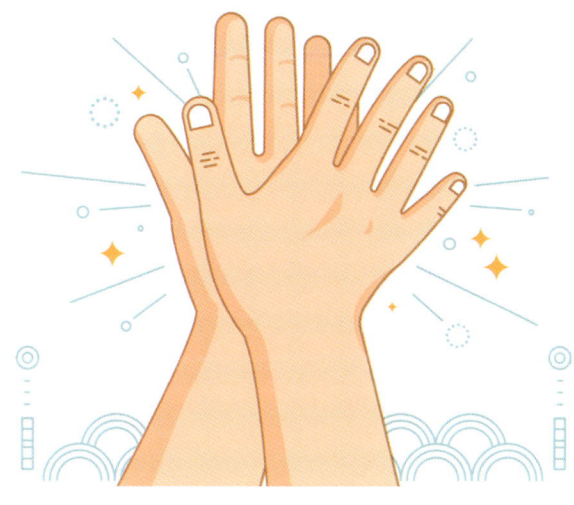

그림 22.1 박수

02 프로젝트 준비하기

1. 부품 준비하기

아래의 표에 나와 있는 부품을 개수에 맞춰 준비합니다.

부품 이미지	부품명	개수
	아두이노 우노	1
	아두이노 센서 쉴드	1
	I2C LCD	1
	소리 감지 센서	1
	디지털 택트 푸시 버튼	1
	케이블(수수)	12

2. 부품 준비하기

소리 감지 센서

소리 감지 센서는 소리의 진동을 감지하여 전기 신호로 변환해 주는 센서입니다. 소리 감지 센서에는 여러 종류가 있지만, 일반적으로 아날로그 출력 방식과 디지털 출력 방식으로 나뉩니다. 아날로그 출력 방식의 소리 감지 센서는 소리의 진폭에 따라 출력 전압이 변화합니다. 이러한 센서는 아날로그 입력 핀을 통해 아날로그값을 읽어 들입니다.

디지털 출력 방식의 소리 감지 센서는 소리의 진폭이 설정한 임계치를 초과하는 경우에만 신호를 출력합니다. 이러한 센서는 디지털 입력 핀을 통해 ON/OFF 값을 읽어 들입니다.

키트에 포함된 소리 감지 센서는 아날로그 방식입니다.

그림 22.2 소리 감지 센서 가변저항

소리 감지 센서에 내장된 가변저항을 조정하여, 센서의 감도를 높이거나 낮출 수 있습니다. 감도를 높이려면 가변저항을 시계 방향으로 회전시키고, 감도를 낮추려면 반시계 방향으로 회전시킵니다. 필자는 낮에 테스트할 때는 가변저항을 오른쪽으로 끝까지 돌려서 사용하였는데, 밤에 조용할 때 같은 코드로 테스트했더니, 1번 박수 칠 때 카운트가 2~3번 되어서, 감도를 낮추었습니다. 여러분도 동작 환경에 따라 조절하여 사용하시기 바랍니다.

3. 소프트웨어 준비하기

이 챕터에서는 'LiquidCrystal_I2C' 라이브러리가 필요합니다. 설치되어 있는지 확인해 주세요.

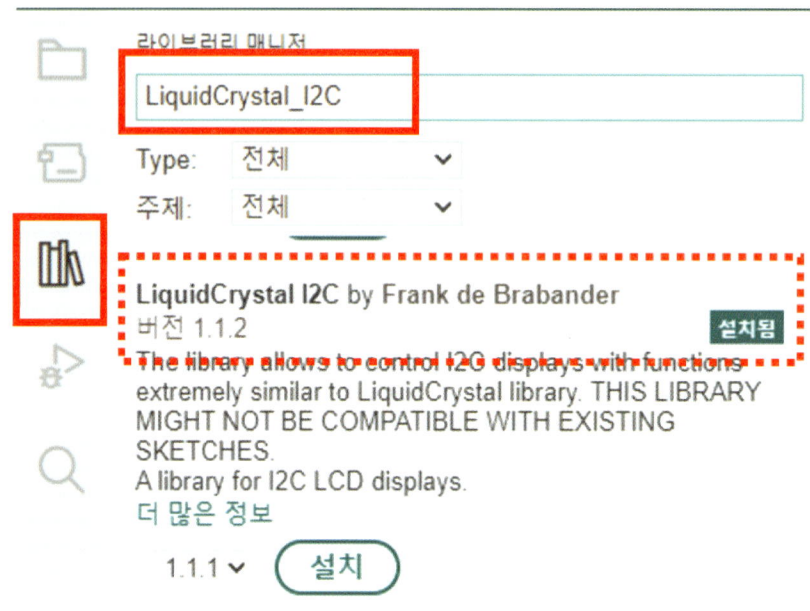

그림 22.3 LCD 라이브러리 설치

03 회로 연결하기

실제 LCD의 SDA, SCL의 위치와 회로도 상의 SDA, SCL 위치가 다를 수 있습니다. LCD와 아두이노 센서 쉴드에 표기된 글자에 유의하여 연결해 주세요.

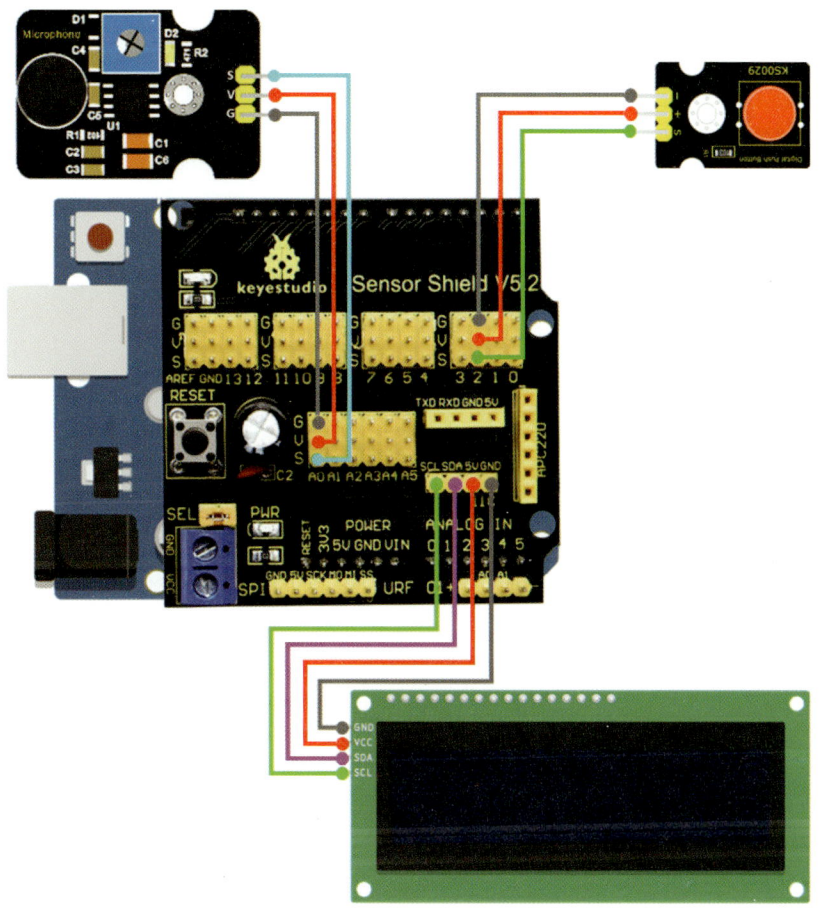

그림 22.4 프로젝트22 회로도

센서 쉴드	I2C LCD
GND	GND
5V	VCC
A4	SDA
A5	SDL

센서 쉴드	버튼
S : 2	S
V	V
G	G

센서 쉴드	소리 센서
S : A0	S
V	V
G	G

04 프로젝트 코딩하기

1. 소리 감지 센서 값 모니터링하기

소리 감지 센서를 이용한 프로젝트는 주변 환경에 영향을 많이 받기 때문에 예제 코드에서 정한 threshold값으로 동작을 하지 않을 수 있습니다. 실행환경에 맞는 threshold값을 찾아봅시다.

우선 센서값을 모니터링할 수 있도록 기본 예제를 업로드해야 합니다.

파일 → 예제 → 01.Basics → AnalogReadSerial 예제를 열어 업로드합니다.

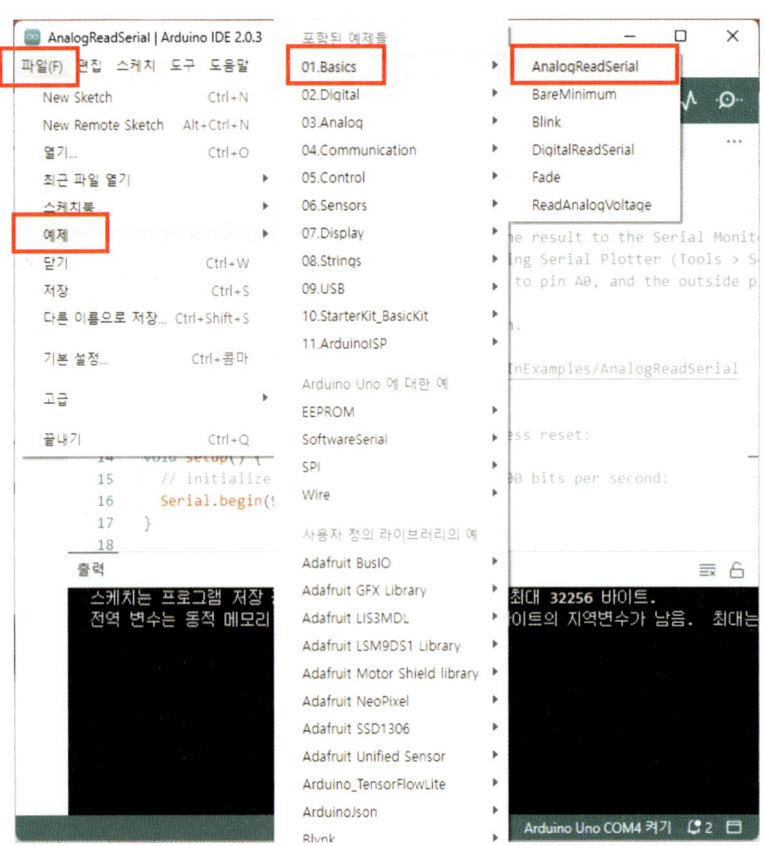

그림 22.5 AnalogReadSerial 예제

시리얼 플로터를 실행합니다.

그림 22.6 시리얼 플로터 아이콘

소리 센서에 감지된 값을 지켜봅니다. 빠르게 지나가므로 주의 깊게 살펴 박수를 인식할 수 있는 특잇값을 찾아내시기 바랍니다.

그림 22.7 소리 센서값 변화 측정

아두이노 프로젝트 20 – 박수 횟수 카운터

2. 전체 코드

버튼 입력을 감지하여 타이머를 시작하고, 5초가 지나면 타이머를 종료하는 코드입니다. 5초 동안 소리 센서값을 읽어서 500 이상이면 박수 카운트를 증가시킵니다. 또한, I2C LCD에 현재 카운트 수를 출력합니다.

```
1  #include <LiquidCrystal_I2C.h>
2
3  LiquidCrystal_I2C lcd(0x27, 16, 2); // I2C LCD 객체 생성
4
5  const int soundSensorPin = A0; // 소리 센서 연결 핀
6  const int buttonPin = 2; // 버튼 핀
7
8  const int threshold = 500; // 박수 인식 값
9
10 int clapCount = 0; // 박수 카운트 변수
11 unsigned long startTime = 0; // 시작 시간 변수
12 bool timerStarted = false; // 타이머 시작 여부 변수
13
14 void setup( ) {
15   pinMode(buttonPin, INPUT); // 버튼 입력 풀업 설정
16
17   lcd.init( ); // I2C LCD 초기화
18   lcd.backlight( ); // 백라이트 켜기
19
20   lcd.setCursor(0, 0);
21   lcd.print("Clap Counter");
22   lcd.setCursor(0, 1);
23   lcd.print("Count:     0");
24
25 //   Serial.begin(9600);
26 }
27
28 void loop( ) {
29   if(timerStarted  == true)
30   {
31     int soundSensorValue = analogRead(soundSensorPin); // 소리 센서 값 읽기
32
33     // 소리 센서 값이 500 이상이면
34     if (soundSensorValue >= threshold) {
35       char buffer [18];
```

```
36        clapCount++; // 박수 카운트 증가
37        // Serial.println(clapCount);
38        lcd.setCursor(0, 1);
39        sprintf (buffer, "Count: %4u", clapCount);
40        lcd.print(buffer);
41
42        while (analogRead(soundSensorPin) >= threshold) {
43          delay(100);
44        }
45      }
46
47      if (millis( ) - startTime >= 5000) { // 5초 지남 여부 체크
48        timerStarted = false; // 타이머 종료 플래그 설정
49      }
50    }
51    else
52    {
53      if (digitalRead(buttonPin) == LOW ) { // 버튼 눌림 감지
54        char buffer [18];
55        clapCount = 0; // 박수 카운트 초기화
56        lcd.setCursor(0, 1);
57        sprintf (buffer, "Count: %4u", clapCount);
58        lcd.print(buffer);
59
60        startTime = millis( ); // 현재 시간 기록
61        timerStarted = true; // 타이머 시작 플래그 설정
62      }
63    }
64 }
```

코드 22.1 code22_1.ino

3. 코드 설명

29 5초 타이머가 활성화되면 박수 소리를 세기 시작합니다.

34 소리 센서 값이 threshold값을 넘으면 박수 count를 증가시킵니다.

39 숫자를 정렬된 상태로 유지합니다. 예를 들어, 0, 10, 200 및 1000은 각각 다음과 같이 인쇄됩니다.

```
Count :            1
Count :           10
Count :          200
Count :         1000
```

42 소리 센서 값이 threshold값 아래로 떨어질 때까지 기다려 줍니다. 중복 카운터를 방지하기 위한 코드입니다.

만약 thresholde값을 300으로 했다면 측정 시간 간격에 따라 아래 그림과 같이 한 번의 박수가 두 번으로 카운트될 수 있습니다. 측정 간격은 아두이노의 연산속도나 센서의 동작에 따라 달라질 수 있어, 조절하기가 어렵습니다. 따라서 첫 번째 감지된 이후에, while문을 이용하여 파란색 화살표 지점까지 감지 시간을 지연시켜 줍니다.

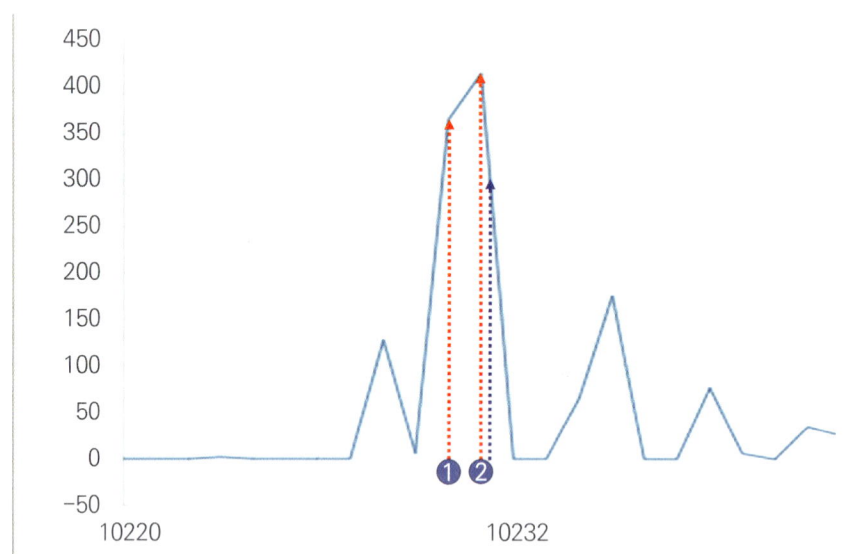

그림 22.8 소리 센서값 측정 주기에 따른 오탐지

47 5초가 지나면 timerStarted를 false 처리하여, 박수 횟수 세기를 중지합니다.
53 버튼이 눌리면 새로운 박수 횟수를 세기 시작합니다.

05 프로젝트 작동해 보기

전원을 켜고 버튼을 누릅니다. 5초 동안 박수를 쳐서 숫자를 셉니다. 5초가 지나면 더 이상 박수의 숫자를 세지 않습니다. 박수 카운트가 너무 많이 되면 가변저항을 반시계 방향으로 돌려 감도를 낮춥니다. 박수가 인식되지 않으면 가변저항을 시계 방향으로 돌려 감도를 높여 줍니다.

그림 22.9 프로젝트 실행

06 도전 퀴즈

5초 시간 제한을 인식할 수 있도록 LCD 첫 번째 줄에 5초 카운트다운을 display하도록 만들어 보세요.